[シリーズ]メディアの未来❽

media & contents
メディア・コンテンツ論

岡本 健・遠藤英樹 編
OKAMOTO Takeshi & ENDO Hideki

ナカニシヤ出版

まえがき

　我々の周りにはメディア・コンテンツが遍在している。メディア・コンテンツを愛好している人も，そうでない人も，目にしない日は無いといってよいほどだろう。

　たとえば，電車に乗る時のことを考えていただきたい。駅周辺のコンビニでは新聞が売られており，その見出しがふと目に入ってくる。車両の中刷り広告には漫画雑誌や情報誌の宣伝が踊る。乗客の多くが，スマートフォンや音楽プレイヤー，携帯ゲーム機などのメディアで，映画やアニメ，ゲーム，SNSでのやりとりなどのさまざまなコンテンツを楽しむ。小説や漫画本を読んでいる人もいる。それも，紙媒体の場合もあれば，電子書籍としてタブレット端末で閲覧していることもある。情報通信技術の発展により，メディアがデジタル化，ネットワーク化，マルチメディア化，モバイル化したことで，メディア・コンテンツの氾濫状態ともいえる状況を呈している。

　広く楽しまれているメディア・コンテンツだが，これに対する危惧の声も聞こえてくる。たとえば，メディア・コンテンツに耽溺しすぎて，現実での他者とのコミュニケーションに支障をきたすのではないかという意見は根強い。また，罪を犯したり，社会的に問題のある行動をとったりした人々の趣味が，特定のメディア・コンテンツであった場合，そのメディアやコンテンツに対するバッシングが強まることもある。

　一方で，メディア・コンテンツについて，非常に好意的な評価をする人々もいる。映画やアニメ，漫画が好きな人は多いし，それらが自身の生活の中で重要な位置を占めている人もいる。コンテンツとの出会いが，その後の人生に大きな影響を与える場合もある。国の政策としても，メディア・コンテンツはクールジャパン，メディ

ア芸術，コンテンツツーリズムなどの文脈で扱われ，その制作や評価，活用が推進される対象となっている。

　これらの態度は，マイナス面に注目するにせよ，プラス面に注目するにせよ，いずれもメディア・コンテンツに対する強い関心を表しているといえよう。大学でも，メディア・コンテンツに関する科目が開講される学部学科が増えている。こうした科目は，メディア産業，コンテンツ産業に従事する人々を育成する学科ではもちろん，そうではない学科においてもみられる。氾濫するメディア・コンテンツを読み解く方法は，現代社会で生活していく上で重要な教養となりつつあるのではないだろうか。

　本書は，こうした状況を背景として，メディア・コンテンツに対峙するための基礎的な知識や考え方を提示するべく編んだ。メディア・コンテンツがおかれている状況は複雑である。それゆえ，コンテンツの内容についての分析，メディアの特徴，コンテンツの体験者の行動的特徴，著作権の問題，商業的な意思決定過程や組織体制のあり方，グローバル化や地域振興といった社会的，政策的状況との関連など，さまざまな角度から考える必要がある。

　本書では，コンテンツに対して，社会学や観光学，情報学，映画学，経営学などの専門家による論考から複眼的なアプローチを試みている。複雑化した現代社会において有用なメディア・コンテンツ研究の多角的視点を準備した。また，研究的視点のみならず，実務的な視点も同時に導入することで，現場と乖離しないメディア・コンテンツ論も目指している。本書の知見を用いて，遍在するメディア・コンテンツの波に流されたり，ただ抗ったりするだけでなく，そこから自らの「生」を考えるヒントを析出していただきたい。

2016 年 4 月

岡本　健

目　　次

第Ⅰ部　メディアの変遷とコンテンツのあり方

第1章　メディアの発達と新たなメディア・コンテンツ論 ―― 3
現実・情報・虚構空間を横断した分析の必要性（岡本 健）

1　メディア・コンテンツとは何か　4
2　メディアの発達とコンテンツ　7
3　「メディア・コンテンツ論」の必要性　9
4　メディア・コンテンツとさまざまな越境　11
5　本書のメディア・コンテンツ論　16

第2章　アニメはどこから作られるのか ―――――― 21
変わる原作の生まれ方（柿崎俊道）

1　はじめに　22
2　オリジナルアニメはギャンブルか？　22
3　社員プロデューサーの力　24
4　アニメの中心は原作付き　27
5　デジタル化，ネットワーク化により「原作」の生まれ方が変わるかもしれない　30

第3章　メディア・コンテンツと著作権 ――――――― 35
「よき人生」のための「文化コモンズ論」「かかわり主義」（山田奨治）

1　メディア・コンテンツの「消費」が変わった　36
2　「グッズ」から「グッド・ライフ」へ　40
3　文化コモンズ論の可能性　43
4　著作権を変える力　45

第4章　コンテンツ論の新たな展開 ――――――――― 49
「コンテンツ＝中身」論の限界と間コンテンツ性（井手口彰典）

1　コンテンツ＝中身という前提／限定　50
2　現象としての〈恋チュン〉　51
3　同人文化と二次創作　54
4　要素の共有／非共有　56

5 「お題」という可能性 *59*

6 まとめ：「間コンテンツ性」への着目 *62*

第II部　メディア・コンテンツ分析の視角

第5章　グローバル化の中のコンテンツ文化を考える —— *67*
雑誌『Tarzan』に見る男性身体のイメージとその変容（岡井崇之）

1 メディア・コンテンツ分析という視点 *68*

2 グローバル化のなかの雑誌コンテンツ *71*

3 メディア・コンテンツで「男性身体」はどのように表象されてきたのか？ *73*

4 『Tarzan』は男性身体をどのように描いてきたのか？ *76*

5 結論にかえて *82*

第6章　「ゾンビ」と人間・文化・社会 ————————— *87*
「他者」との関係性に注目して（岡本 健）

1 ゾンビ文化の拡がり *88*

2 ゾンビ・コンテンツの誕生 *90*

3 ゾンビ・コンテンツの展開 *94*

4 ゾンビと「他者」 *96*

第7章　「魔法少女」アニメからジェンダーを読み解く—— *105*
「魔」と「少女」が交わるとき（須川亜紀子）

1 はじめに：コンテンツとしての「魔法少女」 *106*

2 日本のアニメーションにおける主人公 *107*

3 魔と魔女と少女 *108*

4 「魔」と女性と少女 *109*

5 『魔法使いサリー』と『ひみつのアッコちゃん』：プロトタイプの確立 *112*

6 『魔女っ子メグちゃん』と『魔法の天使クリィミーマミ』へ：リブから「女の時代」 *114*

7 1990年代『セーラームーン』の衝撃：恋も仕事も *117*

8 2000年代以降の深夜アニメにおける「魔法少女」再考 *118*

9 まとめ *120*

第8章　家族の視点から「Jホラー」を読み解く ——————123

変容する家族，メディア，恐怖（レーナ・エーロライネン）

1　Jホラーとはなにか　*124*
2　家族構造の歴史　*126*
3　変化する母親，子ども，父親　*129*
4　伝染する「恐怖」と居場所　*133*

第9章　コンテンツ分析の視角としての「フォルム論」—— *141*

推理小説，あるいは近代社会の自己意識をめぐる物語（遠藤英樹）

1　はじめに　*142*
2　推理小説の歴史　*142*
3　推理小説の定義　*145*
4　マルクスの「価値形態論」　*150*
5　フォルムの再帰的叙述　*153*
6　むすび　*159*

第Ⅲ部　メディア・コンテンツと社会の関係性

第10章　グローバルな社会におけるメディア・コンテンツ　*165*

マレーシアと日本におけるインターネットとジャーナリズム（前田至剛）

1　社会に規定されるネット利用　*166*
2　ネットユーザーの違い：日本・マレーシア比較　*167*
3　マレーシア経済とネットの関わり　*170*
4　マレーシア政治とネットの関わり　*172*
5　マレーシアの政治風土　*175*
6　マレーシアジャーナリズムとメディア　*176*
7　ネットを「自由」にした社会的条件　*179*
8　社会的に規定されるネット上のコンテンツ　*180*

第11章　コンテンツの国際的・地域的展開 ——————— *185*

スーパー戦隊シリーズのフォーマットとナラティブの関係（平 侑子）

1　はじめに：コンテンツとしての「スーパー戦隊シリーズ」　*186*
2　コンテンツの構成要素：フォーマットとナラティブ　*187*

3 コンテンツの海外展開：スーパー戦隊シリーズからパワーレンジャー・シリーズへ *190*

4 日本における展開 *191*

5 まとめ：より大胆なコンテンツの展開へ *197*

第12章 コンテンツビジネスの新たなあり方 ——————*201*
アニメ番組の制作と二次利用を中心に（増本貴士）

1 はじめに *202*

2 アニメ番組の制作資金 *204*

3 アニメ番組の著作権 *212*

4 おわりに *217*

第13章 コンテンツの「消費」の仕方と地域との出会い ——*219*
「コスプレ」というコンテンツ文化（鎗水孝太）

1 はじめに *220*

2 「コスプレ」という文化的実践 *223*

3 コスプレ・ツーリズム *227*

4 おわりに *231*

第14章 コンテンツツーリズムというアプローチ ——————*235*
アニメコンテンツと地域社会をめぐる新たな潮流とその特性から（山村高淑）

1 コンテンツツーリズムの政策論：国家政策におけるコンテンツツーリズムの位置づけ *236*

2 アニメ・コンテンツツーリズムの展開経緯 *241*

3 アニメ・コンテンツツーリズムの特性 *247*

4 コンテンツツーリズムのステイクホルダー論：まとめにかえて *249*

おわりに コンテンツ論を越境するコンテンツ論へ：遠藤英樹 *252*

第Ⅰ部　メディアの変遷とコンテンツのあり方

第1章　メディアの発達と新たなメディア・コンテンツ論
現実・情報・虚構空間を横断した分析の必要性

第2章　アニメはどこから作られるのか
変わる原作の生まれ方

第3章　メディア・コンテンツと著作権
「よき人生」のための「文化コモンズ論」「かかわり主義」

第4章　コンテンツ論の新たな展開
「コンテンツ＝中身」論の限界と間コンテンツ性

第1部では，「メディアの変遷とコンテンツのあり方」について論じる。現代のメディア・コンテンツを取り巻く環境がいかに変化してきているのか，また，コンテンツのあり方を考える際に，どのような事柄をふまえる必要があるかが議論される。

　第1章「メディアの発達と新たなメディア・コンテンツ論：現実・情報・虚構空間を横断した分析の必要性」（岡本健）では，メディア・コンテンツの定義やメディアの発展の有り様が整理される。その上で，なぜメディア・コンテンツ論を学ぶ必要があるのかが述べられる。さらに，現在のメディア・コンテンツは，空間，メディア間，生産者と消費者の間といったさまざまな境界を越境する存在となっていることが確認され，これを前提とした新たなメディア・コンテンツ論の必要性が論じられる。

　第2章「アニメはどこから作られるのか：変わる原作の生まれ方」（柿崎俊道）では，コンテンツ，特に商業アニメがどのように作られていくのかについて，アニメ業界のさまざまなアクターに注目して論じられる。さらに，デジタル化，ネットワーク化によって，こうしたアクターがこれまで果たしてきた役割が，ドラスティックに変化する可能性が指摘される。

　第3章「メディア・コンテンツと著作権：「よき人生」のための「文化コモンズ論」「かかわり主義」」（山田奨治）では，メディア・コンテンツの消費のあり方が大きく変わったことを背景として，コンテンツの著作権について論じられる。さまざまな論者の著作権に対する考え方が紹介されるとともに，著作権法に影響を与える国内外の状況が示される。その上で，我々は著作権をどのように理解し，著作権制度にどのように向き合っていくべきなのかが論じられる。

　第4章「コンテンツ論の新たな展開：「コンテンツ＝中身」論の限界と間コンテンツ性」（井手口彰典）では，これまでのコンテンツ論で自明のこととされてきた「コンテンツ＝中身」という図式を問い直す。ユーザーの動画発信，同人文化における二次創作の様相をつぶさに分析することを通じて，「個々のコンテンツの中身を研究すること」を越えた新たなコンテンツ論が導き出される。

　以上の4つの章を通じて，本書が目指すメディア・コンテンツ論の背景や方向性が理解できるだろう。

第1章

メディアの発達と新たな
メディア・コンテンツ論

現実・情報・虚構空間を横断した分析の必要性

岡本 健

　メディアという言葉，そして，コンテンツという言葉が，現在さまざまな場面で広く使われている。みなさんが「メディア」という言葉から連想するイメージはどのようなものだろうか。テレビや新聞などの「マス・メディア」，CD-ROM や USB メモリなどの「記録媒体」だろうか。インターネットが発達した現代日本においては twitter や Facebook, Instagram などの SNS, いわゆる「ソーシャル・メディア」を使っている人も多いだろう。一方の「コンテンツ」はどうだろう。この言葉を聞いて何を思い浮かべるだろうか。書籍の「目次」に，この言葉をみつけることができるし，ホームページの内容のことを指す際に用いることもある。観光コンテンツ，という使い方もある。本章では，これらの言葉の定義や，なぜ，いまメディア・コンテンツについて考える必要があるのかを，メディアの変遷を整理しながら考えていきたい。

1 メディア・コンテンツとは何か

　さて，「メディア」とはどういう意味なのだろうか。これまでのメディア研究の成果として，さまざまな定義が提案されているが，本書では単語の基本的な意味から確認していきたい。そもそも英単語である「media」は，「medium」の複数形だ。それでは，このmediumとはどのような意味なのか。まずは，「伝達，通信，表現などの手段，媒体，機関」という意味をもっている。その他に，中間，中位，中庸などの意味ももつ。肉の焼き加減の「ミディアム」や，服のサイズやドリンクのサイズで使用されている「S」「M」「L」，の「M」は後者の意味だ。mediumには，他にも霊媒や霊能者などの意味がある。霊能者がなぜメディアなのか。それは，あの世や死者とこの世を媒介する存在だからだ。これらの意味からわかるように，メディアは「間にあるもの」を指している。一般的に「メディア」と聞くと，マス・メディアのことや，テレビ，インターネット，スマートフォンなどの情報機器，あるいは，CD-ROMやUSBメモリなどの記録媒体を思い浮かべるかもしれない。本書では，当然それらも含みこむ形で，メディアを「情報を伝えるなかだちとなるもの」と広く定義しておきたい。

　それでは一方の「コンテンツ」とは何だろうか。コンテンツも，もとは英単語の「contents」である。その単数形である「content」はどのような意味をもつのか。基本的には「内容」や「中身」のことを指す語だ。書籍の目次にCONTENTSと書かれていることがあるが，これは書籍の内容を指しているわけだ。基本的に，本書で用いる「コンテンツ」も「情報の内容」を指すことになる。そうすると，メディア・コンテンツは「メディアを通して伝えられる情報内容」と一旦は定義することができる。とはいえ，本書で考える「コンテンツ」は，ただの情報内容から一歩踏み込んだものだ。再び英

単語の話に戻るが，content は動詞でもある。その時には，人を「満足させる」という意味をもつ。本書で扱う「コンテンツ」も，ただの情報内容ではなく，人を満足させ，楽しませるものである。

コンテンツに関する法律である「コンテンツの創造，保護及び活用の促進に関する法律」（2004（平成16）年6月4日）の第一章第二条において，「コンテンツ」は以下のように定義されている。

> この法律において「コンテンツ」とは，映画，音楽，演劇，文芸，写真，漫画，アニメーション，コンピュータゲームその他の文字，図形，色彩，音声，動作若しくは映像若しくはこれらを組み合わせたもの又はこれらに係る情報を電子計算機を介して提供するためのプログラム（電子計算機に対する指令であって，一の結果を得ることができるように組み合わせたものをいう。）であって，人間の創造的活動により生み出されるもののうち，教養又は娯楽の範囲に属するものをいう。

かなり長いが，法律用語らしく，非常に網羅的な定義となっている。さらに，コンテンツの定義を試みている田中（2003）では，コンテンツには，広義のコンテンツと狭義のコンテンツがあり，広義のコンテンツはすなわち「情報財」のことで，狭義のコンテンツは，映画，音楽，テレビ番組，書籍雑誌などの「エンターテイメント系の情報財」のこととされている。また，水鳥川（2005）では，コンテンツは，映画，アニメ，ゲーム，マンガ，音楽などの「情報」であり，さらに，「それ自身が人々の欲求の対象になるようなもの，すなわち「最終消費財」として「価値ある情報」」を指すとした。そして，田中の定義でも「エンターテイメント系」という言葉で述べられているが，コンテンツは人を楽しませるものであり，ニュースや知識などに比べて手段的側面は低いという。出口（2009）の指

摘では，コンテンツは，「マンガや小説，音楽やドラマ，アニメや
ゲーム等多彩な領域の「作品」を括る用語であるとしている。

　コンテンツの定義を概観したが，整理すると，次の二つの性質を
もっていると考えられる。1点目は，コンテンツは，なんらかの形
で編集された情報であるということだ。それは「情報財」であり
「作品」として形を成す。2点目は，コンテンツそれ自体を体験す
ることで体験者は楽しさを得る可能性があることだ。「価値ある情
報」であり，「人を楽しませるもの」だ。つまり，整理すると，コ
ンテンツは，「情報がなんらかの形で創造・編集されたものであり，
それ自体を体験することで楽しさを得られうる情報内容」と整理で
きる。何ゆえ「得られうる」ともって回った言い方をするのか，そ
れは，「コンテンツ」の評価は，簡単には定まらないからである。

　得られる楽しさの程度は受け手によって異なる。たとえば，
CGM や UGC という形でコンテンツが生み出される場合を考えてみ
たい。CGM とは，Consumer Generated Media の略称であり，伊
地知（2006）によると，「個人が作成する，デジタル情報に変換可
能な何か」のことだ。つまり，CGM は個人による自由な創作であり，
デジタルメディアを通じてさまざまな人々に視聴される。そのため，
多くの人々には「楽しさ」を生じさせることができないものが作ら
れる可能性をもつ。簡単にいうと「つまらない作品」ができあがる
可能性がある。ただし，これについては職業的コンテンツ制作者が
作ったコンテンツにも十分起こり得る事態だ。プロが作ったコンテ
ンツの全てが消費者に受け入れられるわけではない。つまり，この
部分に関しては，楽しさの程度はコンテンツの体験者の評価によっ
て定まるものであるとしたい。絶対的にコンテンツとそうでないも
のを区分するのではなく，コンテンツ体験者の評価によって変動す
るものとしておこう。

2 メディアの発達とコンテンツ

　そもそも「コンテンツ」という言葉が注目されるようになった背景には，情報社会の進展がある（田中，2003；福冨，2007）。その変化を具体的に述べると，デジタル化，マルチメディア化，ネットワーク化，モバイル化などだ[1]。

　映像に注目して，この変化をみてみよう。渡邉（2012）では，「「ソーシャル化」が如実に体現しているような，インターネットや携帯電話，監視キャメラなど，現在の情報ネットワーク社会がもたらす「イメージの氾濫状態」とでも呼ぶべき文化状況やひとびとのもつリアリティの総体」を「映像圏」と呼んでいる。まさに現在の情報環境を表したこの映像圏を支えているメディアは，1820年代の写真から始まり，映画，テレビ，ビデオ，テレビゲーム，インターネットなどだ（渡邉，2012）。

　これらの中から，映画一つとってみても，今日までにさまざまな変容を遂げている（出口，2004）。リュミエール兄弟が映画を発明した時は，白黒で音のないサイレント映画であったが，その後，音声がついた「トーキー」と呼ばれる映画が生まれ，カラー（総天然色）映画も登場してくる。映画館で見るのが通常であった視聴方法も，さまざまなあり方が登場する（加藤，2006）。自動車の普及とともにドライブインシアターが登場したり，飛行機の中で映画を視聴することが可能になったりした。映画館自体も映画館が単独で存在した様態から，シネコンと呼ばれる形式でショッピングセンターの中にあることが増えた。テレビでも映画が放映され，ビデオやDVD，Blu-rayといった記録媒体（パッケージ）で映像が販売されるようになり，家

1）こうしたメディア（技術）の発展と普及については，藤竹（2012），飯田（2013），伊藤（2014）などで整理されている。

庭でも映画が見られるようになっていく。今や、ネット配信も可能になり、スマートフォンやタブレット端末でいつでもどこでも個人で視聴できるようになっている。映画という情報内容は、さまざまなメディアで体験されるようになった。こうした状況で「映像」そのものを捉えなおす試みも出てきている（北野, 2009；渡邉, 2012）。

次に、「放送と通信の融合」について整理しておこう。テレビやラジオといったメディアは、いわゆる放送と呼ばれ、一対多数の一斉同報型コミュニケーションを行ってきた。一方で、電話は一対一の対話型コミュニケーションであり、通信と呼ばれていた。情報を伝えるという意味では、どちらも同じだが、それを支える技術やインフラ、法制度、用途などが異なっていた。ところが、コンピュータの発展、インターネットの登場、パーソナルコンピューター（PC）等のデジタル機器の家庭や個人への普及、PCおよび携帯電話からのインターネットへの接続の実現、ブロードバンドの登場、スマートフォンやタブレット型端末の普及、などによって、個人間で、いつでもどこでも文字や音声、映像のやり取りが可能になっていった。通信機器であった電話は、スマートフォンとなり、現在では、インターネットへの接続端末としての役割の比重も大きくなっている。

こうした状況では、情報内容が異質なメディア間を移動していく。たとえば、書籍に書かれている内容を考えてみよう。今あなたが見

ている情報内容は、それだけが独立してどこかに行ってしまうことはない。この情報内容を移動させようと思えば、本というメディアを持ち歩く必要がある。ところが、電子書籍化がなされた書籍ならどうだろう。あるいは、スマートフォンやデジタルカメラ、スキャナなどを使って本書の内容をデジタル化するとどうだろう。本書の内容はたちまち複製や送

信が容易なデジタル情報になる。そうすれば，PC やスマホ，タブレット型端末などの，本以外のメディアでも自由に閲覧できるようになる。

　このように，メディアを越えて流通していく情報内容を示す言葉として「コンテンツ」が用いられるようになった。とはいえ，メディアとコンテンツ，その両方に対する思考は，情報化が進む前のメディアと情報内容にも応用が可能だ。本書では，メディアとコンテンツの両方に注目したメディア・コンテンツ論を目指している。

③ 「メディア・コンテンツ論」の必要性

　ここまで，メディア・コンテンツについて述べてきたが，なぜ本書のようなメディア・コンテンツ論が必要なのだろうか。

　ここでは，メディア・リテラシー的な観点からの必要性を考えてみたい。メディア・リテラシーとは，簡単に述べるとメディアの受容および活用ができる能力のことである。これは大きく三つの力に分けることができる（浪田, 2012）。それは，「メディアの仕組みや特徴，社会における役割を理解すること」「メディアのテクストをクリティカルに分析すること」「各種メディアを用いて情報の編成・発信の試みをすること」である。

　「メディアの仕組みや特徴，社会における役割を理解すること」が必要な社会的背景は何だろうか。たとえば，Twitter で個人情報や反社会的な行為を投稿してしまい，それが拡散して問題になる「バカッター」が問題になっている。その原因は複数あるだろうが，おそらくTwitter の挙動を理解していないことがその一つだ。Twitter は，特定の人に情報を伝える通信的な機能ももつが，同時に，個人の投稿を拡散させるリツイート等の仕組みによって，多くの人に見られる放送的な機能ももつことへの理解不足だ。物心つい

た時から情報技術に親しんで来た世代（デジタルネイティブ[2]）にとっては，それ以前のメディア環境で育った人々とは，リテラシーや情報環境への態度が異なっている可能性もある。これは，若者が情報機器に習熟し，年配者はそうではない，という単純な問題ではない。後述するが，コミュニケーションのあり方や，現実空間，情報空間，虚構空間の捉え方まで含めた問題である。

　次に「メディアのテクストをクリティカルに分析すること」である。テクストとは，メディアが伝える情報内容，つまり，コンテンツのことだ。コンテンツを批判的に分析することを指す。一点，注意しておかなければならないが，批判的というのは，何も内容を否定したり，疑ったりすることのみを指すわけではない。コンテンツの内容について客観的，分析的にみていく姿勢を意味している。これを，コンテンツ・リテラシーと呼ぼう。

　コンテンツ・リテラシーは，コンテンツを制作する側の教育の中ではもちろん，体験する側の教育においても重要である。映画や漫画，アニメ，音楽等のコンテンツ制作者やプロデューサーを育てるための教育が，さまざまな教育機関で行われている（高橋, 2011）。そこでは，コンテンツを制作する技法とともに，コンテンツを理解するリテラシーについても指導がなされているだろう。作品を分析することで，新たな作品を構築する上での示唆が得られるからだ（高田, 2010）。とはいえ，コンテンツ・リテラシーは，それを創り出す側のみに必要かといえば決してそうではない。体験する側にとっても重要な力だ。作品を分析することによって，その作品が示す価値観の方向性や基軸とされている概念を知ることができる。また，人気のある作品を分析することで，その社会に生きる人々が「何を

2）デジタルネイティブについては，プレンスキー（2007），橋元ら（2010），木村（2012）などに詳しい。

求めているのか」あるいは「何に欠乏を感じているのか」といったことが推測できる（高田, 2010）。つまり，コンテンツからさまざまな意味を取り出す技法を学ぶことで，コンテンツを体験した際に，ただ単に面白い，面白くない，好き，嫌いで終わらずに，より広く，深く，人間や文化，社会について考えていけるようになる。

最後に，「各種メディアを用いて情報の編成・発信の試みをすること」だ。前述したtwitter やFacebook などのSNS は多くの人が利用している。かつては，メディア産業従事者の仕事であった「情報の編成・発信」は，今や日常的に普通の人々が行うものになってきている。デジタル機器の発達によって，テキストのみならず，静止画，音声，動画などが比較的簡単に制作，編集でき，それを公開するアーキテクチャ（2 ちゃんねるやYoutube，ニコニコ動画等）も開発されている（濱野, 2008）。メディアを通じて情報発信を行う際にも，本書のメディア・コンテンツ論は役立つだろう。

4　メディア・コンテンツとさまざまな越境

現在の，メディア・コンテンツの特徴の一つは「越境」だろう。コンテンツがグローバルなネットワークを通じて，さまざまなメディアで，さまざまな国や地域に発信されていく。さらに，こうした地理的な意味以外での越境もまた，ある。デジタル機器やソフトウェアの発展，普及により，消費者側も強い制作力，発信力を持ち始めたのはすでに確認した通りだ。それによって，生産者と消費者の境界もあいまいになってきている。かつて，プロとして作品を制作する人々とそれを消費する人々の間には，技術や情報量，人脈，経済力といったさまざまな資本に大きな差があったと考えられる。今でもそういった差はみられるものの，それらの差は以前よりは小さくなっており，消費する側であった人々も，かなり質の高いものを

作って発表することが可能になっている。

　この消費者側の発信力の増大は，クリエイターの発信力のみならず，評価者の発信力も強くしている。メディア・コンテンツに対するさまざまな評価がネット上に表出するようになったのだ。インターネット上にはさまざまなランキングシステムが準備され，映画やマンガ，ゲームといったコンテンツ作品への評価はもちろん，家電製品や，現実空間の飲食店や宿泊施設，そして，大学の授業を学生が評価した結果が載せられたサイトまである。フィスクは，『テレビジョンカルチャー』の中で，コンテンツそのものを第一次テクストと呼び，それに関係した異なったタイプのテクストを第二次テクスト，第三次テクストと呼んだ（フィスク，1996）。それによると，第二次テクストは，コンテンツに関するプロモーション番組や芸能記事，番組批評などで，第三次テクストは，新聞への投書やうわさ話など，視聴者が生み出すものを指す。つまり，現代では，多くの人が閲覧できる「ユーザーによる第三次テクスト」の量が膨大になっているということができよう。

　こうした越境の一方で，メディア・コンテンツを享受する人々が現実空間，情報空間，虚構空間を越境しながら生きる「虚構内存在」になっているという側面も指摘できる。「虚構内存在」とは，小説家の筒井康隆氏が創り出した概念だ。藤田（2013）では，この「虚構内存在」という概念を紹介し，次の3点にまとめている。

・フィクションの中のキャラクター
・文字に書かれたもの全て
・メディア越しに「現実」を理解するしかできず，自らの生を支えるために理想や理念・思想などの様々な「虚構」を必要とせざるを得ない我々の生

そして、こうした存在を検討することの重要性として、「既に多くの人間がこのような人間認識・世界認識に近づいているから」であると述べる。これは、アニメやマンガ、ゲーム等に耽溺した結果、虚構と現実の区別がつかなくなる、といった単純な話ではない。ここからは、こうした空間の境界と越境について述べていきたい。

筆者は『コンテンツツーリズム研究』の中で、コンテンツツーリズムを行う主体がおかれている空間について、その枠組みを構築した（図1-1）。これまで観光は現実空間上の物理的な移動を主に扱ってきたのだが、今後の観光においては、情報空間上、虚構空間上での精神的な移動も重要な対象になることを示したものだ（岡本, 2015）。

現実空間とは、我々の身体が置かれている物理的な空間のことを指す。すなわち、我々が生きている世界である。とはいえ、この空間において我々が知覚するものが絶対的なものとは言い切れないこ

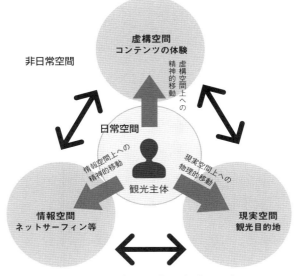

図1-1　三つの空間への移動（岡本, 2015）

とには注意が必要だ。人間は，人間によって知覚，感覚できるものによって世界を構築している。その認識は言語や文化，社会のあり方によって大きく影響を受けるものだ。

次に，情報空間は，メディアによって接続可能な空間だ。情報空間は「インターネット空間」と言い換えることができる。このインターネット空間は小山（2011）で，次のように説明された。「デジタル化された文字，数字，グラフ・図形などの図象（シンボル），イラスト・写真，動画などの映像（イメージ）を実在するものとして表象させ，かつIDやハンドルネーム，アバターやパペットなどの分身（記号）を，疑似人間（疑似主体）として機能させることのできる「疑似型現実」空間」である。この情報空間の出現とともに現れてきたコミュニケーションのあり方がある。たとえば，「インティメイト・ストレンジャー」がそうだ（富田, 2009）。「インティメイト・ストレンジャー」とは，「メディアの上だけで親しくする他者」のことである。電話，メール，SNSを通じてのみの関係性であり，匿名性が担保されたまま，親密性が増した他者のことだ。まさにこの情報空間上に想定可能な他者である。当然，その背後には現実空間上の人間が存在するはずなのだが，ここで指摘したいのは，その存在の実在の有無とは別に，情報空間上の人格と親しい関係性を取り結び得る点だ。もし，対話の相手が高度な人工知能であった場合，背後に人間が存在しないにも関わらず，対象に親しみを持ち得る。これらのことを前提にすれば，「虚構内存在」について考える意味が現実的な問題として把握しやすくなるだろう。

そして，虚構空間とは，映画やマンガ，アニメの中の世界である。物語世界や，物語の世界観などと言い換えることも可能だ。都留（2015）では，登場する「人間（キャラクター）」よりも「世界」の作りこみを重視した作品を「世界観エンタメ」と呼んでいる。人気を博す作品の世界観は，そこに住めそうな感覚を読者に抱かせる

第1章　メディアの発達と新たなメディア・コンテンツ論　*15*

という。虚構空間は，実際には存在しないが，文字や映像，音声などによって想定可能な世界のことだ。神話や昔話，小説，映画などをはじめとして，我々はさまざまな物語世界を伴って生きている。フィクショナルな物語だけでなく，歴史や政治，社会情勢などの現実を写し取った物語も含めて，物語なしに生活するのが難しいほど，身の回りには物語があふれている。こうしたコンテンツ内に想定される空間も考えてみたいというわけだ。

　また，これらの3つの空間は，完全に区別されて存在しているわけではない。たとえば，AR（拡張現実）技術と呼ばれるものは，現実空間の風景に情報空間上のテキストや画像，あるいは，虚構空間上のキャラクターなどを重ね合わせる技術である[3]。スマートフォン越しに現実空間をみると，画面上に現実空間が映し出されるとともに，画面にはテキストや画像が表示される。技術的には異なるが，プロジェクションマッピングも同様で，現実空間上の建物に情報を重ね合わせた表現であるといえる。あるいは，ヴァーチャルリアリティ（VR）技術は，虚構空間を現実的に体感させる工夫である。4DXと呼ばれる映画上映方法では，上映内容に合わせて音声と映像のみならず，振動や水しぶき，光，風，匂いなどを付加することで，その現実感を増そうとしている。そして，ネットゲームでは，虚構空間内において，ネットの向こうの他者と対話をすることが可能で，これは情報空間と虚構空間の融合といえよう。

　そもそも，情報空間も虚構空間も，現実空間がなければ存在しえないという点で，三つの空間は互いに分かちがたく結びついている。情報空間，虚構空間は，現実空間でなされる出来事と深く関係しており，また，情報空間や虚構空間内での出来事が現実空間に反映さ

3）AR（拡張現実）については，日経コミュニケーション編集部（2009），丸子（2010），小林（2010）などを参照。

16 第Ⅰ部　メディアの変遷とコンテンツのあり方

れることも多い。本書では，この点に深く切り込む視点を準備した。

　現実空間，情報空間，虚構空間を盛んに移動しながら生きる主体となった私たちにとって，メディア・コンテンツ論のもつ意味とはなんだろうか。それは，メディア・コンテンツそのものを分析する視角であると同時に，我々自身が住む世界や，そこでの自分の生き方を探るための見方や考え方にもなり得ることだ。

⑤　本書のメディア・コンテンツ論 ─────────

　以上，メディア・コンテンツ論の必要性を述べて来た。メディア・コンテンツを研究するための書籍は，すでに多数出版されているが[4]，そのような中で，本書では，次のようなメディア・コンテンツ論を展開していく。

　第Ⅰ部では，メディアの変遷とコンテンツのあり方の変化について論じる。本章では，メディアの発展とそれに伴うコンテンツのあり方の変化を整理し，メディア・コンテンツの定義を行って，メディア・コンテンツ論の必要性，枠組みについて述べた。メディア・コンテンツについて論じるには，それを取り巻くさまざまな社会状況も視野に入れる必要がある。当然のことだが，メディア・コンテンツは，それが商業的なものであれば，現実社会の経済的，経営的な意思決定や仕組みと密接にかかわっている（第2章）。また，著作権法をはじめとする法律ともかかわりが深い（第3章）。一方で，メディア・コンテンツの体験者がそれらをどのように体験しているのか，そこから何を得ているのか，そして，そうした体験から何を表現するのかといった点も重要だ（第4章）。

───────────────────────────

4）入門的な書籍として，藤田・岡井（2009），藤田（2011），浪田・福間（2012），岩崎（2013）などがある。

第Ⅱ部では，メディア・コンテンツ分析の視角について論じる。コンテンツの分析には，多角的な見方が必要になっている。これは，コンテンツが置かれた社会状況の変化によるものだ。さまざまなコンテンツが，社会のグローバル化と関わりながら，その内容を変化させている。コンテンツ中に登場する存在も，さまざまな国やメディアを越えて拡がりをみせていく。そうした中で，コンテンツに描かれた身体，他者関係，ジェンダー，家族，メディアなどはどのように分析できるだろうか（第5章–第8章）。さらに，コンテンツを分析する新たな視角として，その「形式」に注目するあり方も提示される（第9章）。

　第Ⅲ部は，メディア・コンテンツと社会の関係性について論じる。コンテンツはただ情報空間や虚構空間の中の存在として自立して存在しているわけではない。さまざまな形で社会とつながっている。国を越えてつながったネットワークであるインターネットというメディアと，その中を行きかうコンテンツは，人々にフラットな印象を与える。とはいえ，インターネットというメディアやそれを流れるコンテンツは，やはりおかれている社会によって大きな影響を受ける（第10章）。一方で，コンテンツは，そのフォーマットやナラティブがグローバルに展開したり，ローカルに波及したりして，社会や文化の違いを越えて拡がっていく様子もみられる（第11章）。その際に，押さえておかなければいけないのは，コンテンツそのものがどのような組織体制で製作され，どのように活用されていくのかである（第12章）。商業的なコンテンツは無償で作られているわけではなく，利益を生むことを見越した投資によって支えられている。とはいえ，それらの楽しみ方はコンテンツ体験者によってさまざまであり，そこから新たな文化が生まれてくることもある。コンテンツの消費の仕方の中にも，ネット上の創作活動のみならず，現実空間にしみ出していくあり方がみられる。同人誌やコスプレとい

った同人活動は代表的だ。毎年夏と冬に東京で開催される同人誌即売会「コミックマーケット」には，数十万人の人が訪れる。コスプレについては，日本のみならず世界中で日本のアニメやゲームのキャラクターをモチーフにしたコスプレが行われており，その世界大会である「世界コスプレサミット」が毎年名古屋で開催されている（第13章）。そうしたコンテンツファンの行動は，国や地方自治体の政策とも相まって，より多くのアクターがかかわり合うコンテンツツーリズムに発展を遂げていくこともある（第14章）。

　このように，メディア・コンテンツは現在，さまざまな分野に接続するものになっている。ある特定の分野の専門家やマニアだけが理解できる言説は，それはそれで意味をもつだろうが，一方で，それらの知見は一般化されなければ広く知られないままで，非常にもったいない。メディア・コンテンツに対する研究には，さまざまな学問分野の垣根を越えて，そして，実務／学術や理論／実践といった分断を越えて，自由に論じ，議論されることが必要だ。本書がその端緒になれば，幸いである。

●ディスカッションのために
1　メディアとは何か。コンテンツとは何か。本章の記述をふりかえり要約してみよう。
2　コンテンツという言葉が注目されるようになったのはなぜか。本章の記述をふりかえり整理してみよう。
3　なぜメディアコンテンツ論が必要なのか，本章の記述を整理してみよう。またそこで考えたことを周囲の人とお互いに議論してみよう。

【引用・参考文献】

飯田　豊［編著］（2013）．『メディア技術史—デジタル社会の系譜と行方』北樹出版

伊地知晋一（2006）．『CGMマーケティング—消費者集合体を味方にする技

術』ソフトバンククリエイティブ

伊藤明己（2014）．『メディアとコミュニケーションの文化史』世界思想社

岩崎達也（2013）．『実践メディア・コンテンツ論入門』慶應義塾大学出版会

岡本　健（2013）．『n次創作観光—アニメ聖地巡礼／コンテンツツーリズム／観光社会学の可能性』北海道冒険芸術出版

岡本　健［編著］（2015）．『コンテンツツーリズム研究—情報社会の観光行動と地域振興』福村出版

加藤幹郎（2006）．『映画館と観客の文化史』中央公論新社

北野圭介（2009）．『映像論序説—〈デジタル／アナログ〉を超えて』人文書院

木村忠正（2012）．『デジタルネイティブの時代—なぜメールをせずに「つぶやく」のか』平凡社

小林啓倫（2010）．『AR—拡張現実』毎日コミュニケーションズ

小山昌宏（2011）．『情報セキュリティの思想—インターネットにおける社会的信頼の創造』勁草書房

高田明典（2010）．『物語構造分析の理論と技法—CM・アニメ・コミック分析を例として』大学教育出版

高橋光輝（2011）．『コンテンツ教育の誕生と未来』ボーンデジタル

田中辰雄（2003）．「コンテンツ産業の経済・経営分析」新宅純二郎・田中辰雄・柳川範之［編］『ゲーム産業の経済分析—コンテンツ産業発展の構造と戦略』東洋経済新報社, pp.1-11.

都留泰作（2015）．『〈面白さ〉の研究—世界観エンタメはなぜブームを生むのか』KADOKAWA

出口丈人（2004）．『映画映像史—ムーヴィング・イメージの軌跡』小学館

出口　弘（2009）．「コンテンツ産業のプラットフォーム構造と超多様性市場」出口　弘・田中秀幸・小山友介［編］『コンテンツ産業論—混淆と伝播の日本型モデル』東京大学出版会, pp.3-39.

富田英典（2009）．『インティメイト・ストレンジャー—「匿名性」と「親密性」をめぐる文化社会学的研究』関西大学出版部

浪田陽子（2012）．「メディア・リテラシー」浪田陽子・福間良明［編］『はじめてのメディア研究—「基礎知識」から「テーマの見つけ方」まで』世界思想社, pp.3-34.

浪田陽子・福間良明（2012）．『はじめてのメディア研究—「基礎知識」から「テーマの見つけ方」まで』世界思想社

日経コミュニケーション編集部（2009）．『ARのすべて—ケータイとネットを変える拡張現実』日経BP社

橋元良明・奥　律哉・長尾嘉英・庄野　徹（2010）．『ネオ・デジタルネイテ

ィブの誕生─日本独自の進化を遂げるネット世代』ダイヤモンド社

濱野智史（2008）．『アーキテクチャの生態系─情報環境はいかに設計されて
きたか』NTT 出版

福冨忠和（2007）．「コンテンツとは何か」長谷川文雄・福冨忠和［編］『コ
ンテンツ学』世界思想社, pp.2-16.

フィスク, J.／伊藤守・藤田真文・常木暎生・吉岡　至・小林直毅・高橋
徹［訳］（1996）．『テレビジョン・カルチャー─ポピュラー文化の政治
学』梓出版社

藤田直哉（2013）．『虚構内存在─筒井康隆と〈新しい《生》の次元〉』作品
社

藤田真文［編著］（2011）．『メディアの卒論─テーマ・方法・実際』ミネル
ヴァ書房

藤田真文・岡井崇之（2009）．『プロセスが見えるメディア分析入門─コンテ
ンツから日常を問い直す』世界思想社

藤竹　暁［編著］（2012）．『図説 日本のメディア』NHK 出版

プレンスキー, M.／藤本　徹［訳］（2007）．『テレビゲーム教育論─ママ！
ジャマしないでよ勉強してるんだから』東京電機大学出版局

丸子かおり（2010）．『AR〈拡張現実〉入門』アスキー・メディアワークス

水鳥川和夫（2005）．「日本発のコンテンツは世界を変える」長谷川文雄・
水鳥川和夫［編著］『コンテンツ・ビジネスが地域を変える』NTT 出版,
pp.1-21.

渡邉大輔（2012）．『イメージの進行形─ソーシャル時代の映画と映像文化』
人文書院

第2章

アニメはどこから作られるのか
変わる原作の生まれ方
柿崎俊道

『ドラえもん』第1巻
(藤子・F・不二雄, 1974, 小学館)

　私たちが「アニメ」と口にするとき，それは商業アニメを指していることが多い。テレビ，劇場，ネット配信，レンタルショップなどで目にするアニメ作品のことだ。『サザエさん』『ドラえもん』『機動戦士ガンダム』『涼宮ハルヒの憂鬱』『魔法少女まどか☆マギカ』『進撃の巨人』『シドニアの騎士』などの人気作は代表的な商業アニメである。アニメファンを自認していなくても，こうしたタイトルを知っている方は多いだろう。

　こうした商業アニメがどのように生まれるのかをお話ししたい。
　本書を手にする読者はコンテンツを自身のビジネスに活かそうとする方が多いのではないか，と思う。商業アニメの源泉を知ることは，コンテンツビジネスへの一歩だと筆者は考えている。商業アニメとひと言でいっても，その出自はさまざまなのだ。

1 **はじめに** ────────────────

商業アニメの出自は次の二つに大別される。

> ●原作あり
> ●オリジナル

「原作あり」とは，基礎となる作品が存在していることを指す。先に挙げたタイトルの中では『サザエさん』『ドラえもん』『進撃の巨人』『シドニアの騎士』は原作マンガが存在する。『涼宮ハルヒの憂鬱』は原作小説が存在する。このようにマンガや小説で人気を得たコンテンツはアニメ化され，さらに大きく人気を得てビッグコンテンツになるのは，アニメ界隈ではよくみられるビジネスモデルだ。小説，マンガ，ゲーム，実写映画の四つがアニメ化しやすいジャンルである。

オリジナルとは，アニメオリジナル作品を指す。『機動戦士ガンダム』『魔法少女まどか☆マギカ』『ガールズ＆パンツァー』がそれである。アニメオリジナル作品は，それそのものが原作である。原作者は製作委員会，アニメ会社，アニメ制作スタッフとなる。アニメ作品がオリジナルとなり，そこから他ジャンルの商品が生まれる。小説，マンガ，ゲーム，実写映画など原作をもとにしたメディア展開が行われる。

2 **オリジナルアニメはギャンブルか？** ────────────

アニメ作品の企画の多くは，バンダイビジュアルやアニプレックスなどのアニメ配給会社，KADOKAWA や講談社などの出版社からはじまる。

第 2 章　アニメはどこから作られるのか　*23*

　アニメ配給会社，出版社において，アニメ企画部門の社員プロデューサーは新作アニメ企画の提出を求められる。出版社の社員プロデューサーであれば，企画の多くは自社コンテンツ（小説やマンガ）のアニメ化となるが，アニメ配給会社においてはオリジナル作品も視野に入る。アニメそのものを原作としたコンテンツである。他社の小説，マンガのアニメ化にくらべ，オリジナル作品はアニメ配給会社の取り分が大きい。ヒットをすれば，それだけ多くの収入が期待できる。原作ありのアニメ制作では，下請けにならざるを得ないアニメ制作会社も，オリジナル作品では企画・発注側である。アニメグッズのロイヤリティが入ることは大きな収入源になる。

　ただし，オリジナル作品というのは大きな挑戦である。人気原作のアニメ化は，放送開始前からファンがいるのとは違って，オリジナルのアニメは放送を開始しなければ人気の程はわからない。さらに，人気が定着するまで時間がかかる。1 クールアニメ（11 話）といわれる 3 ヶ月の長さの作品では人気に火がつく前に消えてしまう。配給，制作側としては 4 クール（50 話），つまり 1 年間は放送し続けたいところであり，最低でも 2 クール（25 話），半年間は放送したい。

　そうなると，今度は制作費が問題になってくる。テレビシリーズのアニメの制作費は 1 話につき，800 万円～ 1600 万円ほど。11 話の 1 クールのアニメでは，8800 万円～ 1 億 7600 万円。50 話の 4 クールとなると 3 億 2000 万～ 8 億円となる。

　オリジナルのアニメ作品に対して，それだけの制作費を出資する企業がいるかどうか。オリジナルが大きな挑戦だというのは，こういうことである。

　そうした厳しい賭けに打ち勝つ企画を出す。アニメ企画部門の社員プロデューサーに求められているのはそうした力である。

③ 社員プロデューサーの力

アニメ企画部門の社員プロデューサーに求められる力について，さらに説明したい。売れる企画，ヒットする企画，アニメファンに訴求する企画はどうやったら作れるのか。

社員プロデューサーには，本人のセンスやアニメへの知識以外にも必要なことがある。それは，優れたアニメクリエイターとの人脈であり，彼らクリエイターを動かす交渉力，そして社内における政治力である。

アニメは誰が作っているのか。アニメ配給会社は元請けとなるアニメ制作会社に制作を依頼するわけだが，そこからさまざまな企業や個人へと孫請け，ひ孫請け，玄孫請け……と広がっていく。1本のアニメ作品を構成する要素は多岐にわたる。監督，脚本家，アニメーター，背景美術，撮影，CG，音響，声優，編集，制作進行などなど。それらが一つの組織にまとまっているわけではない。多くが独立した中小企業，個人のフリーランスとして存在している。1話につき，800万円〜1600万円の制作費と前述した。私はとある人気アニメ作品に関わっているスタッフの数をカウントしたことがある。原作者，配給会社の社員プロデューサー，監督，脚本家，声優，アニメーターなど，すべてである。名前が出ている人間をとにかく数え尽くした。その結果，1話につき196人を数えたのである（海外下請けは企業名しかわからなかったため1名とした。実際はもっと多いと思われる）。仮に1話の制作費が1600万円だったとしよう。単純に平均すれば1人，8万1632円（小数点以下は切り捨て）である。1話の制作には2〜3ヶ月かかる。月収に換算すると……あまりに少ないのはいわずもがなだ。もちろん，人件費が1600万円に計上されていないスタッフもいるだろう。それは出資側の社員プロデューサーである。同作品でクレジットされている，出資側の

社員プロデューサー数は 22 名。社員プロデューサーを除いた人数は 174 名であるから，制作費 1600 万円ならば，1 話につき 1 人平均 9 万 1954 円（小数点以下は切り捨て）となる。それでも少ないことに変わりはない。

　平均金額を算出したものの，実際は役職や作業量によって報酬額は違う。監督や脚本家は 1 話につき 25 万円前後の報酬があるし，キャラクターデザイン，総作画監督もそれなりにもらっているだろう。アニメーターも原画や動画の枚数を多く描けば，ギャランティは多くもらえる。ギャランティが高い人間がいれば，低い人間もいるのは当然である。しかし，心していただきたいのが，関わっている人数に対して，そもそもの金額が少なすぎる，ということである。

　これは出資側の相場感覚がおかしいのか，下請け側の自己評価が低すぎるのか。長い間，予算が低すぎたために習慣化してしまい，誰もが言い出しづらい状況になっているのか。その答えはここでは出さない。前述したように，アニメ制作は作業，役割が多岐にわたる。しかし，各スタッフは一つの企業にまとまるのではなく，中小企業，フリーランスの個人として活動をしている。出資と下請け，双方が予算に不満をもっていたとしても，業界を構成する人間がバラバラであり，散漫すぎて不満を集約できないのだと，私は考えている。一人の凄腕アニメーターが声を上げれば，彼なり彼女なりのギャランティは上がるだろう（作画拘束費という項目があり，特定のアニメーターには一つの作品に集中してもらうため，特別なボーナスが発生する）。しかし，それは一個人の努力に過ぎず，全体の問題解決にはつながらない。中小企業，個人がアニメ業界の中心を構成している現状そのものがアニメ業界の問題点であり，同時に規模感や体質をあらわしている。つまり，大きな組織として運営できるほどの体力がなく，乏しい制作費を個々人でわけあっている様が現状をつぶさにみるほどに浮き彫りになってくるのだ。委託側と受託側

のどちらがおかしい，という話でもないが，どこかがおかしいのは間違いないのであり，もしかしたらすべておかしいのかもしれない，とは付け加えておく。

　そして，企画の話に戻る。遠回りをしたが，アニメ業界の姿を知っていただくことで，企画立案にまつわる話への理解が早まるはずだ。

　以上のようなアニメ業界の構図のなかで，アニメ企画部門の社員プロデューサーがオリジナルのアニメ企画を立ち上げようとしたらどうなるか。アニメの企画書には，アニメ作品の概要，2〜4クールのあらすじ，登場人物たちのラフデザインといった要素が必要である。こうした内容は社員プロデューサー一人で作れるものではない。新作アニメの企画はアニメ制作会社とともにまとめる。より正確にいえば，アニメ制作会社とそこで働くフリーランスのクリエイター（監督，脚本家，キャラクターデザイナー）とともにオリジナルアニメの企画を考えるのだ。演出家である監督は全体像を考え，作品づくりのコアメンバーである脚本家とキャラクターデザイナーを決める。脚本家は全体の構成，登場人物を考え，キャラクターデザイナーは主要人物のデザインを考える（キャラクターデザイナーという役職は聞き慣れないかもしれない。アニメーターの最上位職と考えていただきたい）。

　そうやって，社員プロデューサーとアニメ制作会社，フリーランスのクリエイターがオリジナルアニメを一つの企画としてまとめるのである。そして，そのまとめた企画が必ずしも成立するわけではないのは世の常である。企画立案時に最大の障壁となるのが，ここである。多くのプロジェクトは企画時にはギャランティが一切支払われない。つまり，企画がボツになったときのリスクは誰が負うのか。アニメ配給会社ではない。アニメ制作会社でもない。フリーランスのクリエイターが負うのである。

もし，企画にギャランティを発生させた場合，いくらになると考えられるのか。とあるアニメ企画部門の社員プロデューサーは「100〜200万円」と答えた。ヒット作の監督でも年収750万円といわれるアニメ業界において，企画立案に無償で参加するのは大きなリスクである。こうしたリスクを負ってでも企画に参加してもらうには，アニメ企画部門の社員プロデューサーのフリーランスクリエイターへの交渉力が重要であり，それはつまり，わかりやすくいえば飲みニケーションである。吉祥寺や三鷹，国分寺，上井草，新宿，練馬や大泉学園などの居酒屋で新作の企画が決まっていく。社員プロデューサーに求められるのは，実力のあるクリエイターたちと飲みに行き，彼らに無報酬というリスクがあったとしてもオリジナル企画に参加してもらう交渉力なのだ。

　とはいえ，フリーランスのクリエイターにとってもオリジナルアニメの企画は大事な仕事である。酒の席だからといって簡単に仕事を受けるわけではない。彼ら彼女らはオリジナル企画をともに作ろうとする社員プロデューサーの政治力を冷静に見極めようとしている。企画を立案したとしても，アニメ配給会社内で企画を通せないようでは意味がないからだ。企画が通らないからリスクが発生するわけで，企画が成立すればクリエイターは原作者の一人となり，収入に繋がる。アニメ企画部門の社内会議で企画を通す社員プロデューサーのもとには優秀なクリエイターが集まり，企画を通す力のない社員プロデューサーのもとからはクリエイターが離れていく。オリジナルアニメの企画時にはこうした攻防と駆け引きが常に行われている。

④　アニメの中心は原作付き

　アニメ作品のほとんどは原作がある，といってもいい。2013年

に発表された国内TVアニメシリーズを筆者が調べたところ，約85％が原作付きであった。

　原作があるアニメ作品のメリットは，なんといっても放送前から人気が確立していることだ。オリジナル作品は放送しなければわからない。どんなプロデューサーといえども，毎回，オリジナル作品でヒット作を出し続けることは難しい。また，前述したように企画したオリジナル作品が形にならない場合，プロデューサーはクリエイターたちの信頼を失い，クリエイターたちは減収となる。そのようなリスクがある挑戦を積極的に仕掛けていく社員プロデューサーはどうしても減っていく。企業が原作付きという担保のある作品を選ぶのは致し方ないところであろう。

　たとえば，1巻あたりの部数が10万部を超える小説やマンガがアニメ化されるとする。そうした作品は放映時から10万人のファンがいるため，DVDやブルーレイの売上，グッズやイベント展開の見通しがつく。もちろん，10万部どころか，50万部，100万部と人気であればあるほど商品展開の幅は広がるし，さらに見通しは明るくなる。

　ところでアニメ業界の「製作委員会」方式は，特殊なシステムである。億単位でかかるアニメの制作費は1社で賄うことは難しい。そこで，関連企業で出資しあい，かわりに参加した企業にはアニメ作品のビジネス利用を許可する，という形だ。出版社なら原作マンガ，小説，ガイドブックなどへの利用。音楽関連企業ならば，キャラクターソングCDやコンサートへの利用。グッズ関連企業ならば，グッズの制作及び販売である。つまり，製作委員会に参加している企業が必ずしもDVD，ブルーレイの売上にすべてを賭けているわけではない，というところがポイントである。もちろん，DVD，ブルーレイが売れるに越したことはないが，最優先されるべきは自身のアニメビジネスである。たとえば，全10巻の原作マンガがあ

第 2 章 アニメはどこから作られるのか　*29*

ったとする。1 巻 10 万部の原作マンガがアニメ化によって倍の 20 万部になる。それが 10 巻分の累積になれば，100 万部の増刷を意味する。グッズやCD，コンサートの企業はアニメへの出資が自身のビジネスにしっかりとフィードバックされるかどうかを見極めた上で，製作委員会への参加を決めるのだ。よって，人気原作のアニメ化に出資することは，その見極めが容易くなり，そうした作品に参加することはアニメ関連会社各社の命題といってもいい。

　ただ，今はアニメの大量生産，大量消費の時代である。アニメ制作本数が年間 100 シリーズを超え，人気のある原作はほとんどアニメ化が決まっている（2013 年は 150 シリーズを超えている）。マンガや小説ならば，1 巻あたり 10 万部を超えていることがアニメ化をする際の一つの目安だったが，今では 8 万 5000 部が目安となっている。また，聞くところによれば，最低ラインは 2 万 5000 部という話もある。マンガや小説で 2 万 5000 部といえば，新人の作品が少々人気が出てきたかも？という程度だ。ひと昔前ならば，億単位の制作費がかかるアニメ化には到底及ばないのだが，作品を取り合う中でこうした原作もアニメ化が検討されるようになっている。つまり見極めが非常に難しい。以前ならば，予算の大半をパチンコ・パチスロ企業が負担していたが，遊技人口の低下が影響しているのか，かつてのような大盤振る舞いはみられないと聞く。製作委員会は小口の出資を集めてアニメ制作費としているが，現場の声を聞けば，制作費が徐々に削られているのが実情だ。

　アニメ業界としては爆発的な勢いをもつ原作マンガ，小説の到来が待たれるのである。

5 デジタル化，ネットワーク化により「原作」の生まれ方が変わるかもしれない

　原作の重要性を前述した。アニメ関連会社は総じて，優れた原作が喉から手が出るほどほしい。アニメ関連会社には出版社も含む。

　それでは，優れた原作はどうしたら手に入るのか。

　デジタル，ネットワーク化の波は，原作を取り囲む状況を一変させようとしている，と私はみている。

　『赤い糸』という作品を憶えている人は多いだろう。2006 年，ケータイ小説の投稿総合サイト「魔法の図書館」に登場し，またたく間にランキング 1 位になった作品だ。原作は小説ゴマブックスより発売され，シリーズ累計 180 万部以上のヒットとなった。マンガ，映画，ドラマにも展開し，それぞれヒット作となっている。

　当時の出版業界はケータイ小説ブームとなり，ランキングトップの作家から順に多くの出版社から単行本化の依頼が寄せられた。

　なぜ，ケータイ小説ブームが起きたのか。

　答えは簡単である。そこに数十万人というファンがいるからだ。才能はあるが，ファンが一人もいない新人を育てるよりも，すでにファンを獲得しているアマチュア作家を起用したほうがビジネスとして理屈に合っている。

　あの『赤い糸』から 7 年以上が経ち，現在はどうなったのか。じつはすっかりランキング至上主義である。

　もともと出版業界には書店の販売データ（POS データ）を重視するという習慣があった。企画立案の際に，著者本人の人柄や企画の内容もさることながら，POS データによる著者の前著の売上，類書の動向もあわせて考慮される。POS データが企画の内容云々よりも重く受け取られ，企画が成立しないこともたびたびある。

　そのような中でケータイ小説総合サイトのようなファンによるラ

ンキングは出版社となじみのよいデータなのだ。

現在（2014年），こうした若年向けのエンタテインメント投稿ランキングで突出しているインターネットサイトはLLCが運営する「YouTube」，株式会社ドワンゴが運営する「ニコニコ動画」「ニコニコ静画」「ニコニコ生放送」，ピクシブ株式会社が経営する「pixiv」，キュア株式会社が経営する「Cure」である。

こうしたサイトの特徴はケータイ小説投稿サイトと同じである。ユーザーによる「投稿」であり，それを視聴する圧倒的なユーザー数だ。投稿された作品はユーザー同士が交流するなかで，大きなコンテンツに育っていく。そのさまはIT用語ではConsumer Generated Media（以下，CGM）と呼ばれている。

CGMのポイントは企業が魅力的なステージを用意することで，肝心のコンテンツはユーザーが提供してくれることだ。そして，ランキングがビジネスの保証をしてくれる。前述したようにコンテンツの制作には莫大な費用がかかる。しかも，それがヒットするかどうか，成功するかどうかは誰にもわからない。CGMがそこを担ってくれるならば，アニメやマンガやゲームに関連する企業にとってこれほどありがたいことはない。大幅なコスト削減を意味するし，出版社を例にして具体的に示すならば「編集者」のカットにつながる。

出版社において編集者の仕事は大きく二つある。

一つは制作進行である。執筆から本が刷り上がるまで，工程がスムーズに進行するように監督する。

もう一つは企画である。雑誌編集者ならば読者が増えそうな特集や記事，付録を考え，ビジネス書の編集者ならば売れそうな著者と切り口を考え，小説やマンガならばすぐれた作家を探し出し，すぐれた作品をともに生み出す。そうやって多くの雑誌，多くのビジネス書，多くの小説，マンガが生まれてきた。大ヒットした『涼宮ハ

ルヒの憂鬱』『ドラゴンボール』『ワンピース』はそうして生まれた。

　そして，そのヒットの影では屍が地平線の彼方まで横たわっている。編集者と作家が熟考し必死に作っても，読者の箸にも棒にもかからない作品群が誰に顧みられることなく横たわる。

　ただ，その犠牲はさほど嘆くものではない。なぜならば，本として世に出たからには作者には初版の印税は支払われているだろうし，関わったスタッフにもそれなりの制作費が支払われている。ヒットしなくても，著者やデザイナーなど関係者は無報酬ということはない。次の作品を生むための糧は得ている。

　そこで視点を変えてみよう。出版社の経営者ならどう考えるだろう。売れなかった企画，売れない作家への報酬はどこから出ているのか。ヒット作である。ヒット作の収益からこうした企画への制作費が支払われている。ここで生まれたお金を売れない企画に出したいだろうか？　出したくない。さらに売れる企画に予算は投じたい。

　一方でヒット後も問題だ。一度，ベストセラー作家になった人間は出版社は無碍にできない。作家はたいがい出版社の社員ではない。フリーランスの一個人であり，本が刊行されるまで無報酬で働いた功労者である。出版社としては恩義が生まれる。しかし，人はいつまでもベストセラーを出せるような器用さを持ち合わせていない。ベストセラー作家はいつの日にか売れなくなる。その彼なり彼女が仕事を求めて編集者に相談に来た時，無視できる編集者がどれほどいるだろうか。両者はそのヒット作を生み出すためにともに汗した戦友なのだ。再起を願い，なんとか新企画を考えるのではないか。

　冷酷な言い方をすれば，それらの時間，金，人脈，すべて無駄なコストだ。

　会社の利益を考えれば，このように至る。編集者と作家が作品制作にかける労力と制作費を減らせないか……。ヒット作だけで自社のラインナップを揃えられないか……。ヒットの見込みがある企画

第2章　アニメはどこから作られるのか　*33*

だけを通せないか……。売れなくなった作家を遠慮なく切ることはできないか……。経営者なら誰もが考えるだろう。

　だから，CGM である。

　制作費とその労力を誰とも知らないアマチュアが自己責任で負ってくれるし，人気作はユーザー同士がランキングにして示してくれる。人気作を生み出した作家がランキング外に落ちれば，見切る理由になる。

　編集者は制作の監督役と，時代を先取りした企画を生み出し優れた作家を生み出す目利きの役割を果たしていた。インターネットとそのサービスの浸透により，後者は不要になりつつある。その役割は投稿ランキングサイトが代行している。つまり，ユーザーが作り，ユーザーが応援し，投稿ランキングサイトの運営者が上位作品を魅力的に演出して，次なるメディアへのバトンを用意してくれるのだ。そこには前述した飲みニケーションも社内政治力も不要である。「人気」「売上」が決まった作品を担当する編集者に求められる業務とはなにか。それは工程を進行させるオペレーターである。制作進行を熟知した技能職としての編集者なのだ。

　興味深い動きがある。2014 年，アニメ，マンガ，小説の大手出版社KADOKAWA と，「ニコニコ動画」などを有するドワンゴが持株会社である株式会社KADOKAWA・DWANGO を設立した。これに先立つ 2008 年，株式会社イマジカ角川エディトリアルが設立された。事業内容は「コミックス編集製作，デジタルコミックス編集製作，電子含む書籍校閲，雑誌書籍編集者，アニメディレクターの派遣」である。つまり編集者の派遣会社だ。技能職となった編集者は派遣社員として，編集部を渡り歩く身となろうとしている。

　"原作" を生み出すクリエイターと編集者の蜜月は変容を迎えた。すべてのクリエイターと編集者の関係が急に変わるとは思えないが，変化はゆっくりと，しかし，確実にどの現場にも訪れるだろう。そ

34　第Ⅰ部　メディアの変遷とコンテンツのあり方

して，気付けば，編集者という職種は単なるオペレーターの呼び名に収まっているかもしれない。編集者に代わろうとしているのが，ランキング投稿サイトであり，大勢のユーザーである。それを成し得たのはデジタルであり，インターネットという環境であることは間違いない。

【ディスカッションのために】
1　オリジナルアニメの制作はなぜ大きな挑戦となるのか。本章の記述をふりかえり要約してみよう。
2　自分が観たことのあるアニメ作品を五つ挙げてみよう。またそれが原作付きのアニメかオリジナルアニメかを調べてみよう。
3　本章の第4節を熟読して要約して，これからのアニメの原作がどうなるかを考えてみよう。またそこで考えたことを周囲の人とお互いに議論してみよう。

第3章

メディア・コンテンツと著作権

「よき人生」のための「文化コモンズ論」「かかわり主義」

山田奨治

コミックマーケット62の会場風景*

　21世紀に入ってから，メディア・コンテンツの「消費」のされ方に変化が起こった。それは「ユーザー作成コンテンツ」（UGC）の普及である。18世紀的な著作物流通を前提にした著作権法とUGCとは決して相性がよいとはいえない。現行法とのあつれきを背景に，UGCを普及させるための種々のライセンスが提案されている。コンテンツのたんなる「消費者」ではない21世紀の「ユーザー」による創作の世界をどのように構想すればよいのだろうか。それを理論的に考察する手掛かりとしてサンダーによる「「グッズ」から「グッド・ライフ」へ」の議論を紹介し，文化コモンズ論の考え方と比較する。最後に日本の著作権法がどのような力学で改変されてきたのかに触れ，貿易交渉による法改正と，それへの向き合い方を問題として提起する。

*出典 Photographed by Kobak Comic Market 62〈https://commons.wikimedia.org/wiki/File:Comicmarket62_00.JPG〉（CC BY-SA 3.0）（2015年10月7日確認）

36　第Ⅰ部　メディアの変遷とコンテンツのあり方

1　メディア・コンテンツの「消費」が変わった──

❖狭くなった「ユーザーの自由」

　20世紀までの「常識」では，メディア・コンテンツは独創性あふれる「プロ」が作るもので，制作会社が資金・設備・ノウハウを提供してパッケージ型メディアに固定し，流通のプロがそれを宣伝・販売し，消費者はそのパッケージをありがたく買うものだった。このビジネス・モデルを守るためには，消費者を含む第三者がコンテンツを勝手に再頒布することを禁じなければならない。それがいまの著作権法の根幹になっている。ことに，国が著作権強化政策に転じた1985年以後は，著作権法違反の重罰化が進んでいて，現在の最高刑は個人の場合で10年以下の懲役もしくは1000万円以下の罰金またはその両方である。これは例えば大麻の営利目的所持（懲役7年以下，罰金200万円以下またはその両方）よりも重い罪になっている。

　いっぽうで，著作権法では「私的使用のため」にコンテンツを複製することを消費者に認めている。図書館の本の一部をコピーし，購入したCDの音楽を携帯音楽プレイヤーに入れ，ハードディスク・レコーダーで録画したテレビ番組をDVDに保存できなくては，消費者にとってはたいへん不便だからだ。

　しかし，コンテンツのコピー機能を備えた機器の普及や，複製によって劣化しないデジタル情報へとコンテンツの主流が移ったことによって，法的に許される「私的使用のための複製」がつぎつぎと狭められてきた。具体的には，1985年にはダビング機器のレンタル業が禁止された。音楽や映像を記録することができる装置・メディアの販売時に，権利者団体に支払う補償金を消費者に課金する「私的録音録画補償金制度」が93年に実施された。99年にはビデオのコピーガード破りが禁止され，2010年には音楽・映像の違法ファイルのダウンロードが違法化された。そして12年には市販・

レンタルDVDのコピーが違法になり，音楽・映像の違法ファイルをダウンロードすることに刑事罰が付けられた。いまでは，「音楽・映像の有償著作物」のファイルを「違法にアップロードされたもの（かも）と知りながらダウンロード」しパソコンなどに保存すると警察に逮捕され，2年以下の懲役もしくは200万円以下の罰金またはその両方が科せられる危険性がある。

　このように，著作権侵害を重罰化し「私的使用のための複製」を狭めてきたにもかかわらず，旧来型の発想の延長で，著作権の保護をいっそう強くするべきだという声が権利者側には強い。強大な資金力と組織をもつ権利者側に対して利用者側の力は極端に弱く，法改正を議論する場でバランスの取れた議論は成立しにくい。そのもっとも悪い例は，2012年に法改正・施行された「違法ダウンロード刑事罰化」である。これは少なからぬ割合のネットユーザーが日常的に行っている行為を唐突に刑事罰の対象にしたもので，権利者団体が政治家に直接働きかけ，自民・公明・民主の政党間の密室合意で法改正がなされた（城所, 2013：29-32）。もしこのような手法が今後もまかりとおるならば，著作権法は古いビジネス・モデルを死守したい既得権益者を保護するだけの法律でありつづけるだろう。

　21世紀にふさわしい著作権法はどのようなものであるべきか，それはどのように決められるべきか，権利者と利用者の力の不均衡という構造的な困難さを抱えるなかで，「ユーザーの自由」を考えていくための鍵となりうる視点を探していきたい。

❖ UGC 革命

　21世紀のメディア・コンテンツは，その「消費」のされ方が大きく変わったことに特徴がある。画像・動画・音声のデジタル生成・加工・編集がパソコンでできるようになり，「ユーザー作成コンテンツ」（User Generated Content：UGC）が一挙に広がったからだ。メ

ディア・コンテンツは、たんに「消費」するものから素材として「使う」ものになり、「消費者」はコンテンツの「ユーザー」に変わった。

その胎動は1990年代以前にもみられる。例えば、いくつもの短い映像素材と音楽をコラージュにする「MAD動画」はアナログ・ビデオの時代からあった。それがより手軽に作れるようになり、作品がネットで拡散するようになったのは21世紀的な現象である。いまやコンテンツの価値は、どれだけUGCの「ネタ」になって「消費」されたかで計ることができる時代になった。

UGCには、既存のコンテンツを「ネタ」にするもの以外に、アマチュア・ユーザーが作ったプロ並みの高品質なオリジナル作品もある。2007年以後の日本の音楽シーンを変えた、「初音ミク」を使った作品群がその代表的なものだ。若年層は音楽産業が販売するプロの音楽から離れ、「初音ミク」が歌うUGCに惹きつけられている。UGCは既存の音楽産業を圧迫するまでの力をもつようになった。

その「初音ミク」誕生のきっかけは、ニコニコ動画上のMAD作品が音楽産業からの要請で2007年に大量に削除されたことだった

図3-1 VOCALOID2 初音ミク公式HP[1]

---

1) http://www.crypton.co.jp/mp/pages/prod/vocaloid/cv01.jsp（2015年7月22日確認）

第 3 章 メディア・コンテンツと著作権 *39*

（柴，2014：127–128）。MAD で使われている音楽が著作権を侵害していると，音楽産業界は主張した。権利者側のそうした行動が，結果的に自らの首を絞める勢力を生んだことになる。プロが作るコンテンツからUGC の時代へと時計の針を進めた功が，皮肉なことに音楽産業にあったことは事実だろう。

❖ UGC とライセンス

　著作権は基本的に許諾権であるため，権利者の許諾なしにユーザーにできることは，「私的使用のための複製」や「引用」などいくつかの項目に限定されている（著作権法第 30 ～ 47 条）。「初音ミク」の成功の理由の一つは，それを使った創作物を商用・非商用を問わず自由に頒布してよいとする許諾を，「ミク」の権利者がユーザーにあらかじめ与えたことにある。著作権法はUGC のような世界が生まれることを想定しておらず，現行法のもとでUGC を成り立たせるためには，「初音ミク」の場合のように，権利者側が特別な仕掛けを用意しておかなければならない。つまりUGC の制作側からみれば，現行の著作権法は建て付けの悪いものになっている。

　UGC を普及させるための仕掛けの一つに，クリエイティブ・コモンズ・ライセンス（CC ライセンス）がある（Creative Commons Japan, n.d.）。これはフリー・ソフトウェア運動で普及したGNU 一般公衆ライセンス（GNU General Public License; GPL）を模したもので，①クレジットの表示Ⓘ，②非営利に限定Ⓢ，③改変禁止⊜，④派生作品へのライセンスの継承Ⓞ，の 4 項目の組み合わせから成る条件を明示したうえで，作品の利用をあらかじめ許諾するものである（Free Software Foundation, 2007）。

　残念ながらCC ライセンスは，まだ普及しているとはいえない。文章の著作物でも日本語のもの，とりわけ人文・社会系ではあまり認知されていないのが現状だろう。CC ライセンスとUGC は相性が

図3-2 同人マークライセンス1.0[2]

よく，もっと普及してしかるべきであろう。

また，同人マンガの世界では，マンガ家の赤松健が「同人マーク・ライセンス」を提唱した（コモンスフィア，2013）。これは著作権法違反の非親告罪化（被害者の告訴がなくても，公権力の判断で侵害者を裁判にかけることができるようにすること）に備えて，マンガの二次創作をあらかじめ許諾するものだった。しかし，これは出版社の合意を得たライセンスだけあって，作品のインターネット公開も同人誌即売会以外での販売も許諾しないなど，二次創作物の流通実態にそぐわないものになっている点が，やや残念だった。

これらの試みは，著作権法の枠組みのなかで時代の要請にあったコンテンツ利用を実現しようとするものである。しかし，著作権法には出版産業を保護するための18世紀的な発想がその根本にある。そのため，コンテンツのたんなる「消費者」ではない21世紀の「ユーザー」が創り出す豊かな世界を発展させるようには最適化されていない。それでは，著作権の未来を構想するうえで，どのようなオルタナティブが考えられるだろうか。

2 「グッズ」から「グッド・ライフ」へ

❖インセンティブ論と自然権論

著作権法は，より多くの財を生み出すインセンティブを著作者に与えるために必要だと考えられている。それを著作権のインセンティブ論という。いっぽうで，著作物は著作者が天賦の才が生み出すもので，創作者の精神が反映されたものだから，それを保護するの

---

2) http://commonsphere.jp/doujin/license/ok/1.0/（2015年7月22日確認）

が当然なのだという説もある。それを著作権の自然権論という。インセンティブ論では著作権は法律で作られた人工的な権利であり、自然権論ではそれは法律ができる以前からあった権利だと考える。

それに対して、カリフォルニア大学デービス校教授のマダヴィ・サンダー（Madhavi Sunder）は、*From goods to a good life*（2012）で著作者中心のインセンティブ論でも自然権論でもなく、コンテンツ・ユーザーの自然権論的な立場から知的財産法を構想し直す提案

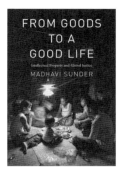

図3-3 *From goods to a good life* (Sunder, 2012)

をしている。ここで、サンダーが主張する発想の転換を紹介したい。

❖「よき人生」のために

「わたしたちが考え、学び、共有し、歌い、踊り、語り、冗談をいい、アイデアを借り、影響しあい、回答し、批判し、そして敬意を表する能力に、知財法は影響を及ぼす」（Sunder, 2012：1-2）というのが、サンダーのアイデアの基本にある。わたしたちが内面を知的・情緒的に表現することは、誰にも止めることができないはずの権利である。それにもかかわらず、知的財産法がそれを抑制することをどう考えたらよいのだろうか。

サンダーがいうには、著作権法と特許法はより多くの「商品」（グッズ）を生み出すインセンティブを与えるだけでなく、ひとが「よき人生」（ア・グッド・ライフ）をまっとうする能力に大きな影響をおよぼす（Sunder, 2012：3）。「共に歌い、踊り、そして物語を共有すること、わたしたちの知性を使って世の中に新しい知識をもたらすこと——これらは根源的に人間の自由そのものである」とサンダーはいう（Sunder, 2012：5）。

著作権保護の対象からはずれがちな，発展途上国の共同的・伝統的な作品に加えて，UGCのような21世紀のコンテンツにも，彼女の視点は向けられている。今世紀は「参加の時代」であり，文化は伝統的で，静的で，缶入りの商品だという100年前の概念は転換されつつある。では，「意味を共有するコミュニティーのなかでの自発的で民主的な参加」（Sunder, 2012：13-14）からコンテンツが生まれることに，著作権法をどう適応させるのか。

21世紀は，「伝統としての文化」「商品としての文化」に加えて「参加型コミュニティーとしての文化」が重要になる。それは一言でいえば，DIY（do-it-yourself）ならぬDIWO（do-it-with-others）文化といえる（Sunder, 2012：46-47）。「参加型コミュニティーとしての文化」は，「多対多の対話性」「操作と改変の容易さ」「エンド・ツー・エンドのアーキテクチャ」「デジタル・ハードウェア」「オーサリング・ソフトウェア」「ピア・ツー・ピアのネットワーク」「ブログ」「ウィキ」「ポッドキャスティング／ビデオキャスティング」「SNSサイト」といった技術が鍵になっている（Sunder, 2012：58-61）。

参加型文化は自由を促進し，平等を生み出し，人間開発と経済発展を助ける（Sunder, 2012：64）。そして著作権法は，学習，民主的な市民性，自由，平等，そして相互理解を促進するのに中心的な役割をはたす（Sunder, 2012：79）。「世界人権宣言」の第27条第1項には，「すべて人は，自由に社会の文化生活に参加し，芸術を鑑賞し，及び科学の進歩とその恩恵とにあずかる権利を有する」と定められている。その理想を忘れることなく，年齢，性別，能力，民族的・宗教的あるいは文化的な背景とは関係なく文化活動にかかわる「フェアー・カルチャー」を目指さなくてはならないと，サンダーはいう（Sunder, 2012：88-90）。

以上のようなサンダーの主張には，コンテンツ・ユーザー中心主義がみられる。ユーザーとは別の主体である著作権者を保護するだ

けでなく，ときに他人の著作物を使いながらコンテンツ制作を楽しむ個人を助け，DIWO コミュニティーを発展させることに著作権法の主眼を移すことが必要だ。それは「表現の自由」が守られた民主的な社会を実現することであり，ひとが「よき人生」を生きることにもつながる。

3 文化コモンズ論の可能性

❖ コンテンツ・ユーザーのインセンティブ論と自然権論

　サンダーの議論は，インターネットのフリー・カルチャーに注目したローレンス・レッシグ（Lawrence Lessig）の議論（レッシグ，2004）や，パブリック・ドメイン（PD）を重視する文化コモンズ論（山田，2010）との相性がよいようにみえる。しかし意外なことに，彼女はフリー・カルチャーやPD には概ね否定的な態度をみせている。それらは抑圧や搾取をされてきた者への視線を欠いているという（Sunder, 2012 : 84-88）。コモンズ論にしても，資源が法律によって強制的に解放されたならば，すべてのひとによって等しく搾取されてしまうだろうとし，理想化された「コモンズのロマンス」を戒めている（Sunder, 2012 : 135）。

　しかし，サンダーのコモンズ理解は，閉鎖的に管理され控除性（使ったら資源がなくなる性質）のある資源のローカル・ガバナンスのあり方を対象にしてきた伝統的なコモンズ論とも，開放的で控除性のない資源をも視野に置く文化コモンズ論とも相容れない。

　議論がかみ合わない理由は，サンダーがコンテンツ・ユーザーの自然権論に足場を置いているのに対して，コモンズ論がどちらかというとインセンティブ論に立脚しているからだろう。それならば，コモンズ論，なかんずく文化コモンズ論とサンダーの議論とは，相反するものではなく相補的なものとして整理することもできるだろう。

❖「よき人生」のための文化コモンズ論

　それでは，文化コモンズ論においてサンダーのいう「よき人生」
はどのように位置づけられるのだろうか。筆者は文化コモンズを
「文化にかかわる私的所有でないモノやコトそのもの，およびその
所有・管理・用益のあり方」と定義している（山田，2010：28）。文
化コモンズは有体・無体を問わず，資源そのものもそれをめぐる社
会システムも包含する。そしてそれは，所有・管理・用益の三つの
側面をもっている。

　第1の「所有アプローチ」は，所有制度がコモンズの管理・用益
を規定するという観点である。サンダーの議論は，メディア・コン
テンツなどの無体財の所有権にみられる昨今のありさまを，ユーザ
ーの自然権的所有権という観点を導入して批判したものといえるだ
ろう。第2は「管理アプローチ」で，これは管理のあり方が所有・
用益に大きな影響を与えるという観点である。コンテンツの独特な
管理方針によって爆発的に広がった，初音ミク現象がこの例として
好適であろう。第3は「用益アプローチ」で，用益が所有・管理の
実態を決めるという観点である。自ら作成したコンテンツをとにか
く広めることに用益が見出され，CCライセンスのようなものが登
場してきたことなどは，「用益アプローチ」に数えることができよ
う（山田，2010：27-28）。

　文化コモンズの「管理アプローチ」と「用益アプローチ」には，
自然権の発想は乏しい。むしろこれらは純粋に，文化コモンズとい
う財のガバナンスにかかわる問題を扱っている。ここでいうガバナ
ンスとは，文化コモンズをどのように管理し，その用益をどのよう
に分配するかという問題と言い換えることができよう。それはユー
ザーの自然権と同様に重要な問題である。文化コモンズ論のアプロ
ーチは，サンダーの自然権的所有権に劣らず，メディア・コンテン
ツ・ユーザーの「よき人生」に貢献しうると考える。

著作権を変える力

❖著作権ムラと米国

　ここまでに述べてきたことをまとめるならば，21世紀にふさわしい著作権とは，制作・流通サイドに加えてコンテンツ・ユーザーの自然権・インセンティブをも視野に置いたものになろう。理念はそうだとしても，それを実現するのは容易ではない。なぜならば，この世には「著作権ムラ」と形容しうるような強固な既得権益集団があり，それが著作権の立法・行政に大きな影響力をもっているからだ。冒頭に述べた「違法ダウンロード刑事罰化」はいうに及ばず，既得権益者が著作権の強化・重罰化にどのようにその権力を行使してきたかについては，拙著『日本の著作権はなぜこんなに厳しいのか』で詳述した（山田, 2011）。

　これからは，国内の既得権益者に加えて，米国の意向によって著作権法が大きく変えられてしまうことになりそうだ。友好国の政府が日本の法律を変えるような内政干渉をするはずがないと，多くの読者は考えるかもしれないが，その思い込みはまちがっている。

　例えば，韓国は日本法に類似した著作権法をもっていた。しかし，2012年に発効した米韓の自由貿易協定（Free Trade Agreement; FTA）によって，米国並みの著作権保護期間，非親告罪化，法定損害賠償制度などの導入を余儀なくされ，それに対するセーフティ・ネットとして米国にあるフェア・ユース（著作物の公正利用）も取り入れた。米国と異なる著作権保護水準が貿易の「非関税障壁」だとみなされ，著作権法の「改正」を必要とするような協定に，韓国は合意したのだ。もちろん，それら個別の事項を韓国政府が進んで合意したというよりは，米韓の貿易全体の利益，さらには韓国が軍事的には米国の庇護のもとにあるパワー・バランスによって，著作権法の「改正」を要する協定をのまされたというべきだろう。

46 第Ⅰ部 メディアの変遷とコンテンツのあり方

　さて，本章の執筆時点で日本が直面しているFTA交渉といえば，米国を含む11カ国との環太平洋経済連携（パートナーシップ）協定（Trans-Pacific Partnership Agreement：TPP）である。TPP交渉は厳密な秘密主義が貫かれており，いったい何がどのように話し合われたのか，各国の市民はもちろん，国会議員にすら情報が開示されていない。その一方で，米国のステーク・ホルダーである大企業，例えばウォルト・ディズニー社などには交渉段階から該当部分の条文案が開示され，交渉官が企業側から助言を受けている実態がささやかれていた。TPP交渉において米国は，米韓FTAで韓国にのませたのと同様の著作権強化を，日本を含む各国に要求してきたことが，リーク文書によってあきらかになっている（Knowledge Ecology International, 2015）。米国とのパワー・バランスの点では，日本は韓国と同様の立場にあるので，米韓FTAで敷かれた道を日本も通ることになりそうだ。

　TPP交渉は2015年11月に大筋合意し，それに沿った形で著作権法が「改正」されることが決まっている。国際条約ですでに決まったこととして，誰にも有無をいわせぬ形で「改正」が行われようとしている。

　また，FTAの条文にかかわらず，米国が要求する法改正を相手国が行うまで，米国議会がFTAを一方的に承認しない事実が，国際NGOグループによって白日の下にさらされている（TPP：No Certification, 2014a）。したがって，日本が著作権法を「改正」しないとTPPは発効しない。さらに著作権にかんして，TPPの条文には入っていないが，米国政府が日本に対して要求していることに，2010年に施行された「違法ダウンロード違法化」を音楽と映像だけでなく，すべての種類の著作物に広げることが含まれている（外務省, 2011：TPP：No Certification, 2014b）。もしそうなった場合，例えば画像投稿サイトにアップロードされた，有名キャラクターの模

写を私的にダウンロードすることも違法になる。米国からの要求が続く限り,メディア・コンテンツの利用実態やユーザーの常識から大きくかけ離れた法律が作られる危険性がぬぐいされないことを,わたしたちはもっとよく認識するべきだろう。

✣「かかわり主義」を広めよう

　既得権益者や強大な外国が支配する著作権制度を,メディア・コンテンツ・ユーザーの立場からどのように変えていくべきかという,最初の課題に立ち戻ろう。それが困難な道のりであることは理解できよう。しかし,その困難な道のりを進むことを支える発想の一つに,日本のコモンズ論を牽引する学者のひとりである井上真が提唱する「かかわり主義」がある。「かかわり主義」とは,多様な関係者に資源管理を開きながらも,かかわりの深さに応じた発言権を認めようという理念である（井上, 2004：142-144）。

　「かかわり主義」に立つならば,メディア・コンテンツの制作・流通側とユーザーは対等なはずだ。もし読者がメディア・コンテンツのユーザーであり,著作権のあり方が自分の「よき人生」に「かかわる」と思うのならば,礼節を保ちながら社会に向かって発言し,世論を喚起して法改正の現場に影響を与えていかなければならない。

●ディスカッションのために

1　著作権法はどのように「ユーザーの自由」を狭めてきたのか,本章の記述を振り返りまとめてみよう。

2　「文化コモンズ論」とサンダーのいう「グッド・ライフ」について本章の説明をよく読んだ上でどちらかを隣の人に説明し,本章の記述にしたがって,その関係を 2 人で整理してみよう。

3　TPP と著作権との関連について調べ,それが,ふだんの生活の中で行っているメディア・コンテンツの利用にどう影響を与えるかについて考え,自分の考える 21 世紀にふさわしい著作権について周囲の人と話し合ってみよう。

【引用・参考文献】

井上　真（2004）.『コモンズの思想を求めて』岩波書店

外務省（2011）.「日米経済調和対話　2011 年 2 月（仮訳）」〈http://www.mofa.go.jp/mofaj/gaiko/tpp/pdfs/tpp04_04.pdf（2015 年 8 月 17 日確認）〉

城所岩生（2013）.『著作権法がソーシャルメディアを殺す』PHP 研究所

コモンスフィア（2013）.「同人マーク」〈http://commonsphere.jp/doujin/（2015 年 7 月 22 日確認）〉

柴　那典（2014）.『初音ミクはなぜ世界を変えたのか？』太田出版

山田奨治［編］（2010）.『コモンズと文化―文化は誰のものか』東京堂出版

山田奨治（2011）.『日本の著作権はなぜこんなに厳しいのか』人文書院

レッシグ．L.／山形浩生・守岡　桜［訳］（2004）.『Free culture―いかに巨大メディアが法を使って創造性や文化をコントロールするか』翔泳社（Lessig. L.（2004）. *Free culture: How big media uses technology and the law to lock down culture and control creativity*. New York: Penguin Press）

Creative Common Japan.（n.d.）.「クリエイティブ・コモンズ・ライセンスとは」〈http://creativecommons.jp/licenses/（2015 年 7 月 22 日確認）〉

Free Software Foundation.（2007）.「GNU 一般公衆ライセンス」〈http://www.gnu.org/licenses/gpl-3.0.ja.html（2015 年 7 月 22 日確認）〉

Knowlege Ecology International（2015）. May 11, 2015 consolidated text of Intellectual Property Chapter for TPP.〈http://keionline.org/tpp/11may2015-ip-text（2015 年 8 月 17 日確認）〉

Sunder, M.（2012）. *From goods to a good life: Intellectual property and global justice*. New Haven, CT: Yale University Press.

TPP: No Certification.（2014a）. TPP: No certification.〈http://tppnocertification.org/（2015 年 7 月 22 日確認）〉

TPP: No Certification.（2014b）. Japan: Barriers identified by USTR in 2014.〈http://tppnocertification.org/japan/（2015 年 7 月 22 日確認）〉

第4章

コンテンツ論の新たな展開
「コンテンツ=中身」論の限界と間コンテンツ性

井手口彰典

近年,情報メディアの発達により私たち自身がコンテンツの制作に関わる機会も増えてきた。ただ,ゼロから新しいコンテンツを生み出すのは多くの人にとって至難の業だ。だから私たちは既存のコンテンツを部分的に流用したりアイデアを借用したりしつつ,そこにプラスアルファを加えることで自分の作品としている。

このとき,先行するコンテンツ(親)と派生コンテンツ(子)は互いに深い関連性をもつ。子は親に強く特徴づけられるだろうし,親は子の増加によってその知名度を高めるだろう。ならば現代のコンテンツ文化を論じるためには,個々のコンテンツに注目するだけでなく,それらの集合についても考える必要があるのではないか。そこには権利や法の問題も絡んでくるが,そうした話は第3章に譲るとして,本章では特に文化論の観点から,旧来的なコンテンツ・イメージの限界とその新たな展望について考えてみたい。

1 コンテンツ＝中身という前提／限定

　あるコンテンツについて良いとか悪いとか，好きとか嫌いとかの判断を下すとき，私たちは当該コンテンツのいったいどこに注目してそのように評価しているのだろう。「コンテンツ」という言葉の直訳的な意味が「中身」や「内容」であることを思い出すならば，コンテンツはまさにその中身によって評価されるのだ，と答えるのはごく自然であるように思われる。表現手法の斬新さにせよテーマの深さにせよ，キャラクターの魅力にせよBGMの美しさにせよ，私たちは当該コンテンツがどのような要素を内在的に持ち合わせているのかに基づいてそれを評価しようとする。

　では，あるコンテンツの中身がまさに中身として存在するためにはなにが必要だろうか。一般化して考えてみるならば，特定の部分をそれ以外の部分とは違うものとして確保する上で欠かせないのは両者を区切る境界線だろう。それをコンテンツの「外殻」と呼んでもよい。たとえば真水で満たしたペットボトルを海に浮かべるとき，ボトルの中身（真水）と外界（海水）を仕切っているのは薄く透明なプラスチックの外殻である。そしてこの外殻こそが，ペットボトルの中身をまさに中身＝コンテンツとして保証している（もしもプラスチックによる仕切りがなくなれば，真水はすぐに海水と混じりあってしまうだろう）。

　仮に，外殻によって他と区分されることで成立するのが中身すなわちコンテンツであるとするならば，あらゆるコンテンツは「あらかじめ用意されたもの」として私たちの前に提示されることになる。他と区分される以前のそれを，私たちはなにかの中身とは認識できないためである。外殻によって仕切られることではじめて，私たちはそれを一つ二つと数え上げたり，他と比較してその優劣を品評したりできるようになる，というわけだ。私たちはそうした「あらか

じめ用意された中身」としてのコンテンツ・イメージを長らく――おそらくはほとんど無意識のままに――自明視してきた節がある。

ところが，近年のコンテンツ文化の広がりを眺めていると，前述したような単純なイメージではうまく説明しきれないような事例が散見されるようになっていることに気づかされる。どうやら昨今のコンテンツに対する評価は，ただその中身によって決定されるばかりでなく，周囲に事後的・派生的に生み出される他のコンテンツとの連続性によっても左右されることがあるようなのだ。

もちろん，これまでのコンテンツ研究においても複数のコンテンツ間の影響関係や参照関係はしばしば重要な論題となってきた。だがそのような場合でも，各コンテンツの自律性は最低限（少なくとも「中身」のアナロジーと齟齬をきたさない程度に）信用されていたように思われる。しかし近年では，複数のコンテンツが互いへの言及なしには議論しえないほど密接に結びつき，また個々の中身を超えた総体的なものとして認識されるような機会が明らかに増えてきている。

❷ 現象としての〈恋チュン〉

象徴的な例として，2013年8月に発売されたAKB48の〈恋するフォーチュンクッキー〉（以下〈恋チュン〉と略記）を取り上げてみよう。同曲はコアなファンのみならず広く一般にも受け入れられてヒットしたため，ご存じの読者も多いと思われる。ただ，先に数値的な事実を確認しておくならば，実は〈恋チュン〉のセールスは決して突出しているわけではない。本章執筆時現在（2014年9月），オリコンによるAKB48のシングル売り上げランキング1位は〈さよならクロール〉，2位は〈真夏のSounds good！〉であり，〈恋チュン〉は6位に甘んじているのだ[1]。特に〈さよならクロール〉

は〈恋チュン〉の直前に発売された作品であり（2013年5月），本来であれば〈恋チュン〉はその陰に埋もれてしまってもおかしくない状況にあったといえる。実際，両者のセールスを比較してみると，2013年末時点で〈さよならクロール〉が195万枚を超えていたのに対し〈恋チュン〉は148万枚に届いていない[2]。発売日が3カ月ほどずれている点を考慮する必要はあるが，それでも両者の開き（約50万枚）は決して小さな差とはいえないだろう。

　だがこうした数値上の優劣とは別に，〈恋チュン〉はその社会的知名度において明らかに〈さよならクロール〉を凌いでいる。AKB48のCDは握手券や投票券を目当てに一人で何十枚も購入する者が存在するためセールスと知名度が必ずしも相関しないのだが，〈恋チュン〉についてはそうした同封特典の効果から離れたところでも曲の人気を確認することが可能だ。たとえばJOYSOUNDの2013年「カラオケ総合ランキング」をみると，〈恋チュン〉は前述した3カ月のハンデにもかかわらず〈さよならクロール〉を上回っており[3]，さらに2014年上半期の同ランキングではゴールデンボンバーの〈女々しくて〉やWhiteFlame feat. 初音ミクの〈千本桜〉を抜いて第1位に輝いている[4]。またLivedoor NEWSが提供するオンラインニュースサイト「ガジェット通信」も，2014年2月の記事で〈恋チュン〉を「名実ともにAKB48の代表曲」だと紹介している[5]。

---

1) ORICON STYLE「AKB48のCDシングルランキング」〈http://www.oricon.co.jp/prof/artist/385015/ranking/cd_single/〉。2014年9月確認，以下URLについてはすべて同じ。

2) 同前「オリコン2013年　年間　音楽＆映像ランキング」〈http://www.oricon.co.jp/music/special/2013/musicrank1215/index01.html〉。

3) JOYSOUND「2013年JOYSOUND年間カラオケランキング」〈http://joysound.com/ex/st/special/feature/2013year_ranking/〉。〈恋チュン〉は13位，〈さよならクロール〉はトップ30に入っていない。

第4章　コンテンツ論の新たな展開　*53*

　では〈恋チュン〉がそれほどの人気を博した理由はなんだった
のか。もちろんその原因は複合的だろうが，とりわけ強調される
べきは「振り付けシミュレート作品」とでも呼ぶべき大量の派生動
画の存在である。知られているとおり，〈恋チュン〉をめぐっては
企業・学校・行政機関・地域団体などが（しばしば組織のPRを兼ね
て）AKBメンバーの振り付けを模したビデオクリップを作成し，動
画サイトに投稿するという現象がみられたのだ。

　それらの派生動画は，いずれも音声と映像の組み合わせによるひ
とまとまりのデータとして存在しており，その意味で一つひとつが
「コンテンツ」と呼びうるものである。各動画は個別的に視聴者を
楽しませうるのであって，決してすべての動画を観なければその全
体像が掴めないような性格のものではない。また多くの場合，派生
動画を作り出しているのはAKB48とは直接的な利害関係をもたない
人々であり，単一の主体がそれらの制作を統括しているわけでもない。

　しかしそれにもかかわらず，私たちは〈恋チュン〉の流行を考
える際，個々のコンテンツ（AKB48によるものも派生動画も）を互
いに密接に結びついたマスとして認識する傾向にある。事実，コ
ンテンツ間の影響関係は双方向的だ。各派生動画がAKB48のPV
に強く準拠していることは誰の目にも明らかだが，しかし他方で

---

4)　同前「2014年JOYSOUND上半期ランキング」〈http://joysound.com/ex/
　　st/special/feature/ranking2014/index.htm〉。ただしこのURLは本書編
　　集段階でリンク切れとなっていたため，他の典拠として以下を参照。株
　　式会社エクシング「カラオケJOYSOUND　2014年　上半期ランキング
　　発表！AKB48「恋チュン」が堂々の首位，"アナ雪"劇中歌の驚異的な勢
　　いにも注目！」〈http://www.xing.co.jp/news/archives/5478〉。これのみ
　　2016年3月確認。
5)　ガジェット通信「『恋チュン』の勢い衰えず！　『ヘビロテ』を超え
　　名実ともにAKB48の代表曲に」〈http://news.livedoor.com/article/
　　detail/8542506/〉。

54 第 I 部 メディアの変遷とコンテンツのあり方

AKB48 による〈恋チュン〉もまた派生動画の存在なしで現状のような人気と知名度を獲得したとは考えにくい。〈恋チュン〉が、売り上げ総数において勝る〈さよならクロール〉他の楽曲を差し置いてAKB48 の代表曲となりえたのは、それが単体のコンテンツではなく無数の派生動画まで緩やかに取り込んだものとして社会的に捉えられているからだろう。その意味で、〈恋チュン〉とは特定コンテンツの名称であるばかりでなく、無数のコンテンツの集合によって担われる「現象」の名前でもあるのだ。

❸ 同人文化と二次創作

　同じような状況は、わが国の同人文化においても多く観察しうる。同人とはもともと、趣味や志を同じくする仲間を指す言葉であったが、現代では「オタク・カルチャーの文脈において表現活動を行う人々」程度のニュアンスで使われることが多い。そんな同人たちが表現手段の一つとして盛んに取り組んでいるのが二次創作、つまり既存のコンテンツ（マンガ・アニメ・ゲーム・小説等）をもとにした派生作品の創出である。原作の筋書きにはないサイドストーリーをマンガや文章で表現したり、あるいは原作で使用されていた音楽を自分なりに編曲して新たに音響化したりする行為がこれに該当する[6]。

　今日、同人文化において特定のコンテンツが流行する際には、ほとんど必然的に大規模な二次創作ブームが併発する。たとえば2013–4 年頃にかけてヒットした『進撃の巨人』[7] や『艦隊これくしょん～艦これ～』[8] などについても事情は同じだ。流行が沈静化す

---

6) 同人文化とそこで行われる二次創作については多くの文献が存在するが、ここでは近年刊行されたものとして玉川（2014）を挙げておく。また同人活動のなかでも音楽に特化した実践については井手口（2012）を参照。
7) 諫山創によるマンガ。

第4章　コンテンツ論の新たな展開　*55*

るまでのあいだ，コミケットなどの同人イベントにはこれらの原作
に基づく無数の二次創作作品が並ぶことになるだろう。

　先にみた〈恋チュン〉の派生動画がそうであったのと同様，原作
のヒットに乗じて生み出される二次創作作品も決して原作の付属物
などではなく，それ自体がコンテンツである。また不特定多数の自
由な解釈によって作られるそれらは，いわゆる「メディアミックス」
とも異なっている。加えて指摘しておくならば，原作とはまったく
別種の魅力が二次創作作品に見い出されることも少なくない。たと
えば原作では描かれない恋愛関係がキャラクターらのあいだに付与
されるような場合がその典型だろう。キャラクター同士の関係性こ
そを楽しみたい人々にとって，「読みたい内容が読める」二次創作
が原作と同等（あるいはそれ以上）に重要なものとなるのは自然な
成り行きである[9]。

　しかしそれでも，二次創作は原作の性格を完全に無視したものに
はならないのが通例である。そこで扱われるのはあくまでも原作に
由来する「あのキャラクター」や「あの設定」なのであり，その意
味で原作と二次創作との繋がりは強固だ。また同人文化においては
今日でも「原作への愛のない二次創作」が批判される傾向にある
という点も重要だろう[10]。二次創作は原作を十分に楽しんだ上で，
一種のリスペクトとして制作されなければならない，というわけだ。
そんなのはただの建前だと切り捨てる向きもあろうが，それでもこ

---

8)　角川ゲームスの開発，DMM.com の配信によるブラウザゲーム。

9)　東浩紀は原作と二次創作作品が等価に消費されるような状況を，ボード
　　リヤールの用語を引きつつ「シミュラークル」と呼んでいる（東, 2001:
　　41）。

10)　よりくわしい説明として，ウェブサイト「同人用語の基礎知識」より
　　「愛がない」の項を参照〈http://www.paradisearmy.com/doujin/pasok_
　　aiganai.htm〉。

うした倫理規範がいまだ根強く残っている事実は見逃されるべきでない。

　いずれにせよ，同人文化における原作とその二次創作作品もまた，互いに密接に結びついたマスとして認識されている。同人文化における昨今の流行はそうしたマスによって総体的に担われるのであり，近視眼的に原作だけをみていても流行の全体像を掴むことができないのである。

❹　要素の共有／非共有

　以上の例に共通するのは，コンテンツをめぐる消費や流行が特定の外殻に覆われた中身だけで完結しなくなっている状況である。「恋チュン現象」はAKB48の〈恋チュン〉を，また「進撃現象」は諫山創の『進撃の巨人』を核としつつも，事後的に生み出される無数の派生作品までその範疇に取り込むものとして受け止められているのだ。コンテンツを「あらかじめ用意された中身」として固定的に捉える立場からでは，こうした文化状況を適切に分析し説明するのは難しい。

　では，私たちは現代のコンテンツをいったいどのようなものとして理解すればいいのか。考察の切り口はいろいろ考えられるが，ここではまず，各コンテンツのあいだにみられる「要素の共有／非共有」について検討するところから議論を深めていくことにしたい。AKB48の〈恋チュン〉や諫山創の『進撃の巨人』（以下それらを「オリジナル・コンテンツ」と総称する）と，派生作品とのあいだには，互いに共有された要素とそうでない要素とがある。〈恋チュン〉を例にとるならば，AKB48によるPVと各派生動画とで共有されているのは主に楽曲（音響データ）と振り付けであり，逆に共有されないのは映像に出演して実際に踊る人々，ということになる。

一般論として，オリジナル・コンテンツと派生動画の間で共有される要素の総量が大きくなれば，それだけ後者は前者のコピーに近づき，独創性に欠けたものとなる。反対に共有される要素があまりにも少なければ，それが派生作品であるという事実にさえ気づいてもらえないかもしれない。したがって私たちがあるコンテンツを「派生作品だ」と理解できるためには，当該コンテンツが共有要素と非共有要素をどちらも適度な割合で含んでいる必要がある。

こうした特徴に鑑みるならば，どうやら私たちは本章の冒頭で確認したコンテンツの外殻について多少のイメージ修正を行う必要がありそうだ。オリジナル・コンテンツも派生作品も，それがコンテンツである以上，確かに当該の中身を他と区分するための境界線をもっている。しかしこの境界線は，真水と海水とを分断するペットボトルのような隔壁ではない。それは一定の要素を中身として保持しつつ同時に他の要素を外部へと透過させるような，半透膜的な性質のものとして理解されるべきではないか。各コンテンツは透過可能な要素を共有することでマスを形成し，総体的な流行を引き起こしていると考えられる。

では，具体的にどのような要素が境界線を越えてコンテンツ間で共有されることになるのだろう。それを決定するのはいったい誰なのか。みたところ，答えはケース・バイ・ケースであるとしかいいようがなさそうだ。たとえば〈恋チュン〉の場合，共有されるべき要素はオリジナル・コンテンツの制作者側によって比較的明瞭に提示されていたとみてよい。AKB48 をプロデュースする秋元康は新聞のインタビューに応じるなかで，「目指したのは，みんなが自然と踊れる盆踊りやラジオ体操のような曲」だと説明している[11]。

---

11) 読売新聞 2013 年 10 月 30 日東京夕刊 11 面「全国で AKB ダンス　役所，企業など動画続々」。

また振り付けを担当したパパイヤ鈴木も「振り付けが頭に残るように，できるだけメンバーを移動させないようにし，繰り返しを多くした」[12]という。これらの発言からは，派生動画の出現がまったくの偶然ではなくむしろ恣意的・作為的に仕掛けられたものであることが窺えよう。さらに〈恋チュン〉に関しては，AKBグループの運営スタッフらが同曲を踊ったバージョンが早い段階で公開されていたことも重要なポイントだ[13]。このスタッフ・バージョンは「皆さんも同じような動画を作ってみませんか」という制作者側からのメッセージとして解釈しうるものである。

　いっぽう同人文化においては，二次創作を実践する側のあいだで，派生作品の制作を念頭においたコンテンツの「読み解き方」がかなりしっかりと様式化されている。たとえばマンガやアニメにおいて複数人の魅力的な男性キャラクターが提示されたならば，制作者側の意図の有無にかかわらず，それは男性同士のホモセクシャルな関係に興味をもつ人々（いわゆる腐女子）らによって即座に二次創作のための素材として受け止められるだろう[14]。彼女たちは原作に登場するキャラクターや設定を部分的に援用しつつ，各々が独自に用意した要素と組み合わせることで二次創作作品を生み出す。もちろん，同じことは腐女子的なジャンルに限らず二次創作全般について当てはまる。今日の同人文化においては，性別やジャンルを問わずそうした想像力の基盤が既に広く共有されているのだ。

12）　同前。

13）　「恋するフォーチュンクッキー STAFF Ver. / AKB48［公式］」〈https://www.youtube.com/watch?v=ZCNiY-j6VsI〉。

14）　実際，『進撃の巨人』はそうした読み解きが盛んに行われた事例の一つだといえる。

5 「お題」という可能性

　さて，私たちは前節までに「あらかじめ用意された中身」という
従来のイメージに還元しきれないコンテンツ文化が広がっているこ
とを確認し，またそのメカニズムについて考察してきた。だがそれ
でも〈恋チュン〉や『進撃の巨人』は話としてまだわかりやすいの
かもしれない。なぜならそれらは派生作品と高い連続性をもつとは
いえ，それ自体は間違いなくコンテンツとして存在するものだから
だ。より難しいのは，それ自体ではコンテンツとは認めにくいなに
かが，後続する多数のコンテンツの流行を牽引するような場合であ
る。実例に沿って考えていこう。取り上げるのは，ニコニコ動画を
舞台に 2008-9 年頃に生じた〈Bad Apple!!〉という楽曲を軸とする
一連の流行現象である。

　背景を簡単に確認しておくと，〈Bad Apple!!〉はもともと同人
ゲームサークル「上海アリス幻樂団」が 1998 年に発表したシュ
ーティングゲーム『東方幻想郷：Lotus Land Story』のBGM の一
つであった。だが同曲は後年，同人音楽サークル「Alstroemeria
Records」によってボーカル付きの楽曲にアレンジされる。このボー
カル版は，確認した限り 2007 年の夏頃までにニコニコ動画にア
ップロードされていたようだ[15]。

　当初は知る人ぞ知る存在であったボーカル版〈Bad Apple!!〉だ
が，翌 2008 年の 6 月に転機が訪れる。発端となったのは，同曲の
PV を考えてみた，という人物の登場であった。ただし，彼は自分
が考えたそのPV 案を自前で映像化するだけの技能を持ち合わせて
いなかった。そこで彼は自らのイメージをきわめて簡素な文字と図

---

15)「Bad Apple!! 〜敢えてネタ画像に乗せて」〈http://www.nicovideo.jp/
　　watch/sm769413〉。

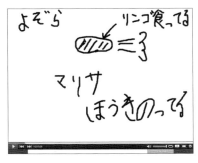

図 4-1　字コンテの一部

による指示（以下「字コンテ」と表記）にまとめ，音楽に添えて「【UP主が見たい】Bad Apple!!　PV【誰か描いてくれ】」[16] というタイトルでニコニコ動画に投稿したのである。

この字コンテは音楽に沿ったメモ書き程度のものでしかなく，自律的なコンテンツとは呼びにくい仕上がりであった。しかし結果としてそれは動画視聴者らの関心を強く惹くことに成功する。字コンテの指示を共通要素にもつ映像作品が，何人ものユーザーによって制作・発表されるようになったのだ。そうした動画のなかには未完成のものや紙芝居風のものも少なくなかったが，特に 2009 年 10 月に投稿された「【東方】Bad Apple!!　PV【影絵】」[17] などはその完成度の高さから人気となり，同作は登場から 1 年で 1000 万再生という記録を残した。また興味深いことに，この「影絵」バージョンはそれ自体が核となり，さらなる派生作品の登場を牽引することにもなった。

ここで重要なのは，先にも指摘したとおり「UP 主が見たい」か

---

16)「【UP 主が見たい】Bad Apple!!　PV【誰か描いてくれ】」〈http://www.nicovideo.jp/watch/nm3601701〉。投稿はハンドルネーム「Mμ」氏。

17)「【東方】Bad Apple!!　PV【影絵】」〈http://www.nicovideo.jp/watch/sm8628149〉。

ら「誰か描いてくれ」と呼びかけた発端の字コンテ動画がメモ書き
程度のもので，それ自体としてはほとんどコンテンツと呼べないよ
うななにかであったという点である。流用された既存の音楽（ボー
カルアレンジされた〈Bad Apple!!〉）を除外すれば，あとに残るのは
図版に示したようなラフなイメージのみであり，従って字コンテ動
画の「中身」をそれ単独で評価するのは難しい。しかし，では私た
ちはこの動画の存在を無視してしまってよいのかといえば，決して
そうでもない。字コンテ動画がなければ「影絵」バージョンをはじ
めとする後続の作品は生まれていなかったのであり，またボーカル
版〈Bad Apple!!〉も（他の多くのアレンジ系同人音楽がそうであるよ
うに）ただ音楽として楽しまれるだけで終わっていたはずなのだ。

　この字コンテ動画が担った働きについて，もう一歩踏み込んで考
えてみよう。前節でみた「共有／非共有」の概念に照らすならば，
字コンテ動画と後続の作品のあいだにも共有された要素が確かにあ
る。いや，そのような表現では不正確だろう。より正しくいうなら
ば，字コンテ動画には後続の作品と共有される要素しかない。それ
は，使うべき楽曲と従うべき構成を条件として提示する機能だけを
担っているのだ。あえて名付けるとすれば，それは「お題」である。

　たとえば落語家らの大喜利を思い出してみてほしい。司会者が出
す「お題」は列席の参加者に対し条件を踏まえた回答を求めるが，
司会者自らが回答を示すことはない。また，どの参加者がどのよう
な回答を提出してくるのかは司会者にも予見できない（つまり「お
題」は回答の内容を先天的に決定しない）。そして何より，「お題」は
決してそれ自体がおもしろいわけではないにもかかわらず，おもし
ろい回答を引き出すために不可欠である。

　こうした各点を踏まえるならば，字コンテ動画はそれを視聴した
人々に具体的なコンテンツ＝回答の提出を呼びかける「お題」とし
て機能した，と考えることができる。字コンテ動画という「お題」

の存在は，後続する関連作品が作り出されるためのトリガーとして決定的に重要だったのであり，それゆえに「Bad Apple!! 現象」を総体的に論じる上でも欠かすことができない。私たちは，こうした（コンテンツならざる）「お題」にまで議論の射程を拡張することによってはじめて，現代のコンテンツ文化を十全に把握し分析することができるようになるのではないか。

❻ まとめ：「間コンテンツ性」への着目

　メディアの発達によって個人の情報発信がきわめて容易になった今日，コンテンツの流行はますます多くの派生作品によって彩られ特徴づけられるようになっている。またその一方で，それ自体はコンテンツと呼びにくい「お題」が多くの興味深い回答を集める例も次第に増えてきているようだ。

　こうした状況に鑑みるならば，コンテンツをめぐる今後の議論にとって「間コンテンツ性」とでもいうべきテーマがますます重要になってくることは疑いようがないだろう。もちろん個々のコンテンツの自律性を前提とした各論も不可欠だが，それに加えて，オリジナル・コンテンツと派生作品との，また「お題」とその回答とのあいだに潜むダイナミズムや相互作用に着目した（間コンテンツ的な）実証研究の進展が望まれる。

　……もっとも，そうした広範な文化論を「中身論」と呼ぶのが適切かどうかは悩ましいところだが。

第4章　コンテンツ論の新たな展開　*63*

●ディスカッションのために
1　〈恋するフォーチュンクッキー〉はどのような「現象」だったのか。本文の記述を整理して説明してみよう。
2　二次創作とは何か。本章をふりかえって要約してみよう。
3　〈Bad Apple!!〉はどのような「現象」だったのか。本文の記述を整理して説明してみよう。また，本章で説明された「お題」にあたるものを三つほど考えて，シェアしてみよう。おもしろそうな「お題」がみつかるだろうか。

【引用・参考文献】
東　浩紀（2001）．『動物化するポストモダン—オタクから見た日本社会』講談社
井手口彰典（2012）．『同人音楽とその周辺—新世紀の振源をめぐる技術・制度・概念』青弓社
玉川博章（2014）．「コミックマーケット—オタク文化の表現空間」宮台真司［監修］『オタク的想像力のリミット—〈歴史・空間・交流〉から問う』筑摩書房

第Ⅱ部 メディア・コンテンツ分析の視角

第5章 グローバル化の中のコンテンツ文化を考える
雑誌『Tarzan』に見る男性身体のイメージとその変容

第6章 「ゾンビ」と人間・文化・社会
「他者」との関係性に注目して

第7章 「魔法少女」アニメからジェンダーを読み解く
「魔」と「少女」が交わるとき

第8章 家族の視点から「Jホラー」を読み解く
変容する家族，メディア，恐怖

第9章 コンテンツ分析の視角としての「フォルム論」
推理小説，あるいは近代社会の自己意識をめぐる物語

メディア・コンテンツを分析するのは，いかにして可能か。そして，その分析から見えてくる理論的可能性とはどのようなものか。第II部では「メディア・コンテンツ分析の視角」と題し，これらが議論される。

第5章「グローバル化の中のコンテンツ文化を考える：雑誌『Tarzan』に見る男性身体のイメージとその変容」（岡井崇之）では，日本の身体文化（ボディカルチャー）を反映したり創出したりしてきた雑誌『Tarzan』等を事例にして，メディア・コンテンツが分析される。そこから，グローバルなメディア文化や，それがもたらすとされる文化の均質化との関係性が明らかにされる。

第6章「「ゾンビ」と人間・文化・社会：「他者」との関係性に注目して」（岡本健）では，ゾンビ映画というメディア・コンテンツが取り上げられる。近年，ゾンビを題材にしたコンテンツや，ゾンビ的な存在が登場するコンテンツが数多く世に出され，映画，テレビドラマ，アニメ，マンガ，ゲーム，テーマパークのアトラクション等，多様なメディアへと拡がりはじめている。ここではメディアや国を越えて拡がるゾンビ（的なるもの）を題材とするコンテンツの分析において，「他者」との関係性という視角が提示される。

第7章「「魔法少女」アニメからジェンダーを読み解く：「魔」と「少女」が交わるとき」（須川亜紀子）では，『魔法使いサリー』『ひみつのアッコちゃん』『魔女っ子メグちゃん』『魔法の天使クリィミーマミ』『セーラームーン』をはじめ，テレビアニメにおける「魔法少女」像の分析を通じて，女性にまつわる社会とジェンダーの規範の変化が明らかにされる。

第8章「家族の視点から「Jホラー」を読み解く：変容する家族，メディア，恐怖」（レーナ・エーロライネン）では，ホラー映画というメディア・コンテンツが取り上げられる。ここで強調されるのは家族である。「Jホラー」における「恐怖という感情」は，怪異なもの，異常なものによって起動されているのではなく，「家族」のあり方に起動されているということが浮彫にされる。

第9章「コンテンツ分析の視角としての「フォルム論」：推理小説，あるいは近代社会の自己意識をめぐる物語」（遠藤英樹）では，推理小説というメディア・コンテンツが事例とされる。これら推理小説のコンテンツを分析する視角として，「フォルム論（形態論，形式論）」の重要性が指摘される。

以上5つの章を通じて，読者は，メディア・コンテンツに関する多様な分析視角と，それぞれに内在する豊饒な理論的可能性に気づくことになるだろう。

第5章

グローバル化の中の
コンテンツ文化を考える

雑誌『Tarzan』に見る男性身体のイメージとその変容

岡井崇之

左から『Tarzan』1986年4月5日号（創刊号），『Men's Health』
イギリス版2012年8月号，『Men's Health』韓国版2012年9月号

　雑誌『Tarzan』が創刊されたのは 1986 年 4 月のことだった。それから約 30 年間日本の身体文化（ボディカルチャー）を反映したり創出したりしてきた雑誌といっても過言ではないだろう。創刊号の表紙のキャッチコピーは「集まれ！ 快適主義者たち」。創刊当時の誌面に登場するのは，ハリウッド映画のような西洋人のマッチョな男性モデルが大半を占めていた。その後，日本人の理想とされる身体観，男性イメージは変わったのだろうか。また，そこから，グローバルなメディア文化とそれがもたらすとされる文化の均質化とどのような関係がみられるのだろうか。

1 メディア・コンテンツ分析という視点 ─────

　本書の大きな問題設定は「内容豊かなコンテンツが現実社会とどのように関係を取り結んでいるのか」ということにある。そこでは，コンテンツから社会・文化を照らし出す（第一水準）分析と，コンテンツが社会に働きかけること（第二水準）の分析の重要性が浮かび上がってくる。第一水準に関していえば，メディア・コンテンツ分析から社会・文化を捉えることが可能かどうかという論点が，長きにわたって議論されてきた経緯がある。メディアの内容，すなわちコンテンツに関する研究は複雑で多岐にわたるが，メディア研究ではそれらの研究の動機が以下のように整理されている（マクウェール, 2010：443-444）。

①メディアの生産物を説明し，比較する

②メディアと「社会的現実」を比較する

③社会的かつ文化的な価値や信念を反映するメディアの内容

④メディアの機能や効果の仮説化

⑤メディアの活動成果の評価

⑥メディアの偏向に関する研究

⑦オーディエンス分析

⑧ジャンル分析，テクスト分析，言説分析，そして物語などの形式といった問題への取り組み

　上記のうち，特に③，および④は本書の問題設定と近いものである。だが，分析手続きの複雑さや分析対象となる資料の膨大さなどのさまざまな要因により，メディア研究において，コンテンツ分析は主に「メディアは何を語っているのか」，つまり内容の理解（上記の①）の記述にとどまるものが多かったという経緯がある。しか

第5章　グローバル化の中のコンテンツ文化を考える　*69*

し，近年のデータベースの高度化や統計ソフトの進化により，本書が意図している二つの水準の分析は技術的にもアプローチが容易になってきた。

カルチュラル・スタディーズ（CS）とは，1960年代のイギリスに始まり，1990年以降に世界中に広がっていった研究の視点で，学科横断的で学際的な文化研究である。CSのメディア研究は，コンテンツを「テクスト」と捉え，その読解を通じてそこに織り込まれた特定の価値観や政治的なものをさらけ出すことで，さまざまな現実の問題に働きかけようとしてきた。しかしながら，これらの研究はある意味で隘路に行き着く。それらの一つが，オーディエンスの読みの多様性や能動性を過度に強調することで陥る記号論的民主主義といわれる問題であり，もう一つが，コンテクストやメディア自体の特性を軽視しテクストに過度に自閉してしまうテクスト主義であった。

それらを乗り越えようとしたのが，言語学や記号論をベースにしながら発展してきた批判的言説分析といわれるアプローチだった。それらの研究のなかでも，とりわけ個別の具体的なテクストと社会や文化の関係を捉えようとしたのが，イギリスの社会学者フェアクラフによる一連の研究であった[1]。本章における第二水準の分析，すなわち現在，複雑化・多様化するコンテンツが社会にどのような働きかけを行っているのかをみていくうえでも，フェアクラフの研究には押さえておくべき論点がある。フェアクラフは言説と社会変容というミクロとマクロを接続しようとしたが，それらを架橋する中間項として，たとえば「言説の会話化」のような概念を提出している[2]。

フェアクラフの視点が示唆するのは，一つはコンテンツ分析を

---

1) 詳しくは岡井（2004）を参照。
2)「言説の会話化」とは，メディア言説において「他者の語りの直接的な表象」が増加していることを指す。詳しくは岡井（2012）を参照。

通じて社会や文化の変容を捉えることが可能であるということだが，もう一つは，現在のコンテンツを考えた場合，デジタル化による言説の形式の変容への注目が必要であるということであろう。インターネットやモバイル端末上でコンテンツが扱われていく際に，一つのまとまりとしてのコンテンツが断片化し細切れになっていくこと，つまり「マイクロコンテンツ化」が指摘されている。このことの帰結として，コンテンツの質的変容が生じる。たとえば，コンテンツに備わっていた物語性，自己完結性は薄れていくが，爆発的に拡散し，広範囲に流通していく。そこでは，たとえば，動画サイトにおける投稿動画に対して，動画制作者の意図とはかけ離れた解釈がなされコメントが書き込まれていくというように，文脈依存性が高まる。

　現在のモバイルメディアで視聴されるニュースに注目したところ，これらはこうしたニュースというひとまとまりのコンテンツを枠づける「番組」や「紙面」という形式をすでに備えていない（土橋, 2015）。コンテンツは「つまみ食い」を前提としてつくられるようになっているのである。このような傾向は，ウェブのエコーチェンバー（共鳴増幅装置）化，つまり，自分と同じ意見のみを共鳴増幅させる傾向をさらに推進することが指摘されている（土橋, 2015：23-24）。この十数年日本社会に顕著な，ネット炎上，スポーツ選手や芸能人へのバッシング，政治家の失言問題などの繰り返しは，こういったコンテンツの形式の変容と，それと連動したその消費形態の変容の帰結とも考えられ，それらが社会における熟議や合意形成を阻害しているともいえる。このように考えると，コンテンツをめぐる環境の変化やコンテンツ自体の形式の変容について，ジャーナリズムや教育現場などで広く社会的に議論していく必要がある。

2　グローバル化のなかの雑誌コンテンツ

　現在，コンテンツの世界的な流通や消費が論じられるとき，多くの場合，世界中を均質的な空間へと変えたインターネットや，マンガやアニメ，ゲームといったサブカルチャーが取り上げられる。しかし，新聞が比較的ローカル，あるいはナショナルな単位で流通・消費されてきた一方で，雑誌というメディアは早い段階からグローバルな規模の対象に向けられてきたメディアといえるのではないだろうか。雑誌は，「ターゲットメディア」といわれるように，特定のアイデンティティをもった層や集団に支持される。日本のサブカルチャーの系譜をみても，「族」や「系」と呼ばれる集団の多くが，何らかのメディアを媒介にして成立しており，その多くが雑誌との関係をもつ[3]。近年は雑誌とその読者共同体が直接的に結びついたファンジンと呼ばれる雑誌が数多く立ち上がっている。しかし，同時に，もう少しポピュラーなファッション誌のなかには，前述したようにグローバルな規模を対象とし，世界各国において現地の言語を使用して編集・発行されているものがある。日本でも，たとえば『Marie claire』（1937年フランスで創刊。日本版は1982年創刊-2009年休刊），『COSMOPOLITAN』（1886年米国。日本版は1980年創刊-2005年休刊）などの日本版がかつて発行され，現在でも『FIGARO』（1980年フランス。日本版は1990年創刊），『VOGUE』（1892年フランス。日本版は1999年創刊）などが発行されている。つまり，雑誌はローカル集団と結びつくことで独特の文化を形成している一方で，グローバルな文化とも結びついている，文化に関して両義的なメディアなのである。

　世界の文化状況をめぐっては，文化帝国主義か文化多元主義かと

3）詳しくは難波（2007）を参照。

いう論争がある[4]。文化帝国主義とは，支配的なシステムや価値観などがその魅力や強制力をもってある社会で普及していく過程を指しており，具体的にはアメリカ文化のグローバルな規模での隆盛がよく指摘される。一方，文化多元主義とは，圧倒的なアメリカ文化の影響力がありながらも，それぞれの社会がその独自の文化を含め文化の共存を維持しているという見方に立つものを指す。

アメリカを中心としたグローバルなメディア文化による均質化は，すでに多くの研究者が指摘しているが，それらをめぐる研究の嚆矢として，井上ら（井上・女性雑誌研究会, 1989）が行った女性ファッション誌の比較研究がある。文化帝国主義か文化多元主義，そのどちらに関しても実態に即した具体的な記述が少なく抽象的な議論に終始するものが多いなか，いち早くこのような視点から事例分析を行った先駆的な研究として位置づけられるものである。この研究は，膨大な雑誌コンテンツの分析の結果から女性規範や白人身体の規範の強制（諸橋, 1989）などの傾向を導き出している。そのなかで，本章の問題関心に関連し興味深い結果がみられる。日本でのみ発行されている『non-no』『主婦の友』では，伝統的な「女ことば」が多くみられるのに対し，グローバルな雑誌『COSMOPOLITAN』（日本語版）では，女ことばの規範が崩れかけているということが指摘されている（れいのるず秋葉, 1989 : 216）。

1986 年に創刊された雑誌『Tarzan』（マガジンハウス）は身体をテーマにした雑誌として定着しており，現在の発行部数は 20 万部を超えている[5]。海外では，類似したコンセプトの雑誌に『Men's Health』（1987 年アメリカで創刊。現在 30 数か国で発行）がある。日本には同様のジャンルの雑誌はなかった。『Tarzan』は日本国内に向けた雑誌だが，ほぼ同時期に創刊された『Men's Health』を意識

4）この議論を詳しくまとめたものとして，トムリンソン（1997）を参照。
5）日本雑誌協会による。部数算定期間：2013 年 10 月 1 日–2014 年 9 月 30 日。

して編集が行われてきたことは想像に難くない。ある意味で，創刊から約30年にわたって日本の身体文化を反映したり，創出したりしてきた雑誌といってもいいだろう。

　以上，デジタル化とグローバル化という大きな趨勢のなかで，メディア・コンテンツが社会にいかなる働きかけを行っているのかを問うことが重要であることを確認してきた。フランスのジャーナリスト，マルテル（2012）は『メインストリーム──文化とメディアの世界戦争』と題した著書で，世界の文化状況を丹念に取材した結果，コンテンツのグローバル化の分析が不十分であると結論づけている。デジタル革命の進展にともない，文化製品がモノからコンテンツへと移行しているし，それらは前述のように加速度的にマイクロコンテンツ化し，世界中に拡散している。とすれば，あるコンテンツが，それぞれの国や地域，時代などある特定の文脈でどのように表象されているのかをまず問う必要があるだろう。本章では，このような問題意識に基づき，日本における雑誌『Tarzan』のコンテンツを例に，上述した二つの問題設定に迫ることを目的とする。『Tarzan』のコンテンツをみていくにあたり，ジェンダー，世代，エスニシティ，その他さまざまな切り口からの分析が可能だろうが，本章では，特に『Tarzan』において男性の身体がどのように表象されてきたのかに焦点を当てる。

3　メディア・コンテンツで「男性身体」はどのように表象されてきたのか？

　メディア・コンテンツにおいて「男性身体」はどのように表象されてきたのか。海外では，たとえばボルドー（Bordo, 2000）によるまとまった研究がある。日本では，宇井ら（宇井・アクロス編集室，1996）や藤本（1999）などによる先駆的な論述があるが，体系的な

74　第Ⅱ部　メディア・コンテンツ分析の視角

研究は少ない。そのため，ここでは，「男らしさ」「男性性」をめぐ
る議論と結びついた身体イメージに限定して考える。

　伊藤（1993）は，戦後のメディアにおける「男らしさ」の表象を
まとめている。戦前からの吉川英治による『宮本武蔵』，戦後の吉
田満による『戦艦大和ノ最期』に始まり，石原裕次郎，加山雄三，
高倉健といった男性性を象徴するスターが出演する映画，1970年
代のポピュラー音楽，80年代の漫画で描かれる「男らしさ」を時
系列的につなぎ，「時代は「男も家事・育児をするべきだ」という
段階から，「男の家事・育児はあたりまえ」の段階へと移り始めよ
うとしているのかもしれない」（伊藤，1993：52）と締めくくっている。

　この論述の意義は，メディアにおける表象やポピュラー文化が
「男らしさ」を構築していることを広く社会に問題提起したことに
ある。だが，そこでの「男らしさ」と結びついた身体イメージとは，
「タフネスというアメリカ型の〈男らしさ〉の価値観を，最初に代
表してみせた」（伊藤，1993：21）石原裕次郎のような身体から，ユ
ニセックスで見られる対象としての沢田研二のような身体や，「「支
配的な性」としての〈男らしさ〉」と「ひ弱」な自分自身とのジレ
ンマを抱えた「おたく」（伊藤，1993：41-42）へという，いうなれば
進歩史観的な変容を想定したものだった。しかし，サブカルチャー
集団のジェンダー・アイデンティティは多様で複雑である。たとえ
ば，繰り返し中性的，ユニセックスな男性イメージが生まれてい
るが，単線的にそのような傾向へと進んでいくとは考えにくいし，
1990年代の時点においてはやがて衰退していくと素朴に考えられ
ていたマッチョな男性身体が，むしろ目立つ形で立ち現われてきて
いる場合もあるだろう。

　ここで重要なのは，コンネル（Connell, 1995）による「複数の男
性性」（masculinities）という考え方である。コンネルはこのような
考え方を提出することで，男性性を固定的に捉えることを避け，権

威と結びついて優位な立場にある「ヘゲモニックな男性性」と，それに対して劣位にある「従属的な男性性」という「支配‐被支配」という論点を提起した。それに従えば，理想とされる規範的な男性の身体イメージにも複数性があることがわかる。加えて，複数の規範的男性身体イメージがあるとして，それらはすべて等価ではなく身体イメージの中にも「ヘゲモニックな男性性」が存在することが示唆されるだろう。

　「ひ弱」という形容がなされていたことからもわかるように，オタクの男性性やそこに付随する男性イメージは，従来のマッチョな男性イメージとはかけ離れたものと考えられがちである。たとえば田中（2009）は，複数ある男性性のなかでオタクを「従属的男性性」して理解しなければならないとする（田中，2009：127-128）。そのうえで，否定的な男性像としてのオタクが繰り返しメディアで描かれている背景に「現代日本社会では何が〈ヘゲモニックな男性性〉であるかが自明ではなくなりつつあり，具体的な表象をともなった〈従属的男性性〉を創出していくこでジェンダー秩序がかろうじて維持されているからではないか」という問いかけを行っている。

　一方，日本のポピュラー文化を研究してきたコンドリー（2013）は，オタク的な男性性をもう少し内在的，あるいは肯定的に捉えようとする。しかしながら，「オタク系男性性に対する注目は，日本での男らしさ＝サラリーマンという極度に単純化された図式の複雑化には一役買ってはいるが，何かを生みだす力を中心に据えた男らしさという概念に固執し続けていることに変わりない」（コンドリー，2013：255）という。つまり，「男らしさ」を生産性と結びつける点でいえば，従来のサラリーマンのイメージに取って替わっただけではないかというのである。しかし，コンドリーは，本田透によるオタクの消費的側面を通じた新たな男性性を肯定的に捉えることで，男らしさの多様性の拡張にとどまらない新たな男性性の評価軸を設

定しようとしているのである。

　このように，アニメやマンガのメディア表象から新たな男性イメージを指摘しようとした動きがある一方で，サブカルチャーにおいて従来から存在する不良性と男性性が結び付いたイメージが目立った形で立ち現われている状況もある[6]。しかし，これらが覇権的でオタクが従属的という議論もまた単純であろう。そもそも，不良的な男性性が媒介となって，労働者階級の文化を固定化させるものとして作用していることが指摘されてきた[7]し，また，不良的男性性はむしろネット空間では冷笑的なまなざしを受ける場合が多く，その影響力が無視できないものとなっているということもある。どの男性イメージが覇権的で，どの男性イメージが従属的かを確定することよりも，たとえば，どういった場合にそれぞれの男性性が従属的なものとして立ち現われるのか，あるいは覇権的なものとして立ち現われるのか，その空間や空間を媒介するメディアの力学を記述していくことが重要ではないだろうか。

 『Tarzan』は男性身体をどのように描いてきたのか？

❖ 『Tarzan』におけるアメリカニズムとその終焉

　『Tarzan』とは，現代日本の社会的文脈においていかなる意味をもつ雑誌なのだろうか。それらを考えるにあたって，その創刊の経緯から考えてみる。雑誌の創刊号にはどのような意味があるのだろうか。難波は「創刊にあたっては何がしかの読者像――ある嗜好（テ

---

6) たとえば，ファッションと男性主義的セクシュアリティが結びついた「オラオラ系」，お兄系としてファッションなどの分野で現存していると考えられるし，2014年くらいから使われだした「壁ドン」といわれる男性の振る舞いなどもその一つといえる。
7) ウィリス（1996），大山（2010）など。

第 5 章　グローバル化の中のコンテンツ文化を考える　*77*

イスト）やライフスタイルの共有——が想定され，仮構されている
わけだが，それが当を得たものならばなんらかの読者集団が実際に
出現し，典型的な読者層が可視化されていき，部数も増大・安定し
ていく」（難波，2009：229）という。また，難波は雑誌創刊の主要な
ファクターとして，階層（階級）とジェンダーを挙げている。この
両者で，ある層の読者集団に随伴し，支持を得る必要があり，特に
ジェンダーは重要な要素とされているのである。

　しかし，『Tarzan』は男性，女性どちらもターゲットとして想定
し，対象とする世代も明示的に打ち出していない。特集テーマをみ
ても「男と女の」「男も女も」という形容が頻出する[8]ように，読
者集団を特徴づける世代，ジェンダーを超越し，大きな関心事であ
る「身体」をテーマにして支持を得てきた稀有な雑誌として位置づ
けられる[9]。

　『Tarzan』について語ろうとするとき，同じマガジンハウスから
1976 年に創刊された『popeye』（当時，平凡出版）の位置づけが参
考になる。『popeye』はアメリカライフスタイル誌として登場した
（岡田，2012）。1980 年代半ば，バブルの到来のなかで「メイドイン
ジャパン」という価値観が登場して，そのアメリカニズムは終焉を
迎える。86 年に創刊された『Tarzan』も，当初，アウトドア，ス
ポーツ，モノ，マッチョな身体などアメリカニズムを志向した雑誌
であった。たとえば，創刊号（1986 年 4 月 5 日発行）をみれば，「フ
ィットネスこそ最新のCM 素材」という記事では，計画的にシェイ
プアップされたアメリカにおけるビル広告の身体イメージが，ホモ

---

8)「男と女のスーパーダイエット」（1986 年 8 月 13 日号），「男も女も格闘技
　でカラダを変える！」（1998 年 4 月 22 日号）など多数。
9) 厳密には，後述するように当初は身体だけでなく，モノやレジャー，ラ
　イフスタイルなど多様なコンテンツがあったが，その後，身体に特化し
　ていく。

セクシャルなまなざしを意識したものではなく，信頼や安心をイメージされる「新しい訴求材料」となっているとし，新たな身体のあり方を先取りしている。また，「コンバーティブルを乗りこなす服と身体」では，オープンカーに似合う身体への改造を謳い，上半身の筋肉とそのトレーニング方法を詳しく解説する。「このコンバチなるクルマ，気候的にはまったく日本国には合わない」としながらも，アメリカ的なライフスタイルに価値を置き，消費と身体改造を通じてそれらをひけらかすことに重点が置かれる。

　冒頭の特集「FIT FOR LIFE 時代は，どんどん変わっている」では「10 のTarzan宣言」として，上述した価値観が集約され高らかに謳いあげられているが，同時に，そこにはモノから自己への嗜癖へのシフトがすでに前面に出ている。

　我々はいま，車にしろファッションにしろ AV 機器にしろスポーツ用品にしろ住居にしろ，
その気になり経済力がともなえば最新型に自由に替えられる豊かさのなかにある。
女と男の関係すらも，そのレベルまで解放された。
しかし，絶対に替えられないものがある。それは〈自分自身〉だ。
誰もが〈自分自身〉とは生涯つきあっていかなくてはならないという，この当たり前の真実。
だとしたら〈自分自身〉に飽きたり嫌気がさすような生活を，どうしてできよう。
鏡に映る〈自分自身〉の全身，それはもう人生のスタイルそのものだ。だから，〈自分自身〉とフレッシュにつきあおうとするすべての人のために，『ターザン』が登場する。

『popeye』がモノの消費を通じた差異化のマニュアルとして変化していくのに対して，『Tarzan』はモノから自分自身の身体へ関心の対象を移行させ，身体への嗜癖を先鋭化，純化させていった雑誌であるといえよう[10]。

❖ 『Tarzan』における男性身体イメージの変容

雑誌に描かれた「男らしさ」を分析したものとして，辻（2013）による事例研究が挙げられる。辻によると，ファッションやおしゃれに重点を置いた男性向けの雑誌は，ほぼ日本社会においてだけみられる現象である。1970年代に発行されたものもあるが，特に1990年代後半から2000年代前半にかけて急速に種類が増加している。主要な男性ファッション誌の系統的な比較と時系列的な比較を行った結果，『popeye』の表紙のコンテンツから，創刊から約30年におけるジェンダー的な歴史的変化がみられることを指摘している。1970年代には「余暇やレジャー」が多くを占め，外交的でたくましい「男らしさ」が強調されている。80年代から90年代には，「生き方やライフスタイル」が多くを占め，女性との関係性を円滑にすることが求められている。そして2000年代に入り，「おしゃれ」が自己目的化しつつあるとされているのである[11]。

男性ファッション誌の変容と比較した場合に，『Tarzan』はどのように捉えられるだろうか。男性ファッション誌にみられる自己志向への変容を考えると，ある意味で，前述の創刊号がすでに今日の

---

10) 『Tarzan』に関する先行研究として藤岡（2002）によるものがある。藤岡の問題設定は「消費社会化の過程における身体観の変容がどのようなものであるのか」（藤岡, 2002：127）という，非常に射程の大きなものである。藤岡は特集のジャンルをカテゴリーごとに分類し，「合理性」「能動性」「未来予期志向」「自己志向」などの特徴を見出している。本章の分析結果と重なる部分が多いが，紙幅の都合により詳しい理論的検討は今後の課題としておく。

状況を先取りしていたとも考えられる。男性ファッション誌に比べ，『Tarzan』はレジャー，ライフスタイルといった男性の生き方に関する特集が多い。これは，まずジャンルの違いに起因するものと考えられるが，『Tarzan』のタイトルが示すように，そもそも映画『ターザン』の主人公ターザンとジェーンのような野性的でアウトドアな生活様式をコンセプトにして創刊された経緯を考えると，この傾向はある種自明のものといえるだろう。

　しかし，その『Tarzan』も，特集テーマの時系列的変化を大きく捉えると，辻による分析結果と類似した傾向を示している。80年代から90年代は男性の生き方やライフスタイルを提案したり，女性との関係性を志向したりするものが多く，2000年代以降は自己の身体のあり方，鍛錬が自己目的化していく。

　それらの枠組みと関連し表象される男性身体のイメージに注目すれば，以下のような特徴がみられる[12]。創刊から90年代前半に志向されていたのは前述したようなアメリカ的なマッチョな身体であり，女性からのまなざしを意識した「セクシーボディ」であった。「男はもちろんセクシーボディ」（1987年5月13日号），「ヘルシーからセクシーへ，いつまでも恋愛体型」（1990年8月22日号）といったものが目立つ。ただし，「さらば無用のデカブツ，頑張れ！チビ」（1992年9月9日号），「頑張れ！ハンディキャップ・ターザン」（1993年7月28日号）のように，従属的な身体性に注目し，その劣位な地

---

11) ただし，これまでの「男らしさ」とは異なった要素をもつとされる「草食系男子」の存在との関係が示唆されているが，2000年代の雑誌における「男らしさ」の表象については，必ずしも明示的に述べられていない。計量的な分析ではなかなか凝集性のある表象が浮かび上がってこないという面もあるため，これらは本章のような質的な分析が引き受けていくべき課題であろう。

12) 1986年4月5日の創刊号から2009年3月25日の530号の特集テーマのうち男性の身体に関するものを分類して集計した。

位を反転させようとするものもみられることを指摘しておきたい。

1990年代後半から前景化してくるのが、アスリート的な身体である。そこでは、「水泳力カラダデザイン　きれいに泳げば、きれいなカラダ」(1997年4月23日号)、「男も女も格闘技でカラダを変える！」(1998年4月22日号) にみられるように、水泳、格闘技などスポーツする身体を理想的なものとして描いていくが、そこでも「逆三角形」のマッチョな身体が志向されている。併せてこの時期に特徴的なのは、身体に関して「デザイン」「メンテナンス」といった言葉が多用されていくことである。身体が加工の対象として位置づけられていくのである。

それに対して、2000年代に入ってから積極的に称揚されていくのが、「しなやか」「柔軟」といった言葉で形容される新たな身体イメージである。この傾向は、その後2009年8月12日号に見出しとしては初めて登場し、以降4回にわたって特集される「細マッチョ」という身体イメージにつながっていく。「しゅっと締まったシルエットの細マッチョ体型は、7週間あれば十分手に入れることができる」(2011年6月23日号) という表現からもわかるように、「細マッチョ」という身体イメージは、当初、「ゴリマッチョ」(欧米人の逆三角形の体形を指して用いられている) になれない人への代替案というロジックをまとって登場している。しかしその後、『Tarzan』に限らず、広くメディア空間で現代の日本男性の理想的な身体として表象されるようになっていく。

こういったイメージの変容から示唆されることは何だろうか。『Tarzan』は、創刊の当初からアメリカニズムの終焉という傾向を内に含んでいたが、身体イメージにおけるアメリカニズムに限定していえば、それ

図5-1　『Tarzan』
(2011年6月23日号)

はそれ以降も連綿と続いていった。しかし，それが2000年代に終焉を迎え，「日本的な身体」が強く意識されるようになったのである。さらに近年の傾向として，男性の身体をめぐって，「脱筋肉」の傾向が顕著になる。その向かう対象は，「内臓」「腰」「体幹」といった従来の男性性を誇示する部位とは異なるものへと移行し，さらには「脳」「メンタル」への注目が目立った形で表れてくる。それは男性身体イメージの「脱身体」ともいえる特徴として捉えられるのではないだろうか。また，「日本人の腸内環境が危ない！」（2015年3月26日号）のように，少ないながらも，身体のあり方を「日本人の身体の危機」という「ナショナルな問題」へと囲い込んでいくような言説もみられる。グローバル化が加速する2000年代にむしろ，日本的な身体イメージが語られるようになり，それらが理想的なものとして描かれたり，問題として捉えられたりするようになっていったのである。

⑤ 結論にかえて

　前節で論じたように，『Tarzan』における男性身体のイメージは，グローバル化の時代にむしろ，ローカルなあり方を志向していった。諸外国で発行されている2010年代の米国，英国，韓国の『Men's Health』を参照すると，共通したジャンルがみられる。誌面での優先順位に多少の違いがあるものの，それらにおいて男性の重要な項目として設けられているのは，「健康」「セックス」「ダイエット」「栄養学」（nutrition）などである。また，その他に「guy wisdom」「guy knowledge」といった男性の教養やライフスタイルなども広くカバーしている点で共通している。韓国版はファッションの占める比重が大きいという特徴もある。

　一方で，2010年代の『Tarzan』は前述した「細マッチョ」のよ

うな身体のあり方に関する特集がほとんどを占める。『Tarzan』と『Men's Health』のジャンル，コンセプトの違いを考えると，比較すること自体にはあまり意味がないにせよ，当初，アメリカニズムを志向し，男性のライフスタイルも積極的に提案していた『Tarzan』が，ローカルな文化に合わせて独自の進化を遂げていることがあらためてわかるだろう。本章第2節でグローバルなファッション誌に触れたが，その日本版の多くが2000年代に入って休刊していることも，グローバルな文化よりも日本人のメンタリティに即したコンテンツが支持されていることの表れと捉えられるのではないだろうか。

　マッキンとヴァン・リーウェンは，約50か国で発行されている『COSMOPOLITAN』を取り上げ，詳細な比較分析を行っている（Machin & Van Leeuwen, 2007）。この知見には，メディア・コンテンツが社会に働きかけることを捉えるうえでの重要な示唆がある。ここでは，コンテンツと関連する概念として「形式」（form）が置かれている[13]。メディア言説を論じる際，「形式と内容（コンテンツ）」というように対置して捉えることが多い。そしてコンテンツそのものの傾向やその影響が議論されてきた。

　そのような捉え方に対して，マッキンらは，グローバルなメディア産業が文化の均質化をもたらす主要な要因が，それらの生産するコンテンツそのものではなく，「グローバルメディアのフォーマットやスタイルが社会に浸透すること」（Machin & Van Leeuwen, 2007：1）にあるとしている。つまり，メディアの形式は価値中立的ではなく，それらが構造化されて意味や価値を運んでいるのである。メディアの形式にいち早く注目していたアメリカのメディア研究者，アルセイドによれば，メディア・コンテンツのフォーマット

---

13) 形式の下位に位置する分析概念として，ジャンル，フォーマット，スタイルがある。

とはコンテンツを構成する要素であり，「様々なやり方で出来事や問題がパッケージ化され，オーディエンスに提示される方法」である（Altheide, 2002：44）。

　『COSMOPOLITAN』について具体的にいえば，各国で発行されているそれぞれのヴァージョンにはローカル化の特徴もみられるが，マクロな視点から捉え直せば，広告的な記事のスタイルや会話的なスタイルなどを含む共通のフォーマットが，実際の女性がもっているアイデンティティや，彼女たちが行っている社会的実践を異なる文脈へと置き換え，モノの消費と関連づけられた健康，美容，ファッション，ライフスタイルなどの領域へとすり替えていっているということが指摘されている。本章で行ってきた『Tarzan』の分析結果からはどのようなことが考えられるだろうか。『Tarzan』においては特に日本の文脈にコンテンツをローカライズする傾向が強くみられた。しかし，それをもってグローバルなメディアによる文化の均質化を跳ね返し，独自の文化を形成しているといえるだろうか。「身体」が重要なテーマとなり，それらが消費，ライフスタイル，関係性，自己，国家などさまざまな項目と関連づけられて語られること自体がグローバルなメディア・フォーマットに乗っていると考えることもできるのではないだろうか。グローバルなメディア文化がローカルな文化に及ぼす影響やその摩擦などの問題を捉えていくうえで，メディア・コンテンツ分析にはその課題も可能性も多く残されている。

【付　記】
本章は，2009 年度鈴木みどりメディア・リテラシー研究基金による助成を受けた「男性雑誌におけるジェンダーの表象分析」（研究代表者：辻泉・中央大学教授）の研究成果の一部であり，データの集計・分析にあたっては，当時の辻ゼミの学生の皆さんに大変お世話になったことを付記しておく。

第5章　グローバル化の中の コンテンツ文化を考える　85

┌───┐
│ ●ディスカッションのために   │
│ 1　メディア・コンテンツにおいて「男性身体」はどのように表象され   │
│ 　　てきたのか。本章をふりかえって要約してみよう。   │
│ 2　『Tarzan』における男性身体イメージはどのように変容してきたのか，   │
│ 　　本章をふりかえって要約してみよう。   │
│ 3　「文化帝国主義」と，「文化多元主義」とは何か，本章の記述をふり   │
│ 　　かえり確認してみよう。『Tarzan』における男性身体イメージの変容   │
│ 　　は，いずれの論の文脈に，どのようにあてはまるのかについて，フ   │
│ 　　ォルムという言葉を用いて考え，周囲とシェアしてみよう。   │
└───┘

【参考・引用文献】

伊藤公雄（1993）．『「男らしさ」のゆくえ―男性文化の文化社会学』新曜社

井上輝子・女性雑誌研究会（1989）．『女性雑誌を解読する―Comparepolitan：日・米・メキシコ比較研究』垣内出版

宇井　洋・アクロス編集室（1996）．「男の戦後体毛抹殺史」アクロス編集室［編］『気持ちいい身体』パルコ出版

ウィリス, P.／熊沢誠・山田　潤［訳］（1996）．『ハマータウンの野郎ども』筑摩書房（Willis, P. E.（1977）. *Learning to labour: How working class kids get working class jobs.* Aldershot, UK: Gower.）

大山昌彦（2010）．「「ヤンキー」からプロボクサーへ―文化装置としての格闘技」岡井崇之［編］『レッスル・カルチャー―格闘技からのメディア社会論』風塵社

岡井崇之（2004）．「言説分析の新たな展開―テレビのメッセージをめぐる研究動向」『マス・コミュニケーション研究』**64**，25-40.

岡井崇之（2009）．「「男らしさ」はどうとらえられてきたのか―「脱鎧論」を超えて」宮台真司・辻　泉・岡井崇之［編］『「男らしさ」の快楽―ポピュラー文化からみたその実態』勁草書房

岡井崇之（2012）．「メディアと社会変容をめぐる新たな視座―言説分析からのアプローチ」『東洋英和大学院紀要』**8**，25-37.

岡田章子（2012）．「『popeye』におけるアメリカニズムの変容と終焉―若者文化における「モノ」語り雑誌の登場とその帰結」吉田則昭・岡田章子［編］『雑誌メディアの文化史―変貌する戦後パラダイム』森話社

コンドリー, I.（2013）．「恋愛革命―アニメ，マスキュリニティ，未来」フリューシュトゥック, S.・ウォルソール, A.［編著］／内田雅克・長野麻紀子・粟倉大輔［訳］『日本人の「男らしさ」―サムライからオタクまで「男性性」の変遷を追う』明石書店

田中俊之（2009）．『男性学の新展開』青弓社

辻　泉（2013）．「雑誌に描かれた「男らしさ」の変容─男性ファッション誌の内容分析から」『人文学報』**467**, 27-66.

土橋臣吾（2015）．「断片化するニュース経験─ウェブ／モバイル的なニュースの存在様式とその受容」伊藤守・岡井崇之［編］『ニュース空間の社会学』世界思想社

トムリンソン, J.／片岡　信［訳］(1997)．『文化帝国主義』青土社 (Tomlinson, J. (1991). *Cultural imperialism : A critical introduction*. London: Pinter.

難波功士（2007）．『族の系譜学─ユース・サブカルチャーズの戦後史』青弓社

難波功士（2009）．『創刊の社会史』筑摩書房

藤岡真之（2002）．「消費社会化と身体観の変容─『Tarzan』の分析から」『応用社会学研究』**44**, 127-136.

藤本由香里（1999）．「少女マンガが愛でる男のカラダ」伏見憲明［編］『クィア・ジャパン─メイル・ボディ』Vol.1　勁草書房

マクウェール, D.／大石　裕［監訳］(2010)．『マス・コミュニケーション研究』慶應義塾大学出版会 (McQuail, D. (2005). *McQuail' s mass communication theory*. (5th ed.). London: Sage.)

マルテル, F.／林はる芽［訳］(2012)．『メインストリーム─文化とメディアの世界戦争』岩波書店 (Martel, F. (2010). *Mainstream : enquête sur cette culture qui plaît à tout le monde*. Nouvelle édition. Paris: Flammarion.)

諸橋泰樹（1989）．「醜い化粧品広告，太る痩身・整形広告」井上輝子・女性雑誌研究会『女性雑誌を解読する─日・米・メキシコ比較研究』垣内出版

諸橋泰樹（1993）．『雑誌文化の中の女性学』明石書店

諸橋泰樹（1998）．「日本の大衆雑誌が描くジェンダーと「家族」」村松泰子・ヒラリア・ゴスマン［編］『メディアがつくるジェンダー─日独の男女・家族像を読みとく』新曜社

れいのるず秋葉かつえ（1989）．「女性雑誌のことば」井上輝子・女性雑誌研究会『女性雑誌を解読する─COMPAREPOPITAN　日・米・メキシコ比較研究』垣内出版

Altheide, D. L. (2002). *Creating fear: News and the construction of crisis*. New York: Aldine de Gruyter.

Bordo, S. (2000). *The male body: A new look at men in public and in private*. New York: Farrar Straus & Giroux.

Connell, R. W. (1995). *Masculinities*. Cambridge, UK: Polity Press.

Machin, D. & Van Leeuwen, T. (2007). *Global media discourse: A critical introduction*. London: Routledge.

第6章

「ゾンビ」と人間・文化・社会
「他者」との関係性に注目して

岡本　健

　死者がよみがえり，生者に襲い掛かる。襲われた者もまた，「生ける屍」と化して，他の生者に襲い掛かり，被害が拡大していく……。ゾンビ映画でよくある展開だ。近年，ゾンビを題材にしたコンテンツや，ゾンビ的な存在が登場するコンテンツが数多く世に出されている。映画，テレビドラマ，アニメ，マンガなどはもちろん，テレビゲームやスマホゲーム，テーマパークのアトラクション，ハロウィンの仮装，玩具など，さまざまなメディアに拡がっている。さらに，直接ゾンビとして描かれているわけではないが，人間に類似した形状の異形の者が人間と対峙するコンテンツが人気を博している。『進撃の巨人』や『東京喰種トーキョーグール』『亜人』などがそうだ。こうした現象をどのようにみればよいだろうか。本章では，ゾンビ・コンテンツの成り立ちを整理し，ゾンビがメディアや国を越えて広まっていく過程を明らかにし，その上で「他者」との関係性の観点から作品を分析する。

1 ゾンビ文化の拡がり

　ゾンビ文化は，さまざまなメディアに広がっている。大阪のテーマパーク「ユニバーサルスタジオジャパン（USJ）」では，ハロウィンにちなんでパーク内に大量のゾンビが登場するイベント「ハロウィンホラーナイト」が開催され大人気だ（宮嶋, 2013；森岡, 2014）。2014年10月31日には，事前に公募した2000人の参加者がゾンビに扮してマイケル・ジャクソンの『スリラー』に合わせて踊るイベントも開催された。

　また，ここ数年，ハロウィン文化が急速に日本にも根づいてきている[1]。特に「仮装」という部分がクローズアップされ，多くの人々が実践し始めた。2015年の10月31日には，渋谷交差点に仮装をした多くの人々が集まり，その様子がテレビの情報番組で大きく取り上げられた。2015年のハロウィン市場は，バレンタインデーの市場規模を抜き，1200億円を超えたという。このハロウィンの仮装の中にもゾンビが見られる。そんな風潮を受けてか，主婦の友社から発刊されているファッション雑誌『S Cawaii!（エスカワイイ）』のムック本である『S Cawaii! Beauty』のvol.2（2014年9月29日発売）では，「ゾンビメイク基本のき」なる特集が組まれている。煽り文句として「誰でも簡単！ 血のりメイク」とある。

　筆者の授業を受講していた学生から提供された写真を見ると，見事なゾンビのコスプレをして，テーマパークや都市を背景に写真を撮影して楽しんでいることがよくわかる（図6-1）。アトラクションのコンテンツとして，そして，仮装やコスプレなどのネタとしても，ゾンビは採用され，拡がっているのである。

---

1) ハロウィンについて，その起源と歴史については『ハロウィーンの文化誌』（モートン, 2014）に詳しい。

第 6 章 「ゾンビ」と人間・文化・社会　　89

図6-1　ゾンビのコスプレ

　日本で発売されたテレビゲーム『バイオハザード』は人気コンテンツとなり，全世界で 101 作品 6600 万本を出荷している（2015 年 12 月 31 日現在)[2]。本作は，アメリカ資本で実写映画化もされ，こちらもヒット作となってシリーズ化した。2013 年には，ブラッドピット主演の映画『ワールド・ウォーZ』，ゾンビと人間とのラブストーリー『ウォーム・ボディーズ』なども公開された。ゾンビが蔓延した世界を舞台にした連続ドラマ『ウォーキング・デッド』も大ヒットし，2016 年 2 月現在，シーズン 6 までシリーズ化している。こうした流れに呼応して，たくさんのゾンビ映画が撮影，公開され，レンタル DVD ショップには，さまざまなゾンビ映画が並んでいる。

　マンガの世界でもゾンビは元気で，新たな作品が多数登場して

---

2)「株式会社カプコン：シリーズソフト販売本数」〈http://www.capcom.co.jp/ir/finance/salesdata.html（2016 年 2 月 29 日確認）〉より。ちなみに本ページには 18 のシリーズが掲載されているが，総販売数量では，『バイオハザード』シリーズが最も多い。2 位は『ストリートファイター』シリーズの 3700 万本，3 位は『モンスターハンター』シリーズの 3600 万本となっている。

いる。例えば，『アイアムアヒーロー』『血まみれスケバンチェーンソー』『就職難！ ゾンビ取りガール』などだ。他に，『学園黙示録 HIGHSCHOOL OF THE DEAD』『さんかれあ』『がっこうぐらし！』といったアニメ化を果たした作品もある。『血まみれスケバンチェーンソー』『アイアムアヒーロー』は実写映画化されている。

　他にも，北海道からは熊のぬいぐるみがゾンビ化した「ゾンベアー」なるキャラクターが登場。大人気キャラクターのハローキティとその仲間たちがゾンビになった「ハローキティ ゾンビフレンズ」が発売されたかと思えば，フィギュア「フルーツ・ゾンビ」が発売。ゾンビ肉ジャーキーが売り出され，ゾンビのリキュール「ナース・オブ・ザ・デッド」まで登場している。

　また，直接ゾンビが描かれているわけではないが，人間に類似した形状の異形と対峙するコンテンツが人気を博していることにも注目したい。それぞれがマンガ，アニメ，映画などで展開をみせている『進撃の巨人』や『東京喰種トーキョーグール』『亜人』などがそうだ。こうしたコンテンツには残酷な描写も多いが，人々は残酷表現が見たいためにこうしたコンテンツを体験するのだろうか。なぜこういったコンテンツが人々に求められているのだろうか。

② ゾンビ・コンテンツの誕生

　コンテンツ分析には歴史的な視点も重要になる。まずは，現在さまざまなコンテンツに登場している「ゾンビ」像が構築されてきた経緯を整理してみよう。

　そもそも，「ゾンビ」なるものの起源は何なのだろうか。それは，実際にハイチで観察された現象であった。ヴードゥー教の呪術師によって，意識の無い状態で墓から起き上がらされて，奴隷として働かされる存在だ。この現象は，1920年代にウィリアム・シーブル

ックが『魔法の島』（シーブルック, 1969）で紹介したことをきっかけに広く知られるようになる。その後, ウェイド・デイヴィスもゾンビ化現象について, 書籍『蛇と虹』『ゾンビ伝説』を出版した（デイヴィス, 1988：1998）。ゾンビが初めて映画に登場したのは, 1932年の『ホワイトゾンビ―恐怖城』からだといわれている。その際に描写されたゾンビは呪術師の命令に従ってのろのろと動く死体で, 労働力として使役される存在だった。ここまでの状況を整理すると, ゾンビは元々現実に存在する現象についての名称であったものが, 書籍というメディアで紹介され, それが映画に描かれるようになったものといえよう。とはいえ, それは本章の冒頭で紹介したような現在のゾンビイメージとはかなり異なっている。

　それでは, 現在に通じるゾンビイメージはどのように形作られて来たのか。ここからは, 主に映画に注目しながら, 周辺メディアの状況も含めてみていきたい。映画に絞ってみても, ゾンビ映画の制作, 放映数は膨大だ。ゾンビ映画は低予算で制作されることが多く, 個人やアマチュアの小集団などによる作品も多い。また, メディア環境の発展により流通経路が多様化しており, 劇場公開やパッケージ（DVD やBru-lay など）リリースの無い作品もある。それらを全て網羅して歴史をたどるのは難しい。そこで, 本章では文献研究を通して, ゾンビ映画放映数の推移を大まかに把握し, それぞれの時代にどのような動きがあったのかを明らかにしたい。岡本（2016）では, 伊東美和による『ゾンビ映画大事典』（伊東, 2003）および『ゾンビ映画大マガジン』（伊東, 2011）, 英語文献では, Peter Dendle による *The Zombie Movie Encyclopedia*（Dendle, 2000）, および *The Zombie Movie Encyclopedia, Volume2: 2000–2010*（Dendle, 2012）に掲載されている作品数を放映年毎にグラフ化した（図 6-2）。

　ゾンビ映画の基準や, 選定の仕方の違いにより, 邦文献と英語文献で掲載本数には違いがあるが[3], その増減の傾向は一致している。

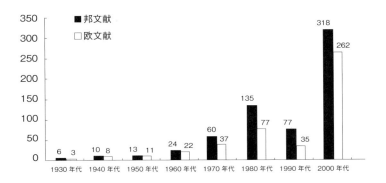

図6-2 ゾンビ映画放映数の推移

1930年代に登場したゾンビ映画は，年々その数を増やし，1970年代に急増する。その後，1980年代に第一のピークを迎え，1990年代にはいったん本数が下がるが，2000年代にはこれまでになく増えている。増減の状況は把握することができたが，その要因は何だろうか。ここからは，それを探っていきたい。

すでに述べたように，1932年の『ホワイト・ゾンビ─恐怖城』からゾンビは映画というメディアに登場するようになった。その後しばらくは，呪術や薬物によって人間や人間の死体を操るものとして描かれた。1940年代，1950年代，1960年代と放映数は微増しているものの，大きく増加したのは1970年代である。この増加をもたらした出来事は，1968年の，ジョージ・A・ロメロ監督による『ナイト・オブ・ザ・リビングデッド』の公開である。『ナイト・オブ・ザ・リビングデッド』では，死体が再び動き出し，生きている人間に襲い掛かる様子が描かれた。誰かが呪術や薬物を使って作り出しているわけではなく，誰かに操られているわけでもない存在だ。

---

3) 詳細は岡本（2016）を参照。

第6章 「ゾンビ」と人間・文化・社会 *93*

とはいえ，すでに人間らしい感情などは失っており，生きている人間に襲い掛かって噛みつく。『ナイト・オブ・ザ・リビングデッド』はさまざまな映画人に影響を与え，『死体と遊ぶな子供たち』（1972年）や『悪魔の墓場』（1974年）などのゾンビ映画を生み出していった。

　しかし，『ナイト・オブ・ザ・リビングデッド』もまた，いくつかの作品を参考に作られている。監督が参考にしたという作品の一つは『地球最後の男』（1954年）だ[4]。吸血鬼が世界中にあふれる世の中で生きる人間を描いたリチャード・マシスンの小説が原作であり，本作は数度実写映画化されている[5]。2007年にも，ウィル・スミス主演で『アイ・アム・レジェンド』として実写映画化され，日本でも公開された。

　このようにみてくると，『ナイト・オブ・ザ・リビングデッド』が，今に通じるゾンビ像を作り出したように思える。確かに，本作が現代的なゾンビの性質を打ち出したことは間違いないだろう。とはいえ，実は『ナイト・オブ・ザ・リビングデッド』の中では，動く死体は「ゾンビ」とは呼ばれておらず「グール」と呼ばれていた。また，本作は当時日本では公開されていなかったことから，日本にゾンビ文化をもたらした作品は，これより後のものであると考えられる。

---

4) 本作には，日本の漫画家である藤子・F・不二雄も影響を受けており，1978年に『流血鬼』という短編作品を発表している。主人公以外のほとんどの人間が吸血鬼になってしまった世界を描いた。作中では，吸血鬼化の原因として「マチスンウイルス」というウイルスが挙げられ，その研究をしている博士は「リチャード・マチスン博士」であることからも，『地球最後の男』の影響を見て取ることができる。

5) ちなみに，二度目のリメイクは1971年制作の『地球最後の男オメガマン』（監督：ボリス・セイガル）である。

3 ゾンビ・コンテンツの展開

　日本でも劇場公開され，その後の日本のゾンビカルチャーに大き
な影響を与えた作品は『ゾンビ』[6] (1979 年) である。『ナイト・オ
ブ・ザ・リビングデッド』と同様にジョージ・A・ロメロによるも
のだ。本作は，ゾンビが蔓延する世界における，人間とゾンビ，人
間と人間との攻防を，ショッピングモールを舞台に描いた。本作に
おけるゾンビは，人間が死ぬとよみがえり，よろよろと歩いて，生
者に襲い掛かる存在だ。噛まれた人は死に至り，同様のゾンビとな
って生者に襲い掛かる。1980 年代のゾンビ映画放映数の急増のき
っかけを作ったのは『ゾンビ』であるといってよい。本作は，多く
のクリエイターに影響を与え，映画では，『サンゲリア』(1980)『ヘ
ル・オブ・ザ・リビングデッド』(1980)『バタリアン』[7] (1986) な
どのさまざまなフォロワーを生み出した。1980 年代は，ちょうど
家庭用VHS が普及しはじめ，そうしたメディア環境を前提に，個
人向けのレンタルビデオ店が開業，急増し始めた時期でもある（中
村，1996)。貸し出すコンテンツを必要としたレンタルビデオ店には，
ゾンビをはじめとしたホラー映画が並ぶこととなった。

　この映画『ゾンビ』から始まるゾンビブームは，映画以外のメデ
ィアにも波及していく。音楽やマンガ，ゲームなどにも，ゾンビの
表象が用いられ，『ゾンビ』に影響を受けたクリエイターの作品が
登場するようになった。音楽で特に有名なのは，マイケル・ジャク
ソンの『スリラー』である。本作は，1982 年のアルバム『スリラ

---

6) アメリカ版のタイトルは『Dawn of the Dead』（ドーン・オブ・ザ・デッ
　ド）だ。
7) 本作は，『ナイト・オブ・ザ・リビングデッド』の非公式続編という形に
　なっているが，タイミング的には『ゾンビ』公開によるゾンビ映画ブーム
　に乗った作品と考えられる。

第6章 「ゾンビ」と人間・文化・社会 *95*

ー』から，シングルカットされた楽曲で，そのプロモーションビデオ（PV）も有名だ。このPVでは，狼男やゾンビが登場し，軽快なダンスを踊る。本作のナレーションはヴィンセント・プライスが務めた。ヴィンセント・プライスは，『地球最後の男』の主演男優である。また，日本の漫画界では，『ゾンビ』に影響を受けた[8]という荒木飛呂彦が『ジョジョの奇妙な冒険』を1987年に発表する。『ジョジョ』シリーズは，2016年3月現在，累計で116巻出版されている人気シリーズだ。『ゾンビ』は，映画館での上映だけでなく，テレビでも放送された。1980年に木曜洋画劇場で放映された際のタイトルは『衝撃SF サスペンス ゾンビ 地球SOS 死者が甦った日』で，冒頭に惑星が爆発するシーンが挿入されたバージョンだったそうだが，この放送に影響を受けたクリエイターも多い。

　このように，1970年代から1980年代にかけて，ゾンビは現在も描かれているような，無意識で人に襲い掛かって食い，その性質が他者に伝染していく存在として描かれるようになった。それが映画の中で存在感を増していき，他メディアでも扱われる存在になっていったことがわかる。

　1990年代にはゾンビ映画の放映数は一旦少なくなるが，その後の2000年代のゾンビ映画の急増のきっかけを作る出来事が起こった。それは，1996年にCAPCOMから発売されたゲームソフト『バイオハザード』である。本作は，アメリカやヨーロッパでも『Resident Evil』というタイトルで発売され，ヒットする。これが，2002年に実写映画『バイオハザード』として公開され，ヒット作となる。同時期には，ダニー・ボイル監督[9]の『28日後…』（2002

8）本人の著書『荒木飛呂彦の奇妙なホラー映画論』（荒木，2011）の中で述べられている。

9）監督作は『トレインスポッティング』（1996年）『スラムドッグ＄ミリオネア』（2008年）など。

年）やザック・スナイダー監督[10] の『ドーン・オブ・ザ・デッド』
（2004年）が公開される。これらに登場するゾンビは足が速く，ス
ピーディーに人間を襲う。また，この3作品に共通しているのは，
ゾンビ化がウイルスによって引き起こされるという設定だ。

　2000年代には，この設定を用いたゾンビ映画が大量に制作，公
開された。ゾンビは，人格を失い，凶暴性を増して，スピーディー
に襲い掛かってくるようになった。ゾンビに噛みつかれたり，ひっ
かかれたりするとウイルスが感染し，ゾンビとなる。

4 ゾンビと「他者」

　ここからは，ゾンビが描かれたコンテンツをどう読み解いていけ
るのか，考えていきたい。ゾンビ的な特徴が伝播していく原因とし
て「ウィルス」が設定されることが多くなった。この「ウィルス」
によってゾンビ化が広がっていく様は，何の比喩だと捉えられるだ
ろうか。ここでは，「価値観の伝播」と捉えてみたい。ずいぶん飛
躍した発想のように思われるかもしれないが，根拠のない発想では
ない。「ウィルス」の感染との類同性が以前から指摘されているも
のとして「うわさ」がある（ノイバウアー, 2000）。「うわさ」はウィ
ルスが人から人に感染していくのと同じように，人づてに広がって
いく。また，その内容は，途中で変容してしまう場合もあるし，そ
の内容によっては人を行動に駆り立てる。これもウィルスが途中で
突然変異して性質を変えたり，ウィルスが人間に影響を与えたりす
るのに似ている。いずれも，人と人との対話や接触によって広がっ
ていくものであるため，類似性が見い出せる。

---

10) 監督作は『300〈スリーハンドレッド〉』（2007）『ウォッチメン』（2009）
　　『エンジェル・ウォーズ』（2011）『マン・オブ・スティール』（2013）な
　　ど。

第6章 「ゾンビ」と人間・文化・社会　97

「うわさ」研究の代表的著作である『オルレアンのうわさ』（モラン, 1973）では，フランスのオルレアンで，ユダヤ人が経営しているブティックが，女性の人身売買の場になっているという内容のうわさがささやかれ，それが事実無根であったにも関わらず，広まっていった様子が詳細に分析されている。そして，インターネットの登場により「うわさ」は新たなメディア上で爆発的な広がりをみせるようになった（松田, 2014）。病原体としてのウィルスは，インターネット上を運ばれていくことは無いが，コンピュータに感染するコンピュータ・ウィルスはネットにのって拡散していくこととなった。一方で，病原体としてのウィルスもまた，新たな拡散手段を手に入れている。それは，人類の移動が盛んになったことによってである。世界各国が航空機で結ばれ，多くの人々が往来している。UNWTO によると，2014 年の国際観光客到着数は 11 億 3800 万人に上るという。つまり，「うわさ」もウィルスも，以前に増して拡散する規模やスピードを増しているのだ。

　2000 年代のゾンビ映画に起こった大きな変化は何だっただろうか。それは，「走るゾンビ」の登場だった。『28 日後…』や『ドーン・オブ・ザ・デッド』のヒットによって，ゾンビの代表的特徴であった「のろのろと動く」という特徴は，大きく変更を迫られることになった。当然，これまでのゾンビの変化と同様，動きの遅いゾンビもまだ登場しているが [11]，その存在を規定する中心的な特徴が変化したものが現れたことは間違いない。この移動速度の上昇は，価値観の伝播スピードが速くなったこととの関連を読み取ることができよう。

　さて，ここからは，「他者」との関係性に注目して，さまざまな

11) エドガー・ライト監督の『ショーン・オブ・ザ・デッド』（2004）や，マティアス・ハーネー監督の『ロンドンゾンビ紀行』（2013）などでは，のろのろ動くゾンビが登場している。

98　第Ⅱ部　メディア・コンテンツ分析の視角

コンテンツを横断しながら分析していこう。マンガ『学園黙示録 HIGHSCHOOL OF THE DEAD』では，ゾンビの他者性が極めて明示的に描かれる。作中で，ゾンビ化した人々のことを「奴ら」と呼ぶのだ。『アイアムアヒーロー』の中でも，ゾンビのようになってしまった人々のことを「ZQN」と呼ぶ描写がある。「ZQN」とは，現実世界のネットスラングである「DQN」を元にした造語である。「DQN」とは，不良的な見た目や行動を行う人々，あるいは非常識な行動を取る人のことを指す。不良少年，不良少女を指す「ヤンキー」という語に近い意味をもつ言葉だ。テレビ番組『目撃！ドキュン』に登場しそうな人々ということで，番組名から「ドキュン」と名付けられ，それが隠語的になり，「DQN」と書き込まれるようになった。こうした現実に存在するネットスラングをもじって作中では「ZQN」と呼んでいる。つまり，名づけからしても，「あちら側」と「こちら側」に分けている。こうした社会の中で，どのように生きていくのか，あちら側にどのように対峙するのか，逃げるのか，戦うのか，それとも別の道があるのか……。そういうサバイバルを描いた作品群なのである。

　こうした見方を採用してみると，ゾンビ・コンテンツを新たな視点で捉えなおすことができる。たとえば，ジョナサン・レヴィン監督の『ウォーム・ボディーズ』を考えてみよう。本作では，人間とゾンビの他に「ガイコツ」という存在が描かれる。本作のゾンビの動きは緩慢だ。言葉を発することは困難で，ささやくように単語をつぶやくだけだが，意識は残っており，モノローグでは雄弁である。映画冒頭で，主人公のゾンビR（自分の名前の頭文字しか覚えていない）がつぶやくモノローグの日本語字幕を一部抜粋して紹介しよう。

なんで こんなことになったんだ？　化学兵器かウイルスか放射性物質か　とにかくゾンビになった　毎日 こんな感じだ

> ヨタヨタ歩いて 人にぶつかっても言葉も発せない 前は違っ
> たはずだ もっと人と気持ちを伝えあってたし— 一緒に楽し
> く過ごしてた （中略） 出た！ 彼らはガイコツ 心臓の脈打
> つものなら何でも食う 俺には まだ葛藤があるけど— いつ
> か食べ始める時が来るかも （中略） あれが俺の将来の姿だ
> 落ち込む ゾンビはイヤだ 寂しく さまよって…

　このモノローグは，ゾンビ「R」が空港内をよろよろと歩きなが
らなされる。上記のモノローグの途中，「前は違ってたはずだ」か
ら「一緒に楽しく過ごしてた」まで，ゾンビ化が進行する前の空港
の様子が回想シーンとして映し出される。Rの周りをカメラが回り
ながら，多くの人々でにぎわう空港を映し出すこのシーンを注意深
く見てみると，画面に映る人々は，百パーセント何らかのメディア
に目を落としていることに気づく。携帯電話，スマホ，携帯ゲーム
機，新聞など，さまざまなメディアに夢中で，人と直接対話してい
る場面はまったく映らない。本シーンからも，本作の「ゾンビ」は，
他者との出会い方がわからない人間の比喩として描かれていること
が読み取れる。そのまま関わり方がわからないまま時を過ごせば，
躊躇なく人間に襲い掛かる「ガイコツ」という存在になってしまう。
ガイコツの動きは素早い。作中では，Rは人間の女性に恋をしたこ
とで，心臓が再び鼓動を打ちはじめ，人間に戻る。それを見て，他
のゾンビたちも人間に戻り始める。
　日本のマンガ作品『異骸』で描かれるゾンビは，『ウォーム・ボ
ディーズ』とは異なるアプローチで，他者としてのゾンビを描いて
みせる。本作に登場するゾンビは，「時限ゾンビ」ともいえるよう
な様相を呈する。ひとたびゾンビに噛まれると，噛まれた者もゾン
ビになり，生きている人間に襲い掛かる。これは，これまでのゾン
ビ・コンテンツと同様だ。身体能力としては，生きている際と同じ

で，動きは速い。ところが，本作のゾンビは，一定時間たつと，意識を取り戻して正気に戻る。戻ったままでいてくれれば何の問題も無いが，さらに一定時間経過すると，再度ゾンビとなり，意識を失って生きた人間に襲い掛かる。そうすると，何が起こるか。ゾンビになってしまった人々と生きている人々の間で，争いが起こる。生きている人々は，ゾンビになってしまった人々に恐怖し，恐怖の余り相手を排斥しようとしてしまう。ゾンビになってしまった人々は，自分たちの不遇を嘆き，その上，自分たちに危害を加えようとする生者を憎む。人間の中でも意見は割れ，ゾンビの中にも穏健派と過激派が出てくる。どの立場を取るのか，誰の味方をするのか，この状況を生み出したそもそものゾンビ化現象は止められるのか，こういった問題にキャラクターたちが挑む物語なのだ。

　『ウォーム・ボディーズ』も『異骸』もこれまでのゾンビ像からは大きく逸脱している。ゾンビになってしまうことは，すなわち人間としての「死」を意味する作品が大半である中で，ゾンビを，人間が何か別の物に変化する過程の「間の存在」として描いてみせる。そこでは，人間と少し異なる性質をもった異人間とどう対峙するかが描かれる。さらに，人間側もゾンビ側も多様で一枚岩ではない。

　そう考えると，現在，ヒットしているコンテンツの『進撃の巨人』『東京喰種トーキョーグール』『亜人』などにも共通の性質が見い出せる。『進撃の巨人』では，巨人と人間，『東京喰種トーキョーグール』では，グールと人間，『亜人』では，亜人と人間が，それぞれ対立している。巨人もグールも亜人も，部分的には人間に近い存在でありながら，人間に危害を加える（あるいは加えられる）存在である。そして，これら3作品の主人公はいずれもなんらかの形で「間の存在」なのだ。『進撃の巨人』の主人公「エレン・イェーガー」は，巨人を憎みながら成長した人間だったが，あるきっかけで自分には巨人化の力が備わっていることを知る。『東京喰種トーキョー

グール』の主人公の主人公「金木研」は人間だったが，喰種（グール）であるリゼに襲われた際に二人ともが事故に巻き込まれ，リゼの内臓を移植されてしまったことで「半喰種」となってしまう。『亜人』の主人公「永井圭」は普通の人間として暮らしていたが，不注意からトラックに轢かれてしまう。その直後，驚異の再生能力で生き返り，死なない人間「亜人」であることが明らかになる。3作品はどれもこのように主人公が異人間の性質を持つことを自覚し，「間」に立たされるところから物語が始まっている。

　これらの作品は，いずれもが「人間」と「似ているが異なる存在」との関係性を描いている。どの作品でも，どちらかが絶対悪という描かれ方はしていない。どちらの立場にもさまざまな考え方をもつキャラクターが配置されている。これらの作品は，どれもまだ完結していないため，話がどのようになっていくのかは継続的に見ていく必要があるが，考え方や文化，性質，価値観の異なる「他者」とどのような関係性を築いて生きていけるのか，そうした見方でそれぞれの物語を分析してみてはどうだろうか。

　本章では，「ゾンビ」に注目して，そのメディア，文化越境の様子を整理した上で，現在のコンテンツを他者との関係性の観点から分析した。ゾンビの他にも，メディア・コンテンツに登場する存在はたくさんある。妖怪，幽霊，UMA，UFO やエイリアン，吸血鬼，人狼，ゴーレムなどなどだ[12]。これらが現在どのようにコンテンツに描かれているのか，そして，そこに至る歴史はどのようになっていたのか，探ってみると多くの新たな発見があるだろう。

12）それぞれの存在について，参考になる文献を参考文献リストに挙げた。

第Ⅱ部　メディア・コンテンツ分析の視角

●ディスカッションのために

1　「ゾンビ」像がどのように構築されてきたものなのか，本章をふりかえって要約してみよう。

2　ゾンビ化が広がっていく様は，何の比喩だと捉えられるだろうか。またそれはどのように変化してきたのだろうか。本章をふりかえって要約してみよう。

3　本章に出てきた作品も含め，考え方や文化，性質の異なる「他者」とどのような関係性を築いて生きていけるのか，という見方で分析してみたい自分の知っているマンガやアニメ，映画作品はあるだろうか？　もし，あればその作品について考察し，周りの人に聞いてもらおう。もし，ない場合は，考察した人の意見を聞いて，思ったことを，できるだけコメントしてみよう。

【引用・参考文献】

荒木飛呂彦（2011）．『荒木飛呂彦の奇妙なホラー映画論』集英社

伊東美和（2003）．『ゾンビ映画大事典』洋泉社

伊東美和（2011）．『ゾンビ映画大マガジン』洋泉社

伊藤龍平（2008）．『ツチノコの民俗учー妖怪から未確認動物へ』青弓社

井上嘉孝（2013）．『吸血鬼イメージの深層心理学―ひとつの夢の分析』創元社

イングアンソ，O.／高橋ヨシキ［監訳］（2015）．『ゾンビ映画年代記』パイインターナショナル

エヴァンズ，S.［著］村上リコ［日本版監修］田口未和［訳］（2015）．『英国の幽霊伝説―ナショナル・トラストの建物と怪奇現象』原書房（Evans, S.（2006）. *Ghosts: Mysterious tales from the national trust* London:Pavilion.）

大場昌子・坂野明子・伊達雅彦・佐川和茂（2013）．『ゴーレムの表象 ―ユダヤ文学・アニメ・映像』南雲堂

岡本　健（2016）．『ゾンビ学』人文書院，印刷中

小野俊太郎（2015）．『フランケンシュタインの精神史―シェリーから『屍者の帝国』へ』彩流社

金森　修（2010）．『ゴーレムの生命論』平凡社

河合祥一郎（2010）．『幽霊学入門』新書館

木原善彦（2006）．『UFOとポストモダン』平凡社

小松和彦（2003）．『日本妖怪学大全』小学館

小松和彦（2006）．『妖怪文化入門』せりか書房

シーブルック，W. B. ／林剛至［訳］（1969）．『魔法の島—ハイチ』大陸書房

篠田知和基（1994）．『人狼変身譚—西欧の民話と文字から』大修館書店

スカル，D. J. ／仁賀克雄［訳］（1997）．『ハリウッド・ゴシック—ドラキュラの世紀』国書刊行会

デイヴィス，W. ／田中昌太郎［訳］（1988）．『蛇と虹—ゾンビの謎に挑む』草思社（Davis, W.（1985）．The serpent and the rainbow. New York: Simon and Schuster.）

デイヴィス，W. ／樋口幸子［訳］（1998）．『ゾンビ伝説—ハイチのゾンビの謎に挑む』第三書館（Davis, W.（1985）．Passage of darkness : the ethnobiology of the Haitian zombie. Chapel Hill, NC: University of North Carolina Press.）

中村　朗（1996）．『検証 日本ビデオソフト史』映像新聞社

ノイバウアー，H-J. ／西村正身［訳］（2000）．『噂の研究』青土社

ピープルズ，C. ／皆神龍太郎［訳］（2002）．『人類はなぜUFOと遭遇するのか』文藝春秋

平賀英一郎（2000）．『吸血鬼伝承—「生ける死体」の民俗学』中央公論新社

ベアリング=グールド，S. ／ウェルズ恵子・清水千香子（訳）（2009）．『人狼伝説—変身と人食いの迷信について』人文書院（Baring-Gould, S.（1865）．*The book of were-wolves: Being an account of a terrible superstition.* London: Smith, Elder.）

松田美佐（2014）．『うわさとは何か—ネットで変容する「最も古いメディア」』中央公論新社

宮嶋亮太（2013）．『語れ！ゾンビ［永久保存版］』KKベストセラーズ

モートン，L. ／大久保庸子［訳］（2014）『ハロウィーンの文化誌』原書房

モラン，E. ／杉山光信［訳］（1973）．『オルレアンのうわさ—女性誘拐のうわさとその神話作用』みすず書房（Morin, E（1969）．La rumeur c'Orléans. Paris: Seuil, coll.）

森岡　毅（2014）．『USJのジェットコースターはなぜ後ろ向きに走ったのか？ —V字回復をもたらしたヒットの法則』KADOKAWA

ロヴィン，J. ／鶴田　文［訳］（1999）．『怪物の事典』青土社

Dendle, P.（2000）．*The Zombie Movie Encyclopedia,* London: Mcfarland.

Dendle, P.（2012）．*The Zombie Movie Encyclopedia Volume2: 2000-2010,* London: Mcfarland.

第7章

「魔法少女」アニメから
ジェンダーを読み解く

「魔」と「少女」が交わるとき

須川亜紀子

　日本の国産連続テレビアニメシリーズは，1963年の『鉄腕アトム』で幕を開けた。テレビという魔法の箱から毎週送りだされるアニメの主人公たちのイメージは，子どもたちを魅了し，ロールモデルとしてインプットされていった。そして，少年主人公中心のテレビアニメ界にさっそうと登場した初の少女主人公は，ロボットでも，刑事でもなく，魔法を使う女の子だった。1966年『魔法使いサリー』以来，魔法使う少女を主人公にした「魔法少女」というジャンルは，西洋の魔女のイメージを基礎に，変身・戦闘少女にいたるまで，あらゆる「魔法少女」たちを生み出している。「魔，魔法，魔術」が「少女」と結びついたとき，どんな社会文化的意味が創られるのだろうか。そして，「魔法少女」は，どのように変身と戦闘へと特化していったのだろうか。本章では，テレビアニメにおける「魔法少女」像の分析を通じて，女性にまつわる社会とジェンダーの規範の変化を通史的に考えてゆく。

1 はじめに：コンテンツとしての「魔法少女」────

　日本のテレビアニメには，「魔法少女」というジャンルがある。
〈魔法〉の定義はさまざまであるが，本章では，科学では論理的な
説明ができない，超自然的な力であり，無から有が生じる心霊的な
作用，として捉える。また「魔法少女」とは，〈魔法を使う少女〉
のことであり，「魔法少女」アニメとは，「魔法を使う少女」が主人
公のアニメ作品のことを指す，と便宜的に定義して議論を進める。
2011 年に放映された『魔法少女まどか☆マギカ』の大ヒットによ
り，アニメを知らない人々にもにわかに注目された「魔法少女」ア
ニメであるが，実はこのジャンルの歴史は，約 50 年にわたる。こ
れほど継続的に量産される「魔法少女」の社会文化的意味とは何か。
なぜ科学技術ではなく「魔術・魔法」なのか，なぜ「少年」でなく
「少女」なのか，少女たちはどのように表象され，または表象され
ないのだろうか……。このように「魔法少女」アニメをめぐる問い
は，無数にたてることができる。

　本章では，コンテンツとしての「魔法少女」を考える糸口として，
ジェンダーという視点を用いて考察する。ここでいう「ジェンダ
ー」とは，生物学的に先天的に決定されている性である〈セックス〉
の対概念として作られた，後天的に社会的に構築される性，そし
てその性にまつわるものという意味である。バトラー（J. Butler）
（1999：245）は，ジェンダーは「恣意的で，かつパフォーマティヴ
な「行為」」だと述べている。つまり，女性らしさ，男性らしさなど，
私たちがセックス（生物学的な性）と不可分に結びついていると思
い込んでいるイメージは，最初から存在したものではなく，そのよ
うに「ふるまう」ことによって「創られる」のである。したがっ
て，「魔法少女」がどのように表象されるかを分析することによって，
制作時のコンテキスト（社会的背景）において，魔法少女像がどの

ようなジェンダー規範にしたがっていたのか，または挑戦，折衷していたのかをたどることができるだろう。

2 日本のアニメーションにおける主人公

　日本のアニメーション映画の始まりは，1917年だといわれている（津堅，2004：85-86）。以来，多数劇場上映されたが，主人公は，のらくろ（田河水泡原作漫画の主人公の犬）などの動物（ジェンダーは男性）や，おとぎ話の桃太郎やフクちゃん（横山隆一原作漫画の主人公）など，少年が主流であった。少女主人公はというと，1919年に作られた童謡を原作としたオペレッタ・アニメーション『茶目子の一日』（1931年）で，少女茶目子が早くも登場したものの，それ以降のアニメーション作品の中で少女は常に脇役であった[1]。

　戦後，1953年に日本でテレビ放送が開始された。その黎明期に子どもたちを楽しませたテレビアニメは，『ベティちゃん』『出てこい！キャスパー』『スーパーマン』などのアメリカの一話完結型の短編アニメ（TV cartoon）であった。国産の30分連続アニメは，1963年に花開く。『鉄腕アトム』（虫プロ）を皮切りに，『鉄人28号』『エイトマン』（TCJ動画センター，現エイケン），『狼少年ケン』（東映動画，現東映アニメーション）と次々に放映された。だが，アメリカのテレビカートゥーンにおいても，日本の国産アニメにおいても，『キャスパー』のおばけ，『トムとジェリー』の鼠と猫など，ジェンダーがあいまいな動物，もしくは水兵ポパイ，スーパーマン，少年型ロボットアトムなど，少年や青年が主人公の作品が主流であり，〈子ども向け〉と銘打った作品に，少女主人公はほとんどいなかった。

---

1) 『のらくろ』シリーズでは，村田安司監督の『のらくろ二等兵・教練の巻』（1933年）ほか多数制作されている。『フクちゃん』では，原作者横山自身が携わった映画『フクちゃんの潜水艦』（演出関谷五十二，1944年）がある。

108　第Ⅱ部　メディア・コンテンツ分析の視角

　だからといって，少年主人公のアニメを少女たちが視聴しなかったわけではない。主人公のジェンダーに関係なく，子どもたちはテレビアニメに魅了されつづけた[2]。それでも，女児は身近で，容易に同一化できる等身大の少女主人公を待ちわびる。そんな中，テレビアニメ史上初の少女主人公が現れた。かわいらしい魔女サリー（『魔法使いサリー』1966–69年）である。

3　魔と魔女と少女

　キリスト教の魔女意匠を基本とする「西洋」ベースの魔女が，初の女児向けアニメの主人公に選ばれたのは，1966年当時人気を博していたアメリカのシットコム（situation comedy）『奥様は魔女 Bewitched』の影響が大きい。実際，『魔法使いサリー』の原作者横山光輝も，以前から魔女の出てくる児童文学を読んで，女の子の魔女という着想はあったものの，のちに『奥様は魔女』の明るい魔女主人公（サマンサ）に後押しされて「サリー」を描いたと言及している（横山，2004：348）。また，東映動画の『魔法使いサニー』（のちにサリーへ変更）企画書にも，『奥様は魔女』の成功を受けて，日常に入り込んだ非日常（超能力）のおかしさを意図したことが述べられている（東映動画株式会社，1966：4）。このように，初の少女主人公に「西洋」ベースの魔女が選ばれ，日常が舞台になった理由は，いくつか挙げることができる。だが，そうした「本当の理由」探しよりも，「西洋ベースの魔女が選ばれたことによって，どのような意味が生成されたのか」という問いをたててみるとどうだろう。Why，What の問いからHow の問いへと転換すると，次のような考

----

2)　当時は「てれびまんが」と呼ばれていたが，この章では「テレビアニメ」で統一する。

第 7 章 「魔法少女」アニメからジェンダーを読み解く　*109*

察が可能になる。

①「西洋」の魔女をベースにした魔法少女の表象の日本におけ
　る社会文化的意味はどのように作られたのか？
②「西洋」の魔女をベースにした魔法少女の表象の日本におけ
　る社会文化的機能はどのように作用したのか？
③「西洋」の魔女をベースにした魔法少女の表象は，社会文化
　的コンテキストにおいてどのように変容し，どのような意味
　を生成したのだろうか？

　本章では，この三点に注目して，「魔法少女」像をジェンダーの
視点から読み解いてみよう。

4　「魔」と女性と少女

　初めに，「魔法少女」表象の社会文化的意味を考察するにあた
り，〈魔女〉について考えてみよう。キリスト教における〈魔女〉は，
witch（英語），Hexe（ドイツ語）などと表記する。日本語と異なり，
用語自体に女性に特化した意味はなく，中世には男女ともにwitch
は存在した。しかし，徐々に用語が指す対象が女性に限定されてい
き，視覚的にも「悪魔に従う女性」などとして描かれるようにな
る（図7-1）。欧州では魔女狩りに代表されるように，特に女性が裁
判にかけられ，生きたまま火刑になるイラストも描かれた。魔女狩
りの嵐がおさまった18世紀のスペインでは，〈魔女〉は魔よけや好
奇心の対象となる。たとえば，スペインの宮廷画家ゴヤ（F. Goya）
は，赤ん坊を喰らう老魔女や，魔女の祭（サバド）に集う醜悪な魔
女を描き，貴族たちに重用された[3]。19世紀に映画が発明されると，
〈魔女〉は，トリック撮影のかっこうの材料となる。

図7-1 箒にまたがった魔女
(マルタン・ル・フランの長編詩『女性の擁護者』の写本(1451年頃)に掲載されたもの)

　子ども向け映画では,〈魔女〉は,西洋の美の規範である年若,白人,中産階級,金髪,碧眼の女性の対極として,非白人の醜悪な老女として表象されていく。逆にまさにその美の規範を使用することによって悪いイメージを払しょくされた「良い魔女」も作り出される。つまり,〈魔女〉自体は,その結びつく要素によって変容する「場」なのである。

　では,日本のコンテキストではどうだろうか？　キリスト教が入る前の日本でも,〈魔女〉に似た存在はいた――女妖怪である。妖怪とは,民間信仰において培われた概念である。古くは『古事記』や『日本書紀』にみられる荒ぶる神やヤマタノオロチの怪物にも通じる。しかし,その表記「妖」(不確定なこと,不思議なこと)と「怪」(怪しいこと,理解できないこと)が示すように,人間の理解の範疇を越えたもので,恐怖や不安を覚えされるもの一般が,妖怪として概念化され,やがて視覚化されていった。女性として表象された妖怪の一人に,うぶめ(産女,姑獲鳥)がいる。亡くなった妊婦が,この妖怪になるという民間信仰であるが,子どもを産めずに亡くな

---

3) 例えば「魔女の集会」(El Aquelarre),「魔女の夜宴」(El Aquelarre, o El gran Cabrón) は魔女をテーマにした作品。

った女性の未練や無念が具現化されたものである。そのほか，「ヤマンバ」ギャルで有名な，山姥は，山奥に棲み，時に若い男性を襲う妖怪とされ，白髪を振り乱す醜い老女の姿で描かれた。逆に美しい女性として描かれた女妖怪もいる。雪女がその代表例であろう。雪女は東北地方の妖怪で，雪のように美しい肌の女性として描かれる。一見，美の規範に沿っているが，雪が降る夜に若い男性の家をたずねて来て，一夜の宿を願い，受け入れてくれた男性を凍死させるという力をもつ。三者に共通しているのは，出産などの女性特有の特徴や，性的誘惑など，男性を制御困難に陥れることである。いずれも男性にとっての恐怖であり，排除したいネガティブなイメージが女性に付与されている。

　つまり，「魔」が女性に結びつきやすいのは，権力を握っていた男性たちが，自分たちの不安や恐怖を他者（つまり女性）に投影し，それを否定，排除することによって，自分たちの権威や利権を守ってきたからである。日本の文化コンテキストにおいて，日本人が精通している女妖怪を子ども向けアニメの主人公にするのは，好まれなかったと思われる。どうしても，ネガティブで陰湿なイメージが喚起されるからだ。そこで持ち出されたのが，西洋の〈魔女〉と「少女」である。キリスト教におけるコンテキストに精通していないゆえに，禁忌のネガティブイメージは日本人には実感がなかった。〈魔女〉が，「西洋」のかっこよさ，女性の強さ，そしておしゃれのセンスを伴い，三角帽子にマントに杖といった記号化された意匠だったことも，少女主人公のモデルとして選択されやすかった理由としてあげられるだろう。

『魔法使いサリー』と『ひみつのアッコちゃん』：
プロトタイプの確立

　『魔法使いサリー』のオープニングには、魔法、愛、夢、希望という用語が入っている。サリーの登場が、のちの"「魔法少女」は夢と希望を叶える存在"というテーゼを決定づけたといってよいだろう。サリーは、魔法の国の王女で、王位継承者である。好奇心旺盛なおてんばサリーは、父王の反対をかえりみず、こっそりと人間界に降りていき、木の株からみごとな洋館を魔法でこしらえ、家具、調度品もすべて西洋スタイルにする。英語の名前をもち、西洋式のライフスタイルを送るサリーは、裕福な「西洋」の表象である。それと比較されるのが、人間界、つまり「日本」である。「日本」を表象するのが、日本式平屋の借家に住み、母と死別しているため、3人の弟と父親の面倒をみているよし子である。よし子は、黒髪の三つ編みおさげで、サリーとは真逆のライフスタイルを送っている。父親はタクシードライバーで、労働者階級を表象している。魔法という特殊能力が使えない人間は、魔法使いたちの下位に置かれており、魔法界（「西洋」）と人間界（日本）には、明らかなヒエラルキーが存在している。

　1960年代の日本は、高度経済成長期であり、『魔法使いサリー』が放映された1966年頃は、インフラ整備、都市部の団地建設、産業構造の変化、オリンピックの成功による国際社会へのアピールなど、政治経済、文化において、大きな変化を体験した時代であった。都市への人口流入と産業構造の変化に伴い、核家族家庭が増加し、夫はモーレツ会社員、妻は専業主婦という、性的役割分業が固定化した。専門職以外の正規長期雇用は、女性にとっては難しかった。そんな中、戦後から続いていた第二波フェミニズム運動の主な目標は、就業機会の平等と労働条件の改善であったが、経済効率の

影に雇用機会均等や職場における平等の実現には，ほど遠かった。

　そうした社会的弱者である女性と女性を取り巻く社会状況に対する抵抗を，『魔法使いサリー』に見い出すことができる。小学校でサリーは，横暴な男子生徒たちのふるまいに服従するしかないよし子たちに，疑問を投げかける。そして，しばしば歯に衣着せぬ発言で，横暴な男子生徒たちに反感を買う。日本の男尊女卑を外部から批判し，ヘゲモニックな（覇権的，支配的な）ジェンダー規範に疑問を呈する立場にたっている。また，暴力を恐れて抵抗しない女子生徒たちにかわって，サリーは魔法の力で横暴な男子生徒たちを懲らしめるのだ。学校の外でも，泥棒を魔法で逮捕するなど，サリーの魔法は，現実には社会的弱者で，被支配的立場にある女性（少女）というヒエラルキーを転覆させる機能をもっている。「西洋」の表象であるサリーに，魔法という社会規範やジェンダー規範を転覆させる力をもたせることで，女の子が目指すべき，西洋的美，知，そしてパワーを備えた理想的ロールモデルが提示されている。

　しかし，物語が進むにつれて，サリーは日本の文化や風習に真っ向から批判，対立するのではなく，折衷する方向をとる。土着化が進むにつれ，魔法も使用しなくなる。人間と同じく，自力で解決することの価値を理解するのである。こうしたサリーの変化は，「西洋」的ロールモデルに憧憬を抱きつつも，完全なる「西洋化」ではない〈適切な〉西洋化が奨励され，魔法は，規範を転覆させるラディカルなパワーではなく，自己制御として機能していくのである。最終回は，サリーは正体がばれ，人間（日本）に理解はされたものの，結局他者として魔法界（西洋）に戻っていく。

　サリーの後番組『ひみつのアッコちゃん』でも，「西洋」対「日本」という構図と，自己制御としての魔法の機能は継承される。鏡を大切にしたご褒美として，鏡の精から魔法のコンパクトを与えられた加賀美あつ子は，ごく普通の小４の女の子である。しかし，父

親は外国航路の豪華客船の船長，母親は美人専業主婦という，中上流階級である。家はバルコニー付白壁の西洋式二階建て，広い庭には一面の花壇という，「西洋」のライフスタイルを送っている。サリーとよし子の構造と同じく，アッコの親友モコは，和式の家に住み，父親は脱サラし，母親とともに寿司屋を開業する。モコは三つ編みのおさげ髪で，浴衣を着て畳の部屋で寝るという，伝統的な日本のライフスタイルを送っている。この二人が「西洋」対「日本」として対極にあるが，同じ日本人という同質性を共有することで，「日本化した西洋」が強調されている。

　アッコは，成人や動物など，何にでも変身できる魔法を駆使し，サリーのように横暴な男子生徒たちを懲らしめたり，時にはかわいいいたずらをして楽しむ。自己の身体を変身させることは，自己イメージや身体に対して意識的にさせる効果がある。他者になることによって，自分を客観視することができるからである。

　その魔法の起動装置として，化粧コンパクトが使用されているのは意義深い。化粧コンパクトは，化粧をする＝美しくなるための道具である。しかも，女性特有のアイテムである。魔法は，美と分ちがたく結びつき，女性らしさ（フェミニニティ）を強化する機能をもつ。『アッコちゃん』では，自己制御の指針としての魔法は機能し，最後には変身しないこと＝自分であることに価値が置かれ，魔法は自己肯定の機能をももつことになる。

6　『魔女っ子メグちゃん』と『魔法の天使クリィミーマミ』へ：リブから「女の時代」

　1970年代にはいると，女性解放運動（ウーマンリブ，リブ）が盛んとなる。女性向けファッション情報雑誌『アンアン』『ノンノ』が刊行され，高度経済成長期である程度の生活レベルに達した日本人に，

経済的，精神的余裕が出てきた頃であった。女性たちは，余剰所得をファッションやインテリアに費やすなど，大量消費社会において，良い消費者として認識されるようになる。また女性の高学歴化，長期雇用化，晩婚化がすすみ，結婚するまでの経済的時間的猶予を謳歌する女性が増加する。『アンアン』『ノンノ』では，パリなどの欧州ファッションやライフスタイルを紹介する他，国内旅行や一人暮らしのインテリア特集などを掲載し，若い女性の自立を促した。

　70年代で注目されたのが，女性のセクシュアリティに関する言説である。男性の性的対象として客体化されていた女性たちが，性の自己決定や女性の社会規範からの解放を声高に叫んだ。それは中ピ連（中絶禁止法に反対しピル解禁を要求する女性解放連合）の活動に象徴的である。ピンクのヘルメットをかぶり，集団でデモを行い，時には抑圧的な団体の拠点に押しかけるなど，中ピ連の過激な女性たちに，世間は賛否両論であった。しかし，重要なことは，中絶や産児制限など，それまで「恥」とされ，隠ぺいされていた女性の問題を言語化，顕在化し，セクシュアリティを男性の支配から女性の自己決定の場へ引き戻そうとしたことである。

　こうした風潮をうけて，『魔女っ子メグちゃん』（1974–75年）が放映される。主人公メグは，魔法の国から人間界へ次期女王になるための修行に来る。魔法の国は女王が支配する女権国家であり，家族，異性愛の概念のないメグは，そのコケティッシュな（ほのかな性的）魅力により，人間界では弟分ラビやスパイのチョーサンの性的まなざしの対象になる。実際，メグは下着姿の描写が多く，セクシュアリティを強調される。しかし，メグ自身は男性の性的まなざしを跳ね返し，魔法で懲らしめるのである。メグの魔法は，他者をコントロールする行使魔法であるが，その発動方法もセクシュアリティと関連深い。メグはハート形のペンダントを媒介に，唇に指を当て，「シャランラー」と呪文を唱えて魔法を繰り出すのである。

116 　第 II 部　メディア・コンテンツ分析の視角

投げキスのようなしぐさでの魔法の発動に，女性のセクシュアルな
魅力がパワーとして表象されている。

　1980 年代後半は，「女の時代」と呼ばれた。1985 年の男女雇用機
会均等法，国連の女性差別撤廃条約批准などにより，女性の生活や
就業に希望を与える法整備が進んだ。文化的には，松田聖子，中
森明菜，プリンセス・プリンセス，おニャン子クラブなどの活躍
で，女性アイドル全盛時代となる。政治の世界では，社会党書記長
に土井たか子が就任し，メジャー政党初の女性党首となる。そして
1989 年には参議院選挙に消費税反対を掲げた女性候補者が多数当
選し，「マドンナ旋風」として女性の力がマスコミで強調された時
代であった。

　そんな女性の社会における活躍が注目された頃放映され，女児だ
けでなく，男性にも人気を博したのが『魔法の天使クリィミーマミ』
(1983–84 年) である。変身魔法でアイドル "クリィミーマミ" にな
ってしまった主人公優は，普通の小学 4 年生である。1 年間の期限
付きで魔法の力を得た優は，少し大人に変身したところをスカウト
され，アイドルとしてもう一つのアイデンティティをもたされる。
そのアイドルマミに，恋心を寄せている幼馴染の俊夫が夢中になっ
てしまい，優はセクシーなお姉さん (マミ) と飾らない自分 (優)
の自己分離に悩むことになる。アッコの変身魔法と異なり，優の魔
法が自分の身体的成長のみに特化した力であることは重要な意味を
生成する。アッコの変身は，他者になることで，自分を客体化＝異
化する作用があり，自己肯定に帰結した。しかし，優の変身は，興
味のある異性である俊夫の評価によって，自己を否定する契機にな
るのである。

　80 年代の若い女性たちは，景気も上向き，ファッション，レジ
ャー，グルメに積極的であった一方，結婚出産という伝統的なジェ
ンダー役割から解放されると同時に既存の価値観の揺らぎによる精

神的不安も抱えていた。"自分探し"をキーワードとした，交流分析系の自己啓発セミナーも都市部で流行した。物質的に豊かになる一方で，メディアから多量に提供される女性らしさ（フェミニニティ）やジェンダー規範に振り回される未熟な少女の精神が，優の変身と戸惑いにはほのめかされている。優は，自分とマミと俊夫との奇妙な三角関係に悩んだ挙句，魔力を喪失する約束の日に，マミとして最後のコンサートを無事に終え，優として俊夫に会う。マミが優だったことも理解し，優自身への愛を自覚した俊夫によって優は再評価される。『クリィミーマミ』において，魔法の喪失は，成人のセクシュアリティやジェンダー規範からの解放であり，自己肯定となって表象されている。

⑦ 1990年代『セーラームーン』の衝撃：恋も仕事も

　1990年代は，欧米で"ガールパワー"と呼ばれるムーブメントがあった。90年代の初頭，アメリカや英国でフェミニズムのメッセージを歌詞にちりばめた，若い女性のパンクバンドやポップグループが，女性による女性へのエンパワメントを伝道していたからである（須川，2013：139）。折しも日本ではバブル経済が崩壊し，疲労困憊の成人男性をしりめに，既成概念を打ち破って不況を吹き飛ばす新しいパワーとして，若い女性たちに希望を見出そうとしていた。

　『美少女戦士セーラームーン』（1992-97年）は，東映のスーパー戦隊シリーズでお馴染みの5人組フォーマットとセーラー服という，戦闘，少女性，ファッショナブルさの組み合わせによって，国内外で大ブレークしたシリーズである。それまで少年向け作品には頻出していた，地球を脅かす敵から人類を守るというテーマも導入された。魔法は身体の変身や外部に行使，または操作する魔術ではなく，美しく強くドレスアップするエネルギーとして表象される。

『セーラームーン』では，普通の中学2年生月野うさぎが，ある日突然言葉を話すネコの依頼で「セーラー戦士」となり，迫りくる妖魔と闘うことになる。他にセーラー戦士として目覚めた4人が加わり，物語の途中で実はうさぎこそが，月のプリンセスの転生した姿だったことが判明。サリー型の高貴な生まれの先天的魔女とアッコ型の普通の少女からの後天的魔女の両方の要素を併せ持つ魔法少女が誕生するのである。

全編を通じて，ギリシャ神話の月の女神セレーネと人間エンディミオンの悲恋をベースにしつつ，うさぎと地場衛の恋愛が描かれるが，その恋愛はセーラー戦士の団結の効果として機能しているにすぎない。魔法は，異性を魅了するのではなく，美しくパワフルになるエネルギーであり，敵との戦闘に勝利するために使用される。戦闘の勝利は，恋愛成就へとつながる。若い女性たちが「仕事か，家庭か」の二者択一に悩んでいた時代は終わり，「仕事も，家庭も」両方の場で自己実現することを，うさぎの成長は表象している。

⑧ 2000年代以降の深夜アニメにおける「魔法少女」再考

『セーラームーン』の成功により，「魔法少女」のステレオタイプは，"「西洋」ベースの魔女"から，"ドレスアップして戦闘する少女"へとシフトしていった。2014年に10周年を迎えた『プリキュア』シリーズ（2004年-）でも，複数の少女たちがドレスアップ（変身）して美しくパワフルになり，戦闘している。『セーラームーン』と異なるのは，王女と護衛という仲間内のヒエラルキーが排除されたことと，地球を守るという大義名分ではなく，弱者を守るためという日常の延長に戦闘が配置されていることである。傷つき，倒れてもなお戦闘をあきらめない魔法少女たちは，大切な友達や弱い存在のために戦いを続けている。

第7章 「魔法少女」アニメからジェンダーを読み解く　*119*

　そうした魔法少女の自己犠牲や利他主義は，社会が少女に期待する理想化された産物にすぎない。それを真っ向から提示し，主に女児向け「魔法少女」アニメにおける「魔法少女」表象の負のイメージをあぶりだしたのが，『魔法少女まどか☆マギカ』（2011 年，以下『まどマギ』と略す）や『幻影ヲ駆ケル太陽』（2013 年）などの深夜枠の「魔法少女」アニメであった。特に『まどマギ』は，女児向け「魔法少女」アニメで定番だった「善行に対する報酬として与えられる魔法の力」に異を唱え，生命と引き換えの等価交換を設定した。また，魔法少女たちの敵は，〈魔女〉と呼ばれる謎の生命体であり，最後には〈魔女〉の正体は絶望した魔法少女であることが判明する。

　『セーラームーン』でも『プリキュア』でも，（母親を除いて）成人女性は敵として表象されていた。しかし，その敵はやがてなるであろう少女自身であるという矛盾を，『まどマギ』は明示したのである。敵の打倒（成人女性になることの拒絶）は，少女期の一時的な延命にすぎないことを強調している。また，『まどマギ』の最終回で，主人公まどかは，魔法少女を〈魔女〉にさせないよう，自分の存在を無化し，神のような意識体に昇華し，究極の自己犠牲をする。まどかはこの世に最初から存在しなかったことになり，両親や人々の記憶から抹消される。こうした自己犠牲は，女児向け「魔法少女」アニメではくり返されてきたテーマである。『まどマギ』もそれを踏襲する終わり方であったが，その問いに回答をだしたのが『劇場版魔法少女まどか☆マギカ［新編］叛逆の物語』（2013 年）であった。

　〈魔女〉になってしまったほむらは，「魔法少女は夢と希望を叶える」と言って自己犠牲したまどかを，欲望のままに神的存在からひきずり下ろしてしまう。ここで問われるのは，魔法少女が叶えるのは，“誰にとっての”夢と希望だったのか，ということである。魔法は少女をエンパワメントし，美とパワーを手に入れたかにみえた少女たちであったが，無害化，理想化された少女像の枷から逃れて

いないのだ。

9 まとめ

　このように，ジェンダーの視点で通史的に「魔法少女」アニメを見ていくと，放映当時の社会文化的コンテキストに照らして，魔法や少女像が生成する意味がみえてくる。社会的に下位に置かれた女性たちが社会規範やジェンダー規範を転覆するパワーとして，魔法の意味が生成された1960-70年代，ファッションや身体に関する女性らしさ（フェミニニティ）を実現し，自己肯定を発見するツールとしての魔法という意味が生成された80年代，恋愛も仕事も，という既存のジェンダー規範を打破するパワーとしての魔法という意味が生成された90年代。そしてジェンダー平等が表面上実現した2000年代以降，ますます少女たちは魔法の力でドレスアップ（変身）し，戦闘を続けている。しかし，『まどマギ』が反転してみせたそれまで隠ぺいされてきた問題は，女児向け「魔法少女」アニメを異化し，脱構築する契機を提供している。これからもあらゆる「魔法少女」が現れるだろう。それが，社会文化的コンテキストの中で，どのような意味と機能をもつのかを考察することで，ジェンダーにまつわる問題群を析出することが可能となる。

●ディスカッションのために

1 「西洋」の魔女をベースにした魔法少女の表象の日本における社会文化的意味はどのように作られたのか。また，魔法少女の表象の日本における社会文化的機能はどのように作用したのか。本章の記述をふりかえり，作品名を使って整理してみよう。

2 「西洋」の魔女をベースにした魔法少女の表象は，社会文化的コンテキストにおいてどのように変容し，どのような意味を生成したのだろうか。本章の具体的な記述をふりかえり，年表をつくって整理してみよう。

3 ジェンダーとは何か，またその規範はどのように変容してきたのか，本章の記述と 1, 2 の作業をしっかりと踏まえたうえで，周りの人に説明できるだろうか。

【引用・参考文献】

須川亜紀子（2013）．『少女と魔法—ガールヒーローはいかに受容されたのか』NTT 出版

津堅信之（2004）．『日本アニメーションの力—85 年の歴史を貫く 2 つの軸』NTT 出版

東映動画株式会社（1966）．『TV 漫画映画「魔法使サニー」企画書』未刊行物

バトラー．J ／竹村和子［訳］（1999）．『ジェンダー・トラブル—フェミニズムとアイデンティティの攪乱』青土社（Butler, J. P. (1990). *Gender trouble: Feminism and the subversion of identity*. Routledge）

横山光輝（2004）．『原作完全版魔法使いサリー』講談社

第8章

家族の視点から「Jホラー」を読み解く

変容する家族，メディア，恐怖

レーナ・エーロライネン

　本章ではJホラー（ジャパニーズ・ホラー）について，「家族」のあり方から考察する。1990年代に，Jホラーが世界に注目されるようになった。それにともなって，Jホラーや「東海道四谷怪談」（1954年）のような怪談映画を扱った評論や論文が数多く書かれてきた。トニー・ウィリアムズの「すべてのホラーは家族ホラーだ」（Williams, 2015）という主張はともかくとしても，ホラー映画に限らず日本映画全体において「家族」は中心的なテーマだ。そうであれば，怪奇映画やJホラーについても家族構造の歴史を踏まえた分析が必要だろう。日本は家族中心的な社会だといわれてきたが，それは現代でも同様なのだろうか。本論では，ホラー映画を分析することを通して，作品が描く「恐怖」の原因を，社会的に異常なものに求めるのではなく，あまりにも普通すぎて自然なものと考えられている「家族」のあり方からあぶり出していきたい。

1 Jホラーとはなにか

　Jホラーの研究を始めるにあたって，まずはJホラーとは何か，考えてみたい。Jホラーは，単純に考えると日本製のホラー映画（和製ホラー）のことだが，実はそう単純ではない。Jホラーというジャンルは独特の歴史的文脈，配給メソッド，テーマをもっている。

　Jホラーは怪奇映画のサブジャンルで，主に1990年代から2000年代の半ばまでに制作された作品群を指す言葉として登場した。Jホラーは，10年程度の短い期間に，日本の大切な文化輸出品となり，世界中に注目されるようになった。そこには，メディア産業の展開との関連があった。ミツヨ・ワダ・マルシアーノは，Jホラーが日本におけるDVD市場の拡大に合わせて台頭してきたことを指摘している。映画館での上映のみならず，レンタルDVDやセルDVDなどのパッケージの流通やコンテンツのデジタル化が視聴者の映画の受容の仕方を変え，短期間に大量の作品が生み出されて市場に供給されるようになった。一方で，Jホラーは欧米のDVD市場におけるカテゴリーで分類されることで，1960年代に制作されたホラーではない映画が先行作品として捉えられたことも指摘されている。たとえば『鬼婆』（1964年）という作品が，英語学術圏におけるいくつかの論文で「ホラー映画」と著述された。日本における本作の宣伝文句や映画評，関連インタビューなどでは「民話物」として扱われていたにもかかわらずだ（Wada-Marciano, 2009）。近年，古いコンテンツが新しいメディアで復刻され，再評価される場合があるが，その際に，作品が製作，公開された当時の文脈を無視して，現在の価値観や商業的利便性からジャンル分けをしてしまう場合がある。作品解釈にも影響を与える場合があるので，この点には自覚的であることが求められる。

　それでは，Jホラーはどのような位置づけで捉えれば良いのだろ

うか。たとえば，中野泰によると，J
ホラーは「鈴木光司のベストセラ
ー・ホラー小説を映画化した前述の
『リング』および『らせん』が「デ
ュアルムービー」と称する二本立て
形式で公開され，世紀末ムードの追
い風も受けて大ヒットを飛ばしたこ
とによって誕生した」という（中野，

図8-1 『リング』『らせん』等の続編として作られた2012年公開のホラー映画「貞子3D」の「大増殖祭」と銘打ったプロモーションイベントの様子[1]

2005）。中野（2005）では，『女優霊』という，『リング』『らせん』より前に公開された中田秀夫監督の作品を中心に論じており，「Jホラー」の萌芽は『女優霊』にも見て取れることがわかる。また，ビデオテープとレンタルビデオシステムによって『邪願霊』（1988年）などの作品がブームになったこととのつながりも指摘されている（鈴木，2015）。こうした連続性の中で成立した作品ではあるが，「Jホラー」ジャンル形成に果たした役割の大きさを考えると，やはり『リング』『らせん』は代表的な作品といってよいだろう。

　Jホラーの監督は，ほぼ全員が同世代であり，日本と欧米のマスカルチャーに強い影響を受けている。また，伝統的な撮影所のトレーニングを受けずにVシネマ監督としてキャリアを築き始めていることが多いのも特徴だ（Kinoshita, 2009：105）。またJホラー映画では，ごく普通の日常生活の中に異常なものが現れる。この要因としては，低予算で作られているということもあるが，一方で，この点が魅力にもなっている（Wada-Marciano, 2009：21）。『東海道四谷怪談』（1959年）や『地獄』（1960年）など「クラシカルな日本のホラー映画」といわれる中川信夫流の作品群と比べると，Jホラーの恐怖構成戦略は正反対の様式であり，現代の日常生活の中に突如

---

1) http://eiga.com/news/20120506/4/ （2016年4月14日確認）

126　第Ⅱ部　メディア・コンテンツ分析の視角

「異物」が現れる様子を描いてみせる。形式的な面からも，中川流ホラー，つまり「怪談映画」は，やはりJホラーの先駆的作品とは言い難い（小松, 2014）。

　こうしてみると，怪談映画とJホラーに連続性を見い出すことは難しいように思えるが，両者の共通点として，「幽霊の登場」を挙げることができる。幽霊というのは「ある限定的な時間・空間において観測された霊魂の形態」を示すものと定義される存在だ（大島, 2010）。『リング』に登場する「貞子」は，長い黒髪を垂らした白装束のいでたちの女性で，井戸や水との関連が深い。この特徴は，日本の古い怪談に登場する幽霊とそっくりである。とはいえ，「幽霊」が意味することは50年前とは変化しているだろう。また，時代劇ホラーではほとんど描かれなかったJホラーにおける興味深い特徴がある。それは，「子ども」の幽霊の出現だ。

　子どもの幽霊は「矛盾した存在」（Carroll, 1990：54）である。『呪怨』の俊雄，『リング』の貞子，『仄暗い水の底から』の美津子，そして『降霊』（黒沢清, 2000年）に登場する無名の少女の幽霊たちは確かに矛盾に満ちている。愛されるべき存在であるはずなのに捨てられてしまっている。死んでいるはずなのに，見えるものとして現れる。養育を必要とする幼い子どもでありながら，社会を支える最も重要な構造の一つである「家族」を滅ぼす力を「死」によって得ている。だが，不自然な存在について語るには，まず「自然」を定義しなければならない（Carroll, 1990：57）。「自然」な家族のあり方，子どものあり方とはどのようなものだろうか。

❷ 家族構造の歴史

　家族は，社会において最も自然で基本的な社会構造のように感じられるかもしれないが，現代の核家族のようなあり方は歴史的には

新しいものだ。そもそも，日本で「家族」という言葉が使い始められたのは明治維新後である。明治以降の近代日本の家族構造は「時間」と「空間」という二つの面から説明することができる。日本は，1868年に開国した後，さまざまな面で欧米に批判され，自ら近代化を強く求めていった。1889年には明治憲法が制定され，家族構造が規定される。この時，家制度が明確に定義された。家族の成員の血のつながりと跡継ぎが強く主張されたのである。家制度の特徴として婚養子の縁組，孝行の強調などがみられた。家族という言葉は戸籍に記載された一家の意味をもつこととなり，家をいかに継続させていくか，という時間的な問題が重視されるようになった。明治時代には，「家庭」という概念もプロテスタントの宣教者によって導入される。家族同士の愛情や家族生活の充実などが最も強調された。当初は一般的に「ホーム」という語を用いたが，後に日本語化され「家庭」となった（Sand, 2003：32）。また，その家庭の中では，一家の「大黒柱」としての男性像，そして，それと対になる「良妻賢母」概念がうみだされた（Uno, 1993：294）。家制度は遺伝的なつながりを中心にした時間的概念であり，家庭はウチとソトという空間的な概念である（Sand, 2003：22）。家庭は心地よく聖なる場所と位置づけられ，その精神的な中心として「良妻賢母」が期待されたわけだ（Sand, 2003：53）。こうして，日本の近代的な家族の基礎が構築されたのである。

　太平洋戦争後，日本は急速に民主化され，男女平等を認める家族像が誕生した。特徴として家庭の内外の分離，家族の成員間の愛情，子ども中心主義，性別による労働分担，「プライバシー」という語の制定や核家族化などが挙げられる。未婚女性のフルタイム労働と，有配偶女性のパートタイム労働による女性の年齢階級別労働力率のM字カーブは，1960年代の労働政策の結果だ（Uno, 1993：305）。労働政策は戦後の家族観形成に重要な役割を果たし，家族構

造は経済成長に直接つながる形で構築された。企業は、「日本型家族モデル」を利用した。これは、妻をも会社家族のメンバーとして巻き込んだ明確な性別役割分業によって成り立つ「家族としての会社」を生んだ。夫の職業安定性から得られる経済的保証が家族の維持に重要であるため、夫は仕事に集中し、家政の中のどんな活動にも注意を払う必要がなくなった（Imamura, 2009：80）。また、戦後、日本は深刻な住宅不足に見舞われた。終戦直後には420万戸もの住宅が不足し、住宅の量的確保が目指された（住田, 2015）。1970年ごろには量的不足はほぼ解消されたが、質的な問題は現在も残されている。たとえば都市部の住宅状況を考えると、地価が高いこともあり、集合住宅が多く、一軒屋と比べると一人当たりののべ床面積が少ない。また、都市部に限らず隣人とのトラブルや隣人の匿名性などといった問題もある。

　1990年代に起こったバブル崩壊は、社会全体に強い影響を与えた。ここから、日本は「失われた10年」の時代に入ったといわれるが、いったい何が失われたのだろうか。ジェフ・キングストンによると、失われたものは、お金の山、安全感、安定した家族、国家のリーダーに対する信頼、人々が抱く未来への自信である。こうして、日本社会の基礎を作っていた伝統的な面が変化し、1990年代には人間関係や期待、規範などが急速に失われていった（Kingston, 2004：1, 29）。そして今日、性別による役割分業の変化も顕在化してきている。女性が社会進出して結婚をしなくなったり、子育ての傍らでも働いたりするケースが増えてきた。男性も子育ての選択肢が一応はある時代に入っている。こうした価値観やライフスタイルの変化に伴い、家族のあり方に関わるさまざまな問題が生じた。たとえば、ニート、ひきこもり、フリーター、不登校、援助交際といった若者の行動が問題視された。さらに、新たなメディアの登場によっても家族関係や若者のライフスタイルは変化している。若者とメディア

の関係性への不安は，さまざまな形を取って世間から注目を集めている。今や若者に限ったことではないが，携帯電話やメールに夢中になる姿は人々に不安を生じさせてきた。両親が共働きで多くの時間家にいない，という形の家族であれば，子どもは対面コミュニケーションの仕方を学ぶ機会が減るかもしれない。また，少子化の影響で子どもは自分一人の部屋をもち，多くの時間をそこで過ごすことになる。個室の中でテレビやインターネットと接続し，そこでのコミュニケーションのみに耽溺するようになるかもしれない。テクノロジーによって家族の空間的な要素が再構成され，家族関係に影響を及ぼす。そこでは，家族の時間的な面も変化していくだろう。

Jホラーは内容上もメディアと強く関連している。ビデオテープ，携帯電話，映画，インターネットなどのメディアが恐怖を伝染させる媒体として描かれるのだ。そこで伝染する「ホラー」は，実はこれまで述べてきたようなさまざまな変容に対する「不安」を表現しているのではないだろうか。

3 変化する母親，子ども，父親

ホラー映画はさまざまな解釈ができる矛盾したものと捉えられる（Wee, 2013：7-10）。登場人物やその行動が，一面的ではなく，完全に善悪が決まってしまうものは少ない。解釈によって両方向を考えることができる両義的な作品が多い。

ホラー映画およびホラー映画研究の主なモチーフとして，女性の立場，中でも「母親」は頻繁に取り上げられる。『スイート・ホーム』や『仄暗い水の底から』『リング』『呪怨』そして『着信アリ』の中に出てくる「怪物化した母」は，女性に対する社会的な期待の失格をいかに表現しているかがよくわかる。ヴィーは，1980年代および1990年代の怪談映画で怨霊が再び登場したことについて，

女性が自立し，伝統的な日本の家族構造が欧米化するにしたがって，女性の幽霊も単に男性に復讐を求める存在としてではなく，最も恐ろしい母性の代表になったと指摘する (Wee, 2013：52)。ただし，すでに確認した通り，日本の家族のモダン化はもっと前である。現代において，家族は「モダン化」というより，むしろ「個性化」している (Ochiai, 1997)。

「母親」であるためには，「子ども」が必要だ。家制度にせよ，家庭にせよ，明治時代以降，社会的な女性性の中で「母性」が占める比重は大きかった。性別による労働の役割分業は戦後の標準的な社会構造となり，子どもの存在が家庭内労働の証となるため，女性も自ら母性という概念をもった (Ochiai, 1997：26)。一方で，教育を中心にした近代的育児は，親子関係にさまざまな問題も生じさせた。たとえば，少子化によって母親は一人の子どもに愛を集中する。そのせいで，母親自身，あるいは，子ども本人が病気になるケースもある。子どもがうまく育たなければ，その社会は衰退していく。そういう意味でも，親子関係は重要な物語の要素である。

さて，それでは母親や母性，そして子どもとの関係について，Jホラーではどのように描かれているだろうか。『降霊』の主人公である純子は，子育てよりも社会的な出世に強い関心がある女性として描かれている。彼女にとっては，行方不明になった子どもも，自分の出世の方法でしかない。社会的には批判されるような手段によって，純子は自己正当化を求めている。行方不明の女の子

は，日本社会における大人と子どもの間の力関係を表現しているともとれる (Eerolainen, 2011)。黒沢清監督の『叫』(2005年) では，もう一つの母性の失格の実例が見られる。物語の第一の被害者は柴田礼子という女性だ。遺体が

発見された後，主人公の吉岡刑事は礼子の母を訪ねる。母親の語りからは，若者に対する不安が色濃く見られる。礼子は，旅行したり，友だちの家に泊まったりで，何か月も家族と連絡を取っていなかったこと。そして，フリーターのまま正社員にはなりたがらず，恋人と婚約していたが，実は結婚は考えていなかったことなどだ。礼子は，若くて自己中心的な現代日本女性の象徴として描かれている。現代は，個人の意思決定によって生き方を決定することが許されているが，作中では礼子は死に至る。そして，礼子の母は「良妻賢母」のように，すべてを自分の責任と言う。『叫』で描かれる社会的に許される個人は自己中心的な人ではないのだ。

『仄暗い水の底から』の主人公である淑美はシングルマザーだ。自由主義的な視点からしてみれば，夫と離婚するという決断は勇気が必要で尊敬できることとも考えられるが，保守的な視点からしてみれば淑美の判断は無責任で何も考えていないことになる。良妻賢母のイデオロギーを拒否したため，自分も娘も父権制的社会の外側に追いやったというわけだ。彼女の苦しみは日本のシングルマザーが置かれた経済的，制度的に困難な状況を反映している。日本のような保守的な社会ではシングルマザーに対する差別も珍しくないし，子育て援助も十分ではない。『仄暗い水の底から』は，離婚した若い母親たちの苦しみをつまびらかにする。しかし，その一方で，淑美を精神的に不安定な人物として描くことにより，映画の中に隠された家父長制バイアスを見て取ることもできる。物語は，実は淑美がしようとしているような自己決定の試みをやめるように迫っており，我々は保守的なメッセージを受け取ってしまいうる。母親が，社会の期待に応じて育児や子育てをできないことが，ホラーの原因として語られているというわけだ（Wee, 2013：104-107）。

Ｊホラーでは，母性や父性の欠如による家族崩壊や，新たな家族生成プロセスが描かれる。子どもへの影響の面から近代的な家族

観を批判する場合,「父親の不在」や「父性の欠如」といったような言葉がよく出てくる (Nakatani, 2006：96)。『叫』の最も印象的な殺害のシーンは,48歳の医者・佐久間が自分の尊大な息子を殺すシーンだろう。翌日,佐久間は自殺を図るが,結局主人公の刑事,吉岡に尋問されることになる。佐久間は,子どもが中学校までいい子だったのに,親の言うことを聞かなくなったのは親のせいだと言う。つまり,父性の欠如を認識している。佐久間にとって息子の殺害という行為は,ただ一つのやりなおしの方法だったが,自分も一緒に死ぬべきだったともいう。生きている間に息子と時間が過ごせない現状を乗り越えるには死が必要というのだ (Eerolainen, 2011)。血の繋がった父親こそが怪物化している様が見て取れる。すでに触れた『仄暗い水の底から』の淑美の存在は,父権社会を揺るがす脅威として登場する自立した現代女性として読み取ることができる一方で,中田秀夫監督の『リング』では,伝統的な家族観が回復されている。『リング』の女性たちは,メディアにのせて「呪い」を生成し伝播させていくが,その呪いの連鎖を自らの身を犠牲にして絶とうとするのは父親の役割を担った男性だ (鷲谷, 2008：214)。とはいえ,『リング』では,貞子の呪いが生まれた原因もまた父親なのである。父親のおぞましい行為によって生まれた呪いを,別の父性が打ち消そうとする構図だ。このプロセスを経て「男たちの悪魔祓いは,そもそも発端となった父の行為のおぞましさを浄化し,最終的に父の権力を回復」(鷲谷, 2008：215) している。Jホラーの両義性を見て取ることができよう。

　そして,『回路』からは,新たな家族関係を見い出すことができる。まずは,登場人物の川島亮介と唐沢春江の関係をみてみよう。春江はIT関係の勉強をし,経済的にも自立している女性で,マンションも川島のアパートより大きく描かれている。一方の川島は精神

第8章　家族の視点から「Jホラー」を読み解く　*133*

的に賢くて共感できる人でありながらも，「大黒柱」の
ような男性ではない。両義的に読むと，上記のようなジ
ェンダー役割の逆転の不自然さが描かれることによって，
逆に保守的な価値観が称揚されていると捉えることもで
きる。というのも，作中で最後まで生き残るのは，第三
の主人公の工藤ミチだからだ。ミチは春江のように自立
し，個性的な人である。よく働く男性の要素も，育児す
るソフトな女性の要素も同時にもつ。彼女は個性中心的な社会の象
徴として描かれ，孤独の呪いを乗り越える日本の将来の代表像とい
えるだろう。『回路』のラストシーンでは，役所広司演じる父性の
強い登場人物が出てくる。この二人の関係からは，家族は血でつな
がるものではなく，個人的関係性によって取り結ばれることが読み
取れる。近代的な家族観とは異なる価値観である。

❹　伝染する「恐怖」と居場所

　もっとも有名なJホラーの女性幽霊といえば『リング』の貞子だ
ろう。母には自殺によって捨てられ，その後父に殺され，復讐を求
める貞子。『四谷怪談』のお岩に似た側面もあるが，実は現代的な
不安を象徴している。大島は，幽霊が現代社会の恐れの寓意として
登場した点について，分子や原子，細菌やウイルスなどの不可視な
ものに注目する（大島，2010：52）。現代における幽霊は，特定の場
所に現れ，特定の誰かが，特定の時間に見られるものではなく，「誰
にでも」「いつでも」「どこでも」見ることができる存在へと変化を
遂げた（大島，2010：51）。そのように考えると，現代の幽霊は無差
別犯罪事件を象徴していると考えることもできる。たとえば，秋葉
原で2007年9月に起こった「秋葉原通り魔事件」のような，誰で
もが被害者になり得る事件が挙げられる。こうして，幽霊の呪いは

「病気」のように感染していくことになった。Jホラーは大島の表現を借りると「うつる怪談」なのだ。さらに、単にその場で恐怖を共有するだけではなく、怪談が終了した後に、現実にその恐怖が滲み出てくる（大島, 2010：90）。幽霊への恐怖は現実への恐怖ではなく、現代人が抱く「理不尽な悪意」に対する恐怖だ（大島, 2010：179）。Jホラーにおける「恐怖」は、自然に思われるが実は構成されたシミュラークルである現代社会への不安が、映画の世界で表現されたものなのではないだろうか。ホラー映画の世界は、観客が生きる世界の鏡として機能する。ホラー映画の中では、誰もが怪物化し得る。ここには、「観客」もまた含まれることを忘れてはいけない。

　「場」も、ホラー映画では重要な役割を果たしている。怪奇映画では「変身」が重要な要素として取り上げられるが、人だけではなく、家や都市といった場所も変化しつつあることが描かれる。これは無論、その場所で生きている人の変化によってでもある。時間的、空間的な境界線を簡単に越えて現れる怪物によってさまざまなポストモダン的不安が表現されるが、現代の幽霊が現れて最も怖い場所はどこだろう。それは、プライベートが保証されているはずの空間「家庭」ではないだろうか。幽霊が登場することで、家庭も不自然な「非家庭」に変容する。

　『仄暗い水の底から』では、シングルマザーの淑美の引っ越しを契機に恐怖が始まる。アパートに水害が現れ、屋上のシミが大きく

なるにつれ淑美の精神が変調をきたしていく。明確な理由なく、淑美と娘の郁子は美津子の幽霊から逃れられない。淑美は水害について何度も管理人に訴えるが、信じてもらえない。彼女は離婚のせいで、権威に見捨てられた存在だ。ウチは水害で、ソトは毎日雨。逃げようとしても逃げられない場所を脱出するために淑美は自分の命を落とす。これは娘を助けるための行為だったのか。そ

れとも，淑美はやっと自分の母親と同様に娘を捨てることができたのか。解釈は分かれるところだろう。淑美の窮状は，シングルマザーが都市化によって経験する現状を反映している。都市中心部には単身世帯が住み，核家族は近郊に住む傾向にあるが（立山, 2007：104-105），都市家族を伝統的な農村家族と比べると，大きな相違点としてパーソナルネットワークの存在の有無がある。親族が近くに住んでいない場合，家族以外の親しい人間関係は欠如しやすくなる。必要な時に助けを得られる人がおらず，それらは，金銭で解決するサービスに頼らざるを得ない（立山, 2007：132-140）。都市の恐怖がここに現れる。

　Jホラー作品は，メディアが日常に侵入する恐怖も描いている。幽霊たちはテレビから出てくる貞子のようにメディアを通して増殖する。『着信アリ』では携帯電話が，『回路』ではインターネットが恐怖や死をもたらす。『回路』の印象的なシーンを取り上げよう。「助けて」と多数書かれた壁の前にじっと座り，頭にレジ袋をかぶった少年のイメージが，ディスプレイに浮かぶ。川島は恐怖を感じる反面，春江は魔法にかかったような表情で，少年が頭を銃で撃って自殺するのを見つめる。そして，後に春江は同じ方法で自殺する。作中でインターネットは死の前兆としての役割を果たしている。ネットワーク化，マルチメディア化，モバイル化は，いつでもどこでも，他者や他性が日常生活に侵入してくることを可能にした。一方で，メディアは人を分断もする。『回路』の中で「あかずの間」に閉じ込められた人々は，ひきこもりの比喩と考えることができる[2]。ひきこもる行為自体は以前から存在していたが，1990年代

---

2) ひきこもりについての詳細な研究は井出（2007），石川（2007），荻野ら（2008）などを参照。

に若者が犯したといわれる無差別殺人事件などをきっかけに人口に膾炙するようになった。倫理的なパニックが収束した後，ひきこもりたちは実は，手当や治療が必要な存在であることが認知された。

家族は，引きこもりの要因であることが指摘される一方，ひきこもりの治療に関しても最も重要な役割を果たすといわれる（Horiguchi, 2011：217）。『回路』からは，ひきこもりへの不安を読み取ることができる。ネットを通して感染していく孤独の呪いは素早く伝播していく。現実世界のパーソナルネットワークの破壊や匿名化など，都市化がもたらす孤独感に伴って「ひきこもり」というライフスタイルは，人間の生き方の中で選択しうる一つの形態となり，不可視の現代的幽霊と同様，テクノロジーによって支えられ，拡がっていく。

Jホラー作品における現代社会の家族崩壊は，孤独を生み出す原因として描かれ，人間が感じる不安の具体的表現として「幽霊」が現れる。他のホラー映画と同様，Jホラーにおいて恐怖や脅威はソトからやってくるのではなく，社会システムのウチから生み出されるのだ。変化する家族関係，場所，メディアへの不安が解消されない限り，幽霊やJホラーは，その形を社会の有り様にあわせて変化させながらも，増殖を続けていくだろう。

【付　記】
本章は，一般社団法人大学女性協会の2015年度JAUW国際奨学金による研究成果の一部である。

●ディスカッションのために

1 Ｊホラーとは何か。またその特徴は何か。本章の説明をふりかえり整理してみよう。また，日本の家族構造はどう変化したのかについても本章の説明をふりかえり整理してみよう。

2 本章に出てくるＪホラーの作品名を具体的にいくつか挙げ，それらの作品で幽霊がどのように描かれているのか整理してみよう。またそれらの作品ではどのように家族が描かれているだろうか。

3 もしあなたが作品を作るなら，どのような幽霊をどのように描きたいか，その理由も含めて考え，周りとシェアしてみよう。

【引用・参考文献】

石川良子（2007）．『ひきこもりの「ゴール」―「就労」でもなく「対人関係」もなく』青弓社

井出草平（2007）．『ひきこもりの社会学』世界思想社

大島清明（2010）．『Ｊホラーの幽霊研究』秋山書店

荻野達史・川北 稔・工藤宏司・高山龍太郎［編著］（2008）．『「ひきこもり」への社会学的アプローチ』ミネルヴァ書房

落合恵美子（2004）．『21世紀家族へ』有斐閣

グラハム，A.／天木志保美［訳］（2015）．『家族生活の社会学―家庭内役割の不平等はなぜ続くのか』新曜社

佐藤忠男（2005）．「映像文化とは何か（6）怪談とホラー」『公評』**42**（1）．

沢山美香子（2007）．「家族の歴史を読み解く」沢山美果子・岩上真珠・立山徳子・赤川 学・岩本通弥『「家族」はどこへいく』青弓社

鈴木 潤（2015）．「レンタルビデオ市場におけるホラーブームとＪホラーの連続性―『邪願霊』から『リング』へ」『二松學舍大学人文論叢』**94**，73-88．

住田昌二（2015）．『現代日本ハウジング史―1914-2006』ミネルヴァ書房

千田有紀（2011）．『日本型近代家族―どこから来てどこへ行くのか』勁草書房

立山徳子（2007）．「都市・家族・ネットワーク」沢山美果子・岩上真珠・立山徳子・赤川 学・岩本通弥『「家族」はどこへいく』青弓社

中野 泰（2005）．「「女優霊」論―あるいは，映画の自己言及作用に潜む「魔」について」一柳廣孝・吉田司雄［編著］『ホラー・ジャパネスクの

現在』青弓社，pp.115-130.

マルシアーノ，ミツヨ・ワダ (2010)．『デジタル時代の日本映画―新しい映画のために』名古屋大学出版会

メイナード・泉子・K (2001)．『恋する二人の「感情ことば」― ドラマ表現の分析と日本語論』くろしお出版

鷲谷　花 (2008)．「『リング』三部作と女たちのメディア空間―怪物化する「女」，無垢の「父」」内山一樹［編］『怪奇と幻想への回路―怪談からJホラーへ』森話社

Borovoy, A. (2005). *The too-good wife*. Berkeley, CA: University of California Press.

Carroll, N. (1990). *The philosophy of horror or paradoxes of the heart*. New York: Routledge.

Carroll, T. (2006). Changing language, gender and family relations in Japan. In M. Rebick & A. Nakatani (eds). *The changing Japanese family*. London: Routledge.

Cho, E. (2005). The stray bullet and the crisis of Korean masculinity. In K. McHugh & N. Abelmann (eds). *South Korean golden age melodrama: Gender, genre and national cinema*. Detroit, MI: Wayne State University Press.

Eerolainen, L. (2011). *Apocalypse of traditions: Family and fear in Kurosawa Kiyoshi's horror films*. Master's Thesis, University of Helsinki.

Horiguchi, S. (2012). Hikikomori: How private isolation caught the public eye. In R. Goodman, Y. Imoto & T. Toivonen (eds). *A Sociology of Japanese Youth: From returnees to NEETs*. Oxon: Routledge.

Imamura, A. (2009). Family culture. In Y. Sugimoto (ed). *The Cambridge companion to modern Japanese culture*. Cambridge: Cambridge University Press.

Kingston, J. (2004). *Japan's quiet transformation: Social change and civil society in the twenty-first century*. London: Routledge.

Kinoshita, C. (2009). The mummy complex: Kurosawa Kiyoshi's loft and J-horror. In J. Choi & M. Wada-Marciano (eds). *Horror to the extreme: changing boundaries in Asian cinema*. Hong Kong: Hong Kong University Press.

Nagase, N. (2006). Japanese youth's attitudes towards marriage and child-rearing in changing Japanese family. In M. Rebick & A. Nakatani (eds). *The changing Japanese family*. London: Routledge.

Nakatani, A. (2006). The emergence of 'nurturing fathers', In M. Rebick & A. Nakatani (eds). *The changing Japanese family*. London: Routledge.

Ochiai E. (1997). *The Japanese family system in transition: A sociological analysis of family change in post war Japan*. Tokyo: LTCB International Library Foundation.

Sand, J. (2003). *House and home in modern Japan: Architecture, domestic space and bourgeois culture 1880–1930*. Cambridge & London: Harvard University Press.

Sobchack, V. (1996). Bringing it all back home: Family economy and generic exchange, In B. K. Grant (ed). *The dread of difference*. Austin, TX: University of Texas Press.

Uno, K. (1993). The death of 'Good Wife, Wise Mother', In A. Gordon (ed). *Post-war Japan as history*. Berkeley, CA: University of California Press.

Wada-Marciano, M. (2009). J-horror: New media's impact on contemporary Japanese horror cinema. In J. Choi & M. Wada-Marciano (eds). *Horror to the extreme: Changing boundaries in Asian cinema*. Hong Kong: Hong Kong University Press.

Wee, V. (2013). *Japanese horror cinema and their American remakes*. New York: Routledge.

Williams, T. (1996). Introduction, In *Hearths of darkness: The family in the American horror film*. Madison, NJ: Fairleigh Dickinson University Press.

Williams, T. (2015). Trying to survive on the darker side: 1980s family horror, In B. K. Grant (ed). *The dread of difference*. University of Texas Press.

Yoda, T. (2006). The rise and fall of maternal society: Gender, labor and capital in contemporary Japan, In T. Yoda & H. Harootunian (eds). *Japan after Japan: Social and cultural life from the recessionary 1990s to the present*. Durham, NC: Duke University Press.

【対談など】

小松和彦氏へのインタビュー（2014 年 10 月 16 日），国際日本文化研究センター

第9章

コンテンツ分析の視角としての「フォルム論」

推理小説,あるいは近代社会の自己意識をめぐる物語

遠藤英樹

　いま「メディア・コンテンツ」という言葉を聞く機会は多い。「楽曲のコンテンツ」「マンガのコンテンツ」「小説のコンテンツ」……。そんな言葉が身の回りにあふれている。だが,「何をもってメディア作品のコンテンツというのか」と問われると,案外よくわからないままである。私もこれを明らかにしようとしてきたが,「コンテンツ」に近づこうとすればするほど,そこから次第に離れていくような感触にいつもとらわれていた。実は「コンテンツ」を明らかにしようとするなら,その反対語である「フォルム」に注目しないといけないのではないだろうか。答えは,まるで推理小説のように,そこにあると思えるところには無く,そこに無いと思えるところにこそあるのだから──。

1 はじめに

メディアのコンテンツ（内実）とは何か。これを分析する際には，コンテンツ（内実）に目を向けるだけでは不十分である。その際には，逆説的なことだが，フォルム（形式）に注目することが必要不可欠である。ここでは，そのことについて推理小説を事例に考えてみよう。

以下ではまず，推理小説の歴史を概略し，推理小説をめぐってさまざまに議論されてきた定義について記述する（遠藤, 2011：78-81）。しかしながら定義を積み重ねるだけでは，「推理小説がどのようなコンテンツ（内実）をもつ文学であるのか」は不明瞭にとどまることを指摘し，コンテンツ（内実）を分析するためにはフォルム（形式）の解明こそが重要であることをマルクス「価値形態論」の視点をふまえ論じていく。そのうえで最後に，推理小説のフォルム（形式）に注目し，フォルム（形式）の表現＝叙述のあり方から，推理小説のコンテンツ（内実）を明らかにする。以上のような推理小説論の事例によって，コンテンツ分析の重要な視角としての「フォルム論（形態論，形式論）」の可能性を示していきたいと考えている。

2 推理小説の歴史

図9-1 エドガー・アラン・ポー

推理小説の歴史は，エドガー・アラン・ポーに始まるといわれている。彼は，アメリカの幻想文学者であり，「大鴉（The Raven）」という詩で知られている詩人でもある。ポーは幻想文学の一環として，1841年に『モルグ街の殺人』を書いた。この作品で殺人事件を解き明かしてみせる天才的な探偵としてオーギ

ュスト・デュパンを登場させ，推理小説の幕を開いてみせた。その後，1887年にアーサー・コナン・ドイルが『緋色の研究』を著し，世界的にもっとも有名な探偵となるシャーロック・ホームズの活躍を描いたシリーズを次々に発表していく。こうして次第に，推理小説という「ジャンル」は確立していくのである。

　最初は短編ものが主流であった推理小説も，その後，長編の作品が生みだされるようになる。そのきっかけになった作品が，E. C. ベントリーの『トレント最後の事件』（1913年）だ。これ以降，短編よりも長編が主流となっていき，推理小説は黄金時代を迎えることになる。まずは1920年にイギリスでアガサ・クリスティが『スタイルズ荘の怪事件』で，エルキュール・ポアロを名探偵役にして颯爽とデビューを果たす。ほかにもF. W. クロフツ『樽』（1920年），イーデン・フィルポッツ『赤毛のレドメイン家』（1922年），ドロシー・L. セイヤーズ『誰の死体？』（1923年）など，今に残る推理小説の古典ともいうべき作品が続々と発表され始める。

　アメリカにおいても，1926年にS. S. ヴァン・ダインが『ベンスン殺人事件』でデビューした後，『カナリヤ殺人事件』（1927年），『グリーン家殺人事件』（1928年），『僧正殺人事件』（1929年）など，毎年のように作品を発表する。1929年には，いとこ同士であるフレデリック・ダネイとマンフレッド・ベニントン・リーが，エラリー・クイーンというペンネームで『ローマ帽子の謎』を書き，ペンネームと同名の探偵役を登場させる。その後，彼らは『フランス白粉の謎』（1930年），『オランダ靴の謎』（1931年），『ギリシア棺の謎』（1932年），『エジプト十字架の謎』（1932年）などの「国名」シリーズや，バーナビー・ロスという別名義で『Xの悲劇』（1932年），『Yの悲劇』（1932年），『Zの悲劇』（1933年），『レーン最後の事件』（1933年）などの「悲劇」4部作を刊行していくことになる。さらに，怪奇趣味をきわだたせたJ. D. カーという作家が『夜歩く』（1930年），『帽子蒐集狂事件』（1933

144 第Ⅱ部 メディア・コンテンツ分析の視角

年）などの作品などで現れてくるのも，この頃のことだ。

　日本でも，江戸川乱歩が『二銭銅貨』（1922年）や『孤島の鬼』（1928年）を発表しているし（よく知られているように「江戸川乱歩」は「エドガー・アラン・ポー」をもじったペンネームである），のちに名探偵・金田一耕助シリーズで名を知られることになる横溝正史が，1921年『恐ろしき四月馬鹿』でデビューする。横溝正史は戦後も『本陣殺人事件』（1946年），『蝶々殺人事件』（1946年），『獄門島』（1948年）等の作品を発表し，神津恭介という探偵が活躍する『刺青殺人事件』（1951年），『人形はなぜ殺される』（1955年）の作品をもつ高木彬光，『ペトロフ事件』（1950年），『黒いトランク』（1956年），『りら荘事件』（1956年）等の作品をもつ鮎川哲也をはじめとする作家たちとともに戦後日本における推理小説を牽引していく。

　黄金時代の推理小説は，絶海の孤島にある館などで殺人事件が起こり，そこにいあわせた名探偵が警察をだしぬいて快刀乱麻をたつがごとく事件を解決するというものであったが，しかしこうした作品群は，1950年代後半以降あまりにも現実味がないとして，次第に見られなくなっていき，新たなかたちの作品群が執筆されてくるようになる。日本でも，1950年代以降，『点と線』（1957年），『ゼロの焦点』（1959年），『砂の器』（1961年）などで知られる松本清張が，社会派推理小説を世に問うていく。これらは，国家や企業が招いた罪悪などから殺人事件がおこり，それを警察が地道な捜査で解決に導いていくといったスタイルのもので，黄金時代の推理小説とは雰囲気がまったく異なるものであった。

　しかし，「それではあまりにも無味乾燥ではないか」「現実味などなくても，フィクションである限り黄金時代の本格派と言われる推理小説のような作品群こそが面白いのではないか」として，1980年代以降に日本で現れてきたのが新本格派といわれる作品群である。きっかけは，『占星術殺人事件』（1981年）や『斜め屋敷の犯罪』（1982

年）で知られていた島田荘司がつよく後おししデビューを果たした綾辻行人の作品『十角館の殺人』（1987 年）だ。その後，綾辻は『水車館の殺人』（1988 年），『迷路館の殺人』（1988 年），『人形館の殺人』（1989 年），『時計館の殺人』（1991 年），『黒猫館の殺人』（1992 年）と「館」シリーズを次々と発表していく。これらはいずれも，警察も介入できないような閉ざされた状況のもと「館」で殺人が起こり，それを素人探偵が解決する構成をもっている。

　綾辻行人のデビュー以後，法月綸太郎，歌野晶午，我孫子武丸たちが続くことになる。有栖川有栖も，そうした流れに属する作家のひとりである。彼は火村英生，江神二郎，空閑純といった探偵を主人公として，それぞれシリーズ作品を発表している。さらに，新本格派の流れを引き継ぎながら，後に山口雅也，麻耶雄嵩，二階堂黎人，京極夏彦，森博嗣，清涼院流水といった作家たちもデビューしている。

③ 推理小説の定義

　以上，かなり概略的にではあるが，推理小説の歴史をみてきた。では，このような推理小説は，そもそもいったい，どのように定義しうる文学なのだろうか。これについては多くの作家，批評家，研究者たちがさまざまに論じてきた。いまも，この問いに対して，一つの定説のようなものがあたえられているわけではない[1]。とはいえ，論者の中で，ある程度広く共有された考え方もある。

　たとえば江戸川乱歩は推理小説を，「主として犯罪に関する難解な秘密が，論理的に，徐々に解かれて行く経路の面白さを主眼とする文学である」と定義している（堀, 2014：21）。つまり，ここでは，

---

1) 推理小説の定義に関する論争史のみで，一冊の本が書けるだろう。

146 第Ⅱ部 メディア・コンテンツ分析の視角

「主として犯罪に関する難解な秘密＝謎」をめぐって，作者からあたえられた手がかりをもとに，読者が論理的に考え明らかにしていく，いわば「知的パズル」が推理小説だと定義されているのである。こうした乱歩の見解は，論者によっても程度の差はあれ，ある程度広く共有されたものではないだろうか。

　『グリーン家殺人事件』や『僧正殺人事件』で知られるS. S. ヴァン・ダインも，推理小説の定義について，「探偵小説はふつうの意味での「小説」の項目に当てはまるものではなく，むしろ「なぞなぞ」の範疇に属するものである。つまりパズル，小説の形をした，複雑化し拡大したパズルなのである」と述べている（笠井, 2002：10）。推理小説好きが高じて自分自身でも『不連続殺人事件』（1948年）等の作品を書いた，無頼派とされる文学者・坂口安吾も，推理小説は推理パズルのゲームであると定義したうえで「推理小説＝ゲーム」論を展開している。また，イギリスの推理作家ロナルド・ノックスは，推理小説を「知的パズル」だと定義しつつ，「知的パズル」が成立し得るための 10 の必要条件を挙げた。それは，以下のような「ノックスの 10 戒」と呼ばれるものだ（島田, 1998：24-25）[2]。

1) 犯人は，物語の初期の段階から登場している人物であらねばならぬ。しかしまた，その心の動きが読者に読みとれていたものであってはならぬ。
2) 言うまでもないことだが，推理小説に超自然的な魔術を導入すべきでない。
3) 秘密の部屋や秘密の通路は，せいぜいひとつにとどめておかねばならぬ。
4) 現時点までに発見されていない毒物，あるいは，科学上の長々しい説明を必要とする装置を使用すべきでない。
5) 中国人を主要な人物にすべきでない。

6) 探偵が偶然に助けられるとか，根拠不明の直感が正しかった と判明する，などは避けるべきである。

7) 推理小説にあっては，探偵自身が犯行を犯すべきでない。

8) 探偵が手がかりを発見したときは，ただちにこれを読者の検 討に付さなければならぬ。

9) 探偵の愚鈍な友人，つまりワトソン役の男は，その心に浮か んだ考えを読者に隠してはならぬ。そして彼の知能は，一 般読者のそれよりもほんの少し（ほんの少しである）下まわ っているべきである。

10) 双生児その他，瓜二つといえるほど酷似した人間を登場さ せるのは，その存在が読者に予知可能の場合を除いて，避 けるべきである。

　もちろん，推理小説が単に「知的パズル」にとどまるわけではな いとした論者も数多くいる。大正，昭和初期においても，推理小説 を「知的パズル」だと捉えた甲賀三郎に対し，木々高太郎は推理小 説が，文体や物語に関しても芸術性の高い文学となるべきだと主張 している[3]。こうした木々の主張は，『危険な童話』（1961年），『影 の告発』（1963年），『赤の組曲』（1966年）等の作品を発表した土屋 隆夫らに受け継がれていく。土屋は，推理小説が論理的な謎解きと 文学性の融合を目指すべきだと述べている（郷原, 2013：205）。

　甲賀三郎はまた，論理的な謎解きである「知的パズル」の部分を 有する推理小説を「本格」推理小説と呼び，それ以外のものを「本 格」に対して「変格」推理小説に相当するとしている（竹内, 2013：

---

2) ヴァン・ダインも，同様の趣旨で「ヴァン・ダインの20則」と呼ばれて いるルールを書いている。

3) 甲賀三郎と木々高太郎のこの論争は「探偵小説芸術論争」と呼ばれ，推理小 説を定義することがいかに難しいものであるのかを垣間見せてくれている。

35-36)。甲賀三郎にあっては，江戸川乱歩，横溝正史，『ドグラ・マグラ』（1935年）等で知られる夢野久作，『黒死館殺人事件』（1934年）等で知られる小栗虫太郎たちの作品（の一部）にみられるような，猟奇性や怪奇性に富んだ幻想的な表現を多用する「変格」推理小説群は，純粋な「知的パズル」ではあり得ないがゆえにしりぞけられるべきものとされた（谷口，2013）。こうした議論に対して，多くの批判や反批判があらわれ，「本格／変格論争」と呼ばれる論争へと発展していったりもした。

推理小説がどのような文学か。推理小説の定義をめぐり，このようにさまざまな議論が展開されてきたのであるが，島田荘司はこれらをまとめ，チャートによって整理しようとしている（図9-2）。島田は，「幻想−リアリズム」と「論理−情動」の二つの軸を交差させながら，推理小説を四つのタイプに分類・定義しようとする。

「幻想・情動」の第1象限には，「変格」推理小説とされてきた中

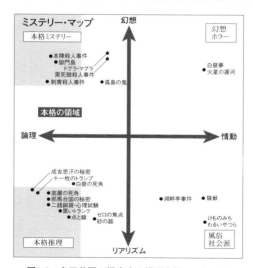

図9-2　島田荘司が提案する推理小説のチャート

第9章　コンテンツ分析の視角としての「フォルム論」　*149*

で「幻想・ホラー」小説の多くが属する。「幻想・論理」の第2象限には，「本格」推理小説とされてきた中で，警察が地道な捜査で解決に導いていくような社会派推理小説ではない作品の多くが属する。「リアリズム・論理」の第3象限には，それとは逆に，社会派推理小説作品の多くが属する。最後に「リアリズム・情動」の第4象限には，風俗小説的な作品の多くが属する。こうしたチャートを示したうえで，自分が創作において目指すべきは，幻想的な謎を論理的に解決するような，第2象限に属する作品を生みだすことだと島田は主張する（島田・綾辻, 1997：11-29)[4]。

　以上，推理小説の定義をかけあしで紹介してきた。確かに，これらの定義は，推理小説に関する考察を深めていくうえで欠くべからざるものであろう。しかし，推理小説がパズルであれ芸術であれ，本格であれ変格であれ，四つのタイプに分類できるものであれ，これらの定義を積み重ねるだけでは，「推理小説がどのようなコンテンツ（内実）をもつ文学であるのか」はなお不明瞭なままではないだろうか。

　実は，推理小説のコンテンツ（内実）は，その定義ではなく，そのフォルム（形式）を通して明るみにだされるように思われるのだ。コンテンツ（内実）を明らかにするためにこそフォルム（形式）に注目すべきであるという視点は，カール・マルクスが「価値形態論」で示していたものである。以下では，マルクス「価値形態論」の議論を紹介したうえで，推理小説のフォルム（形式）を通して明るみ

---

4) 島田荘司と綾辻行人のこの対談は，推理小説において非常に重要な位置づけをもつものであるにもかかわらず（あるいは，そうであるからこそなのかもしれないが），微妙な一致と微妙なすれ違いを繰り返し続けている。推理小説研究においては，その意味についても，よく考えていくべきであろう。

だされる推理小説のコンテンツ（内実）がどのようなものなのかをみていくことにしよう（遠藤, 2011：65-68）。

4 マルクスの「価値形態論」

マルクスの「価値形態論」は，資本主義における「価値のコンテンツ（内実）」をつきつめて考える際にはさけて通れない視点である。「価値のコンテンツ（内実）」とは，いったいどのようなものか。たとえば，アップル社という会社が販売している携帯型デジタル音楽プレイヤーにiPod という商品がある。このiPod という商品一つには，一万円の"価値がある"という。これを式にして表すと，以下のようになる。

1 個のiPod ＝ 10000 円

べつにお金とだけ交換しなければならない理由はない。自分が要らなくなった1 個のiPod を，他人が所有しているもので自分が欲しいと思うものと交換しても良いだろう。そのときには，次のような式になる。

1 個のiPod ＝ 5 個のUSB メモリー

このとき，1 個のiPod と一万円，あるいは1 個のiPod と5 個のUSB メモリーには，"同じ価値がある"とされるが，それはいったいなぜなのか。マルクスはこのことを，つきつめて考えようとする。

マルクスの「価値形態論」は，これまで多くの誤解にさらされてきた。最も多い誤解は，ここでマルクスが「労働価値説」を展開しているというものである。「労働価値説」とは，価値について「あ

る商品を生産する際に必要とされる労働時間つまり労働量」だと
する経済学説のことをいう。1個のiPodをつくるための労働時間と，
5個のUSBメモリーをつくるための労働時間が等しいから，二つに
は"同じ価値がある"。価値とは労働という実体にささえられてい
るもの，これが，「労働価値説」が立脚する考え方である。

　この考え方は，古典派経済学とされるアダム・スミスやデヴィッ
ド・リカードたちによって展開されてきたものである。古典派経済
学とは，18世紀後半から19世紀前半において展開された経済学の
流れのことをいう。アダム・スミス，デヴィッド・リカード，ジョ
ン・スチュアート・ミルなどの，主としてイギリスの経済学者がこ
れに含まれる（彼らは共通して「労働価値説」を支持しているが，この
点についてマルクスは古典派経済学を批判している。しかし，たとえば
スミスには，それ以上のもっとゆたかな議論も含まれており，そうした
点に目を向けていく研究は非常に大切なものである）。しかし「労働価
値説」は，現代の複雑で多様な経済現象を解明するうえであまりに
単純すぎ役に立たないと，今では評価されている。現在，この説を
採用している経済学理論はほとんどないであろう。

　マルクスも同様だ。彼も，このような「労働価値説」を支持して
などいない。むしろスミスやリカードの「労働価値説」を鋭く批判
しているのである。それにもかかわらず「価値形態論」で「労働価
値説」が採用されているという誤解がつねにつきまとってきた。そ
れは，マルクスの議論が皮肉に満ち溢れたわかりにくい表現をとっ
ているからでもあるが，彼が考えるのは，まったく別のことだ。彼
は次のようにいう。

　　人間が彼らの労働生産物を互いに価値として関係させるのは，
　　これらの物が彼らにとっては一様な人間労働の単に物的な外皮
　　として認められるからではない。逆である。彼らは，彼らの異

種の労働生産物を互いに交換において価値として等置すること
によって，彼らのいろいろに違った労働を互いに人間労働とし
て等置するのである。彼らはそれを知ってはいないが，しかし，
それを行なうのである（マルクス, 1982 : 138）。

　ここでマルクスは発想の転換を行なっている。二つの商品に"同
じ価値がある"から交換するのではなく，二つの商品を交換＝等置
するから"同じ価値があるかのようにみえる"。彼はそう主張する
のだ。
　そこには，まったく根拠（実体）などなくても良い。労働という
根拠（実体）があるから"同じ価値がある"のではなく，"同じ価
値があるかのように"交換するから，「二つの商品が等しい」とい
う事態に労働という根拠（実体）があるかのようにイメージされる
にすぎない。マルクスはそのことを「商品に表象される労働」と表
現するが，これは「労働価値説」に対する痛烈な皮肉に満ちた古典
派経済学のパロディではないか。私たちは，『資本論』のサブタイ
トルが「経済学批判」とされていることにもっと目を向けてもよい
だろう。
　実際のところ，私たちは，
　1個のiPod　＝　5個のUSBメモリー　　であろうと，
　1個のiPod　＝　10個のUSBメモリー　　であろうと，
　1個のiPod　＝　20個のUSBメモリー　　であろうと，
いくつのUSBメモリーと交換してもべつにかまわないはずである。
ほかのものと交換することも充分に考えうる。
　お互いを交換するからこそ，そこに"価値"が宿り始めるのであ
って，逆ではない。「価値のコンテンツ（内実）」すなわち「価値存
在」は，つねに幽霊のようにあやふやな対象であり，交換というフ
ォルム（形式）すなわち「価値形態」をとらずに現れてくることは

決してないのである。実際には等価であろうがなかろうが，商品は交換されることによって"同じ価値がある等価物"となる。商品にとって重要な"魂"ともいうべき価値のコンテンツ（内実）とは，他の商品と交換されることで，他の商品の"物質（＝身体）"のかたちをとって初めて表現されるものなのである（1個のiPodの価値は，5個のUSBメモリーというかたちで表現される）。すなわち交換というフォルム（形式）において，「〈自己〉の"魂"（価値）」は，「〈他者〉の"身体"（物としての使用価値）」のかたちで「取り違え（quid-pro-quo）」的に表現される[5]。

　このようにマルクスは，労働という根拠（実体）によってあらかじめ決まっているものが「価値のコンテンツ（内実）」ではなく，フォルム（形式）に注目し，フォルム（形式）の表現＝叙述のあり方をつきつめることで[6]，そこで初めてみえてくるものが「価値のコンテンツ（内実）」であると主張したのである。

5 フォルムの再帰的叙述

　では，マルクスの視点をふまえ推理小説のフォルム（形式）に注目し，フォルム（形式）の表現＝叙述のあり方から，推理小説のコンテンツ（内実）を明らかにしていこう。

　まず，推理小説のフォルム（形式）とは何だろうか。それは，「探

---

5) 商品交換においては，自己は他者によって，魂は身体によって「取り違え（quid-pro-quo）」的に表現される。このことについて20エレのリンネル＝1着の上着という交換を例にとって，マルクスは次のように述べている。「ボタンまでかけた上着の現身にもかかわらず，リンネルは上着のうちに同族の美しい価値魂を見たのである」（マルクス，1982：100）。

6) したがってマルクス『資本論』における「価値形態論」は，価値をめぐって商品じたいが行っている表現＝叙述に関する文学的研究，文芸批評的研究であるといえるものであろう。

偵」「密室」「毒薬」「吹雪の山荘」「館」「ダイイング・メッセージ」「アリバイ」「マザーグース的な見立て殺人」など，推理小説の「器」「形式的な道具立て」をいう。島田荘司は，こうした「器」に依存しすぎる推理小説を「コード型」の推理小説だとして，同じパターンにはまってしまっていると否定的に論じている（島田・綾辻，1997：32-39）。しかし価値をめぐるマルクスの分析のように，こうしたフォルムの「何が叙述されているのか」ではなく，それが「いかにして叙述されているのか」というフォルム（形式）の表現＝叙述のあり方に注視していくことで，推理小説のコンテンツ（内実）が浮き彫りになるのではないか。

　「密室」というフォルム（器，形式的道具立て）の表現＝叙述を例に挙げてみよう。「密室」物で著名な推理小説に，J. D. カー『三つの棺』（1935年）という作品がある。この作品には，ギディオン・フェル博士という探偵が，これまでの推理小説で描かれてきた密室について講義するという箇所がある。「フェル博士の密室講義」と呼ばれるものだ。そこでフェル博士の口を借りてカーは，これまでの推理小説で描かれた密室を以下のように分類している（有栖川・安井，2011：37-63）。

> 1）まず秘密の通路や，凶器が通れる大きさの穴などは分類からは除外する。
> 2）密室内に殺人犯はいなかった。
> ①偶発的な出来事が重なって，殺人のようになる。
> ②被害者を自殺や事故に追い込む。
> ③室内に隠された機械的な仕掛けによるもの。
> ④殺人に見せかけた自殺だった。
> ⑤すでに殺害されている被害者を，生きていると思わせる。
> ⑥室内にいた人物に殺されたように見せかける。

⑦生きている被害者を死んでいるように見せかけ，後で殺害する。

3) ドアの鍵が内側から閉じられているように見せかける。

①鍵を鍵穴に差し込んだまま細工する。

②蝶番を外してドアごと開ける。

③針と糸などを使って，差し金に細工をする。

④カンヌキや掛け金を，氷などを利用して部屋を出た後落としこむ。

⑤鍵を隠し持っておき，扉にあるはめ殺しのガラスなどを割ったときに，いち早く中に手を突っ込み抜き取ったふりをする。

⑥外から鍵を掛け鍵を中に戻す。

　ここでは，こうした分類そのものは実はそれほど重要ではない。重要なのは，「密室講義」を始める際の，次のような場面である。

　　「なぜ推理小説を論ずるのですか？」
　　「なぜならばだ」と，博士はずばりと言った。「われわれは推理小説の中にいる人物であり，そうではないふりをして読者たちをバカにするわけにはいかないからだ。手のこんだ口実をつくり出して，推理小説の議論に引きずりこむのはやめようじゃないか。書物の中の人物たちのできる，最も立派な研究を率直に誇ろうじゃあないか」（カー，1979：272）。

　このように，推理小説の登場人物であるフェル博士が，自分が推理小説の登場人物であると話している。これは推理小説であることを推理小説の中で語るという「メタ・ミステリー」とされるものである。それは，まさに「再帰性」に彩られた叙述といえるものである。「再帰性」とは，「光が鏡にあたって自分自身に再び帰ってくるよ

うに，ある存在・行動・言葉・行為・意識がそれ自身に再び帰ってきて，ときにそれ自体の根拠を揺るがせてしまうこと」を指す。推理小説の登場人物が，推理小説の中で，みずからが推理小説の登場人物であることを語り，推理小説のフォルム（形式）の一つである「密室」について講義する。そうすることで，それが単に物語に過ぎないことを読者に印象づけ，読者が物語に没入できなくなるケースも生みだす。それでも推理小説は，フォルム（形式）について再帰的な叙述＝表現を行うことで，実験的かつ野心的な作品を新たに生み出す契機としてきたのである。

　「探偵」というフォルム（器，形式的な道具立て）に関しても，同様である。これについては，エラリー・クイーンの作品群に登場する探偵役を考えてみたい。それらの作品群には，作者のペンネームと同名のエラリー・クイーンという探偵が登場する。当初，この探偵は，まさに推理機械のごとく躊躇なく犯人を指摘し断罪し，事件を解決し続ける。『ローマ帽子の謎』『フランス白粉の謎』『オランダ靴の謎』などでは，何の屈託もなく，謎を鮮やかに解明する探偵エラリーの姿が描かれていた。しかし，その後の『ギリシア棺の謎』頃から，事態は変わり始める[7]。この作品でエラリーは，彼を翻弄する天才的な真犯人によって示された「偽の手がかり」によって推理を間違ってしまうのである。

　探偵役であるエラリーは，そのために苦悩を抱え込み始めることになる。もし作品世界の外部に位置している読者であれば，作者から「これですべてのデータはそろった。謎を解明してもらいたい」という「読者への挑戦状」を受け取ることができる。しかし探偵は作品世界の内部に属する登場人物の一人にすぎず，作者から「読者

---

7) ただし物語世界の時間軸でいうと，『ギリシア棺の謎』は大学を卒業したばかりの若きエラリーの姿を描いており，『ローマ帽子の謎』『フランス白粉の謎』『オランダ靴の謎』より以前のことに位置づけられている。

への挑戦状」を受け取ることは不可能である。そのため探偵である自分の知っているデータが「真相にいたるために必要なデータのすべて」であるかどうかは，決定できないのではないか。同時に，ある手がかりや推理が「真か偽か」の判断も決定不能ではないのか。そうした問いが探偵エラリーにつきつけられることになるのだ[8]。

　もしそうだとすれば，みずからが謎を解明したと言っている事態とは何なのかもわからなくなってしまう。実は，間違った推理によって，さまざまな人びとの運命をあらぬ方向に導いてしまっているだけなのかもしれないのである。また自分が事件に乗りださなければ犯人を刺激することなく，殺人も少なく済んだのかもしれない。このように，クイーンは，探偵である自分自身の役割に怖れを抱き始めていく。ここでは探偵が探偵である自分自身の役割に思い悩むという「再帰性」が強調されており，それが「探偵」というフォルムに関する表現＝叙述に深みをあたえ，実験的かつ野心的な作品群を新たに生みだすことを可能としているのである。

　こうしてみると「フォルムの再帰的叙述」こそが，推理小説にあっては，フォルム（形式）に関する表現＝叙述のあり方の特徴であるとわかるだろう[9]。この「再帰性」とは，同時に，近代社会を特徴づけるものとして非常に重要なものでもある。イギリスの社会

---

8) これについてはまず，法月綸太郎が「初期クイーン論」において注目し考察を加えている（法月，1995）。そののちの笠井潔の評論などをきっかけに，クイーンの苦悩がどちらかというと後期作品の方に多くみられることをふまえ，「後期クイーン的問題」と呼びならわされるようになった（諸岡，2010：6）。

9)「密室」や「探偵」だけではない。「毒薬」「館」「ダイイング・メッセージ」「アリバイ」「見立て殺人」といったフォルム（器，形式的な道具立て）に関する再帰的な叙述が推理小説にいたるところに散見できる。たとえば「館」については，綾辻行人の作品群をみてもらいたい。そこで，私たちは「館」に関する再帰的な記述を見い出すことができるだろう。

学者アンソニー・ギデンズによれば，近代社会において，「自分」というアイデンティティが再帰的になっているとされる（長谷川ら，2007：71-73）。

かつての伝統社会においては，「自分は何者なのか？」は，生まれた身分や家族，地域などといった外的な基準によって，ある程度決められていた。どの家族に生を受けたのかによって誰と結婚することができるのかが決まり，どの身分に生まれたのかによってどのような職業につくことができるのかが可視化されていた。人びとはほとんど移住することもなく，一つの地域で一生を過ごし，みずからが生きる場所の伝統を継承しながら暮らしをいとなんできた。

だが近代社会が成立して以降，人びとは，生まれた身分や家族，地域などから解き放たれ，職業，結婚，居住地，ライフスタイルなどを自由に選択できるようになった。自分たちが埋没してきた身分制度，地域，伝統の束縛から自由になったのである。ギデンズは，これを「脱埋め込み化」と表現する。そのことによって同時に，「自分は何者なのか？」という問いは，身分，家族，地域などといった外的な基準によって答えることのできるような，自明なものではなくなってしまったのだ。

そのため近代に生きる私たちは，外的な基準によってではなく，自分自身の内側で絶えず「自分は何者なのか？」を問い続けていかなくてはならなくなっている。どのような職業を選ぶのか，誰と結婚するのか，そもそも結婚をするのかしないのか，どこに住むのか，どのようなものに価値をおき，どのようなライフスタイルを選択するのか，どんなファッションを身にまとい，どんなヘアスタイルを選ぶのか。こうした自分自身のあり方を絶えず自覚的にモニタリングし，「自分は何者なのか？」にかかわる物語を紡ぎ続けていかなくてはならなくなっているのである。

「自分」の中身が，外的な基準によって形成されるのではなく，

「自分とは何者なのか？」と自分自身に反省的に問い続けることで形成される。近代が深まりをみせるにしたがって，「自分」というアイデンティティはますます再帰的なものになっていく。そうギデンズは主張する。性も同様である。自分が男性なのか，女性なのか，それともそのどちらでもあるのか，どちらでもないのかという，性をめぐるアイデンティティは，近代の深化とともに自明なものではなくなる。みずからの性は，その都度，その都度，自身のセクシュアリティにおいて選択され，構築されるものとなっているのだ。近代において「自己アイデンティティは再帰的に組織される試みとなる」（ギデンズ，2005：5）。ギデンズは，このように自己が自己をモニタリングし問い続けるという「再帰性」に注目し，それをもって近代社会の特徴と考えた。

　このように考えてくれば，推理小説のコンテンツ（内実）とは何なのかもみえてくるのではないだろうか。推理小説のコンテンツ（内実）──それはとりもなおさず，「近代社会の自己意識をめぐる物語」だったのではないか。推理小説は「近代社会の自己意識をめぐる物語」をコンテンツ（内実）とするがゆえに，「フォルムの再帰的な叙述」へとたえず傾斜していかざるを得ないのである。

6 むすび

　以上のように，コンテンツ分析に際して，フォルム（形式）に注目し，その表現＝叙述のあり方を考察していくというフォルム論を用いることによって，「近代社会の自己意識をめぐる物語」という推理小説のコンテンツ（内実）を明るみにだすことができるのである。今後は，メディア・コンテンツ分析の視角としての「フォルム論」の可能性を，推理小説研究にとどまらず，ほかの事例においても検証していくことが必要であろう。

160　第Ⅱ部　メディア・コンテンツ分析の視角

【ディスカッションのために】
1　推理小説の歴史について本章の記述を年表に整理してみよう。また，
　推理小説の定義について本章の記述を整理してみよう。
2　「フォルム」とは何か。「再帰性」とは何か。本章の記述にしたがっ
　て整理した上で，本章が提示する推理小説のコンテンツ（内実）と
　は何であったかを説明してみよう。
3　推理小説以外のメディア・コンテンツについても本章で提示された
　「フォルム論」を用いて，分析してみよう。当てはまりそうな事例は
　みつかるだろうか。

【引用・参考文献】
有栖川有栖・安井俊夫（2011）.『密室入門』メディアファクトリー
内田隆三（2013）.『ロジャー・アクロイドはなぜ殺される？―言語と運命の
　　社会学』岩波書店
遠藤英樹（2011）.『現代文化論―社会理論で読み解くポップカルチャー』ミ
　　ネルヴァ書房
遠藤英樹・寺岡伸悟・堀野正人［編著］（2014）.『観光メディア論』ナカニ
　　シヤ出版
カー，J. D.／三田村　裕［訳］（1979）.『三つの棺』早川書房
笠井　潔（2002）.『探偵小説論序説』光文社
笠井　潔（2005）.『探偵小説と20世紀精神―ミネルヴァの梟は黄昏に飛び
　　立つか？』東京創元社
ギデンズ，A.／秋吉美都・安藤太郎・筒井淳也［訳］（2005）.『モダニティと
　　自己アイデンティティ―後期近代における自己と社会』ハーベスト社
郷原　宏（2013）.『日本推理小説論争史』双葉社
島田荘司（1993）.『本格ミステリー宣言』講談社
島田荘司（1998）.『本格ミステリー宣言Ⅱ』講談社
島田荘司・綾辻行人（1997）.『本格ミステリー館』角川書店
竹内瑞穂（2013）.「探偵小説批評の欲望―甲賀三郎と本格／変格論争」『愛
　　知淑徳大学国語国文』**36**, 33-50.
谷口　基（2013）.『変格探偵小説入門―奇想の遺産』岩波書店
法月綸太郎（1995）.「初期クイーン論」『現代思想』**23**(2), 149-171.
法月綸太郎（2007）.『法月綸太郎ミステリー塾海外編　複雑な殺人芸術』講
　　談社
長谷川公一・浜日出夫・藤村正之・町村敬志（2007）.『社会学―Sociology:

Modernity, Self and Reflexivity』有斐閣

堀　啓子（2014）．『日本ミステリー小説史―黒岩涙香から松本清張へ』中央公論新社

マルクス，K.／岡崎次郎［訳］（1972）．『資本論（1）』大月書店

諸岡卓真（2010）．『現代本格ミステリの研究―「後期クイーン的問題」をめぐって』北海道大学出版会

第Ⅲ部　メディア・コンテンツと社会の関係性

第 10 章　グローバルな社会におけるメディア・コンテンツ
マレーシアと日本におけるインターネットとジャーナリズム

第 11 章　コンテンツの国際的・地域的展開
スーパー戦隊シリーズのフォーマットとナラティブの関係

第 12 章　コンテンツビジネスの新たなあり方
アニメ番組の制作と二次利用を中心に

第 13 章　コンテンツの「消費」の仕方と地域との出会い
「コスプレ」というコンテンツ文化

第 14 章　コンテンツツーリズムというアプローチ
アニメコンテンツと地域社会をめぐる新たな潮流とその特性から

メディアおよびコンテンツは，社会のさまざまなあり方と相互作用している。第Ⅲ部では，「メディア・コンテンツと社会の関係性」について論じる。以下の5章では，メディア・コンテンツが社会とどのように関係性を取り結んでいるのかが考察される。

第10章「グローバルな社会におけるメディア・コンテンツ：マレーシアと日本におけるインターネットとジャーナリズム」（前田至剛）では，ボーダーレス化の象徴のようにいわれることも多いインターネットというメディアに注目し，利用実態や，経済や政治，ジャーナリズム等の社会状況との関係性について論じられる。マレーシアを中心としたさまざまな調査データの分析から，ネットというメディアと社会との関係性，そして，そこを流れるコンテンツとは何かが問い直される。

第11章「コンテンツの国際的・地域的展開：スーパー戦隊シリーズのフォーマットとナラティブの関係」（平侑子）では，あるコンテンツがいかに波及していくかについて，コンテンツの構成要素である「フォーマット」と「ナラティブ」を用いて論じられる。スーパー戦隊シリーズが一方でグローバルに，一方でローカルに展開している様子が示され，コンテンツと国際社会，地域社会との関わりが論じられる。

第12章「コンテンツビジネスの新たなあり方：アニメ番組の制作と二次利用を中心に」（増本貴士）では，コンテンツが作られ，公開される際の組織的な仕組みについて，特に経営学的な視点から論じられる。商業的なコンテンツを制作する際に組織される「制作委員会」や「SPC」について，そして，コンテンツの二次利用について，商業アニメを例に解説される。

第13章「コンテンツの「消費」の仕方と地域との出会い：「コスプレ」というコンテンツ文化」（鎗水孝太）では，アニメやマンガ，ゲーム等のコンテンツをきっかけにした同人活動について，特にコスプレに注目して論じられる。コスプレを行うコスプレイヤーの創造的な側面やコミュニケーション的な側面を明らかにし，こうしたファン文化と地域の文化や社会との関係性が論じられる。

第14章「コンテンツツーリズムというアプローチ：アニメコンテンツと地域社会をめぐる新たな潮流とその特性から」（山村高淑）では，コンテンツを活用した観光振興であるコンテンツツーリズムにおけるメディア・コンテンツと地域社会との関係性が論じられる。まずは，政策的な概念として「ポップカルチャー」と「コンテンツツーリズム」が説明され，その上で，アニメ・コンテンツツーリズムの展開経緯が整理される。そして，こうした社会実践に関わるステイクホルダーのあり方が論じられる。

第10章

グローバルな社会における メディア・コンテンツ

マレーシアと日本におけるインターネットとジャーナリズム

前田至剛

「インターネットは，どのように利用していますか？」という質問をすると「YouTubeをみたり，芸能ニュースもみますね。あと通勤途中の暇つぶしですかね」「SNSで友人の近況もチェックしています」このように答える日本のネットユーザーがいても何ら不思議には思わない。

一方，次のように答えるユーザーが存在する社会もある。「ニュースはインターネットでみますね」「新聞は政府にコントロールされていますから」「新聞に書いてあるのは本当のことじゃない」「複数のニュースサイトをみて，クロスチェックをします」「外国のニュースサイトと国内のサイトを比較すると，より真実に近づけると思います」「ネットは仕事にもかかせませんね」「子どもの留学先を探すのもインターネットです」これらはマレーシアのネットユーザーの答えである。

これらは，たまたま違う傾向の一部のユーザーの答えを紹介しているのではない。実は，それぞれの社会におけるネットユーザーの全体的な傾向として，このような違いがみられる。それはなぜだろうか？

1 社会に規定されるネット利用

ニュースサイトやSNSから得られる情報に満たされた生活はもはやあたりまえのものとなった。それらはインターネットというメディアによって可能となっている。自宅でも外出先でも，PCやスマートフォンを使えばさまざまな情報を瞬時に入手することができる。ネットというメディアは，フィルタリングが行われていないかぎり，世界のどの場所からでも必要な情報を入手できる，「世界をつなぐ共通のメディア」であるかのようだ。ただし，どこでも全く同じような利用実態であるわけではない。マニュエル・カステルによれば，「インターネットは，影響を受けやすいテクノロジーで，それが社会的にどう運用されたかで大きく変化する。このため，インターネットは，さまざまな社会的可能性を垣間見せてくれる」（カステル，2009）という。

ネットを通じて入手される情報は見る側によって異なる価値をもつ。また，誰が使うかによって発信される情報も異なるだろう。ここでいう情報は，メディアを介して届けられる「コンテンツ」と呼びかえることもできる。どこでも同じように使うことのできるネットというメディアも，どのようなコンテンツが届けられるのか，届けられるコンテンツをどう意味づけるのかも，社会的に規定されるのである。

本章の目的は，世界規模でコンテンツを流通させる共通のメディアであるネットが，異なる社会では異なるかたちで利用されている，その実態について考察することである。その際比較の対象とするのは，日本とマレーシアのネットユーザーである。冒頭に述べたように，この二国間では利用実態が大きく異なる。

2 ネットユーザーの違い：日本・マレーシア比較

ここではまず，利用実態の比較をする前に，マレーシアに関する基本的な事柄について述べておきたい。マレーシア（図10-1）は東南アジアの新興経済国で人口は約3千万人，GDPは日本の6%ほどであるが，一人当たりGDPは日本の26%程度ある。経済成長率は90年代では10%近くあり，2000年以降も5%程度で推移している（日本は1-2%程度の低成長が続いている）。

現在の連邦制国家の歴史は比較的浅いが，地域そのものの歴史は古く多様な文化が継承されている。当地は15世紀ころから海洋貿易の拠点であり，土着の文化に中国やインド，中東からの文化が混交している。民族的にはマレー系6割，中華系2割，インド系1割，その他少数民族で構成される多民族国家である。マレー語が公用語であるものの，イギリスの植民地であった過去から，ビジネスの場では英語が共通語のように使われる場面も多い。ネットは日本などに比べればやや遅れて普及しているが，近年では先進経済国の水準に近づきつつある（日本が86%程度であるのに対しマレーシアは66%）。

では，そのようなマレーシアと日本では，ネット利用にどのよう

図10-1 マレーシア（google mapより作成）

168　第Ⅲ部　メディア・コンテンツと社会の関係性

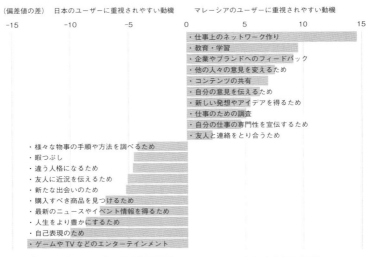

図10-2　インターネット利用動機（GlobalWebIndex（2014）を元に作成）

な違いがあるだろうか。図10-2は調査会社がモニターに対して行ったネット利用動機の結果をもとに作成した。

正の値はマレーシアでより重要視されやすい動機であり，負の値は日本で重要視されやすい動機ということになる[1]。結果をみると，マレーシアでは仕事や教育，議論や意見の形成・伝達目的で利用さ

---

1) この質問項目は，ほぼすべての項目でマレーシアのネットユーザーのほうが，日本のユーザーよりも利用動機として重視している割合が多かった。それ自体も興味深いことではあるが，ここでは日本とマレーシアでどのような動機が重要視されやすいのかについて，国別の比重の違いに注目した。つまりネット利用を促す種々の動機（調査対象となっている動機）すべての総和が両国で同じであったと仮定した場合に，どのような動機がその国で重要視されやすいのかを検討した。それは国別のネット利用動機として回答の多い順を比較するだけでも可能であるが，ここではより詳しく検討するため，各動機の回答数の偏差値を求め，その差を算出した。具体的には，マレーシアにおける各回答偏差値から日本の各回答偏差値を引いた値をグラフ化した。

れる一方，日本では娯楽や自己表現といった利用動機が重視されや
すい。この調査は無作為抽出によるものではないため，参考程度と
する必要がある。しかし，後に検討する無作為抽出による調査結果
からも，同様の傾向を見て取ることができる。以降，本章では，主
としてアジアバロメーター調査（以下AB（調査年度））と世界価値
観調査（以下WVS（調査年度）），また2013年に筆者がクアラルンプ
ールで行った聞き取り調査（以下（FN2013））の結果にもとづき検
討する。単純な事実として，全国調査の結果から確認できるのは，
ネット利用者と非利用者の違いである。マレーシアのネット利用
者（以下MaUi[2]）のほうが非利用者に比べて，仕事を重視していた
り，表現の自由を重視する傾向が有意である（表10-1, 2 なお，日本
では有意差なし）。一方，日本のネットをニュース情報源として利用
する人は，そうでない人に比べて自分を「楽しく暮らすことを重視
する人物」と考える傾向にある（表10-3 なお，マレーシアでこの傾向
はみられない）。後述することになるが，日本とマレーシアでは，経

表10-1　マレーシアにおけるネット利用 × 仕事重視意識

	人生において「仕事」を重視するか				
	重　要		重要でない		計
ネット利用あり	103	(37.9%)	169	(62.1%)	272
ネット利用なし	195	(28.0%)	501	(72.0%)	696
計	298	(30.8%)	670	(69.2%)	968

$\chi^2 = 8.9$　df = 1　$p < .01$

2）なお，調査や調査年度によってネット利用／非利用の基準が異なる。AB
（2003）では「自宅で利用可能なサービス」のうちネットが利用可能と答
えた人をネット利用者と定義し，AB（2007-8）ではPCでネットを月に
数回以上は閲覧している／いないをネット利用者と非利用者を区別する
基準とした。略号はいずれも MaUi（Malaysian Users of internet），JaUi
（Japanese Users of internet）。また，WVS では日々のニュースソースと
してネットを週一回以上利用している人を「ネットを情報源として活用
している人」と定義した。略号は MaUiN（Malaysian Users of internet
News），JaUiN（Japanese Users of internet News）。

170　第Ⅲ部　メディア・コンテンツと社会の関係性

表10-2　マレーシアにおけるネット利用 × 表現の重視意識

	「表現の自由」を重視するか				計
	重　要		重要でない		
ネット利用あり	15	(5.5%)	169	(94.5%)	272
ネット利用なし	18	(2.6%)	501	(97.4%)	696
計	33	(3.4%)	935	(96.6%)	968

$\chi^2 = 8.9$　$df = 1$　$p < .05$

表10-3　日本：ネットニュース情報源利用 × 楽しく暮らすことを重視する人物像

		人物像に						計	
		当てはまる		まあ当てはまる		当てはまらない			
ネットをニュース情報源として活用	する	158	(13.7%)	666	(57.7%)	330	(28.6%)	1154	(100.0%)
	しない	58	(5.4%)	506	(46.8%)	518	(47.9%)	1082	(100.0%)
計		216	(9.7%)	1172	(52.4%)	848	(37.9%)	2236	(100.0%)

$\chi^2 = 107.6$　$df = 2$　$p < .001$

済と政治それぞれの領域に関わるネット利用が異なっている。

3　マレーシア経済とネットの関わり

　仕事を重視する態度という経済活動とかかわる部分で，このような差異があるというのは，マレーシアのネットユーザーがおかれている社会状況と関係がある。仕事を重視する態度と相関するというのは，マレーシアにおいてネットを利用している層が，経済成長の中核を担い，活動的であることに起因すると考えられる。AB（2007-8）によれば，日本に比べてMaUiのほうが有職率や所得や学歴が高い傾向にある。新興経済国の普及途上にあるネットのユーザーならではの特徴であろう。さらに，マレーシアのように他国との貿易が成長に必要不可欠である環境では，経済活動とネットの結びつきはより強固になるものとおもわれる。AB（2007-8）によれば，日本・マレーシアいずれも，ネット利用者のほうが他国との知人との連絡のためにネットを利用したり，仕事の関係で外国人と連絡を取る傾向にあるが，マレーシアでよりいっそうその傾向が強い[3]。

第 10 章　グローバルな社会におけるメディア・コンテンツ　*171*

ただし，ネット利用者は充分に稼ぎ，幸せを享受している人々かというと，必ずしもそうではない。というのもWVSによれば，ネットを日々のニュース情報源として利用している人（以下MaUiN）は，そうでない人に比べて失業不安を感じているからである[4]。これは経済成長にともなうインフレに，所得の上昇が追いついていない状況が背景にあると考えられる[5]。そのためクアラルンプール（図10-3）のような大都市では共働き率が高く，場合によってはあまり子育てを優先できない状況にある[6]。ネット利用者とはまさにそのような状況におかれた人々であると考えられる。AB（2007-8）によれば，日本ではネット利用者のほうが子育てを重視する傾向（1% 水準で有意）にあるが，マレーシアでは逆にネット利用者のほうが子育てを重視しない可能性も示唆されている（10% 水準の有意傾向）。近年日本でも低成長が続くことにより，経済状態の悪化が子どもの育ちに影響することが危惧されている。しかしマレーシアの場合は，先進経済国にキャッチアップする成長途上でインフレが生じているのであり，その過程でより上を目指し，競争を勝ち抜くための仕事重視がネットを通じた情報行動と

---

3) ネット利用と仕事上の外国人とのつながり有無，およびネット利用と外国との連絡目的のネット利用有無それぞれの結びつきを示す φ 係数は，日本において .136 と .172 に対しマレーシアは .165 と .318。

4) 両国ともこの傾向はあるが，マレーシアのほうがより強い。ネット情報源利用者が非利用者よりも失業不安を感じるオッズ比は日本 1.3：マレーシア 1.7。

5) 厚生労働省（2013）を元に算出すると，マレーシアの 2000 年から 10 年間の消費者物価は 22% 上昇しているのに対し，賃金水準は 3% の上昇にとどまる。

6) 日本総研（2012）によると，首都同士を比較した東京の共働き世帯率が 41% であるのに対しクアラルンプールは 72% である。また特に中華系住民においては，夫婦ともに就労を継続させるため，就学前の乳幼児を親族宅で養育させるという生活スタイルが存在する（Sakurada, 2010）。

図10-3　クアラルンプール[7]

結びつき，相対的に子育てよりも仕事が重視されていると推察される。

　この活発な情報行動は働く側面のみに限ったことではない。労働で得たお金を使う場面でも観察される。AB（2003）によると，MaUiのほうが消費に関わる情報行動が活発な傾向がある。日用品や家電製品，自動車の購入の際に情報源として活用するメディアの種類は，MaUiのほうが他のメディアも数多く情報源として活用しており，JaUiよりも，MaUiのほうが活用するメディアの種類が多い傾向にある。このようにマレーシアのネットユーザーは，労働・消費両面で活動的で，経済成長を支えている人々であると推察される。

マレーシア政治とネットの関わり

　マレーシアでは，ネットユーザーのほうが有意に表現の自由を重

---

7) Photos taken by Jan Wedekind（CC BY-SA 2.5））より作成〈https://commons.wikimedia.org/wiki/File:MenaraKLView.jpg（2016 年 4 月 16 日確認）

視していると先に述べたが，その背景にはマレーシア独特の政治風土がある。その政治風土が間メディア性——他のメディアも含めたネットを利用することの社会的意味を構成している。結論を先取りすると，マレーシアでは新聞をはじめとした既存のメディアが政府によってコントロールされている環境において，相対的に自立したネットジャーナリズムが市民から一定の支持を得るに至った。また，ネットユーザー同士の交流によって，政党に対してより厳しい／変化を目指す動きが活性化されているのである。

　ただし注意が必要なのは，こういった傾向がネットの技術的特性——脱中心化され開放性の高いコミュニケーションを可能にする性質——にのみ由来するわけではないということである。また，ここでいう変化とは，文字通り現状を変えることのみをさしており，規範的な良し悪しとは分けて考える必要があることは付言しておきたい。

　まず単純な事実をマクロデータから確認しておこう。AB（2007-8）によれば，先述のようにMaUi のほうが表現の自由を重視する傾向にあり，また，WVS（2010-2）によれば，MaUiN はネットをニュースソースとして活用しない人に比べて，新聞や議会そのものを信用しない傾向がある（表10-4，5。日本でこの傾向は観察されない）。こういった傾向は，先述のとおりマレーシアの政治風土とメディア環境に由来している。表面的にみれば政府によるコントロールとそれを掻い潜るネットという図式で捉えられがちであるが，事実はそう単純ではない。やや遠回りのように感じられるかもしれないが，ネットの利用が社会的に規定されることの意味をこれほど雄弁に語る事例はないため，政治に関わるマレーシアのネットがそのようになった歴史的経緯を以下検討する。

表10-4 マレーシアにおけるネットのニュース情報源利用 × 新聞への信頼

		新聞を信頼するか？				計	
		とても信頼	まあ信頼	あまり信頼しない	全く信頼しない		
ネットをニュース情報源として活用	する	77 (14.1%)	290 (53.2%)	158 (29.0%)	20 (3.7%)	545	(100.0%)
	しない	149 (19.8%)	375 (49.7%)	212 (28.1%)	18 (2.4%)	754	(100.0%)
計		226 (17.4%)	665 (51.2%)	370 (28.5%)	38 (2.9%)	1299	(100.0%)

$\chi^2 = 8.3$　$df = 3$　$p < .05$

表10-5 マレーシアにおけるネットのニュース情報源利用 × 議会への信頼

		議会を信頼するか？				計	
		とても信頼	まあ信頼	あまり信頼しない	全く信頼しない		
ネットをニュース情報源として活用	する	50 (9.2%)	296 (54.3%)	162 (29.7%)	37 (6.8%)	545	(100.0%)
	しない	120 (15.9%)	431 (57.2%)	160 (21.2%)	43 (5.7%)	754	(100.0%)
計		170 (13.1%)	727 (56.0%)	332 (24.8%)	80 (6.2%)	1299	(100.0%)

$\chi^2 = 21.2$　$df = 3$　$p < .01$

第 10 章　グローバルな社会における メディア・コンテンツ　*175*

⑤　マレーシアの政治風土 ─────────────

　マレーシアにおいて，新聞など既存メディアがコントロールされている状況の背景には，一定の歴史的経緯がある。第二次大戦中の日本統治から抜け出した後，1947 年再びイギリス領としてマラヤ連邦が成立した。10 年後の 1957 年には，独立を果たしたものの新国家の船出は容易ではない。古来から海洋交易の拠点であったため他民族がそれぞれ独自に社会を形成しており，政府の舵取りは困難を極めた。経済が徐々に成長をはじめると，旧来から交易を担い経済的に優位であった中華系と，劣位におかれていたマレー系住民との対立が衝突というかたちで表面化する。その結果，1965 年には中華系住民が多数を占める地域が，シンガポールとしてマレーシアから分離独立する。その後もまた，1969 年に民族衝突が発生し（5月 13 日事件），これ以降，多数派であるマレー系優遇政策 [8] が以前にもまして推進されるようになった。

　現在にも続くゆるやかな情報統制 [9] がはじまったのも，1970 年代以降のことである。マレー系優遇策は当然他民族からの反発を招く。とはいえ民族衝突はすべての民族に不利益をもたらすため，政

───────────────────────────────

8) 通称「ブミプトラ政策」と呼ばれている政策で，企業における雇用や，教育機会など，マレー系を優先的に割り当てるよう憲法および各種法により規制するもの。

9) 情報統制は権威主義的政治体制に必然的にともなうものであるが，その程度は国によってさまざまである。マレーシアの政治体制は準権威主義と呼ばれたり，あるいは支配集団と被支配集団の単純な図式に回収されない各利益集団やエスニックグループが互いに競争しつつ協議を重ねて体制を構築する「協議・相互主義的」体制（鈴木, 2010）と呼ばれることもある。このことからもわかるように，マレーシアの場合はありとあらゆる場面で統制が行われているわけではないため「ゆるやかな」と表記した。

治を通じた「国民」の統合と安定化を図ることには一定の支持が得られる。そして現実的な安定と生活水準の向上を，ほかでもない経済成長によって図ることが，「国民」からの支持を確実にする。このような背景から，独特の政党政治が形作られることになる。現在も政権を担っている与党は複数政党の連合体「国民戦線（Barisan National）」である。民族衝突の5年後，1974年に形成されたものだが，マレー，中華，インド系など民族別に存在する政党が，それぞれの民族の利益代表として与党連合に参加している。対する野党もおおむね民族別に政党が形成され競い合ってきた[10]。

6 マレーシアジャーナリズムとメディア

　この与党連合による統治体制のなかで，新聞などの既存メディアに対する統制が強化されるようになった。マレーシアのメディア規制は，法律と企業の所有を通じてなされている。法を通じたものでは，政府の機密情報へのアクセスを制限することで取材活動を制限したり，安全保障上の問題や民族問題の悪化・緊張を高める記事の配信を規制する治安に関する法律，また出版業を免許制にすることで統制が実施されている。そしてテレビ局や新聞社は政府やその関連企業で構成される巨大メディアコングロマリットが所有している（伊賀，2012；Mustafa，2002；Rodan，2004）。このメディア規制は，20年以上続いたマハティール政権時代に，特に国家や産業の開発政策と歩みを同じくして強化されていった。たとえば1987年には，野党指導者や社会活動家などが逮捕され，新聞が発行停止処分を受ける「オペラシ・ララン（Operasi Lalang）」事件が発生している。

10）マレーシアの多民族社会と政党政治，経済開発の歴史は金子（2001）や鳥居（2006）などを参照。

第 10 章　グローバルな社会における メディア・コンテンツ　*177*

　このようなさまざまなメディアの布置状況の中で，ネットが登場することになる。ネットはマレーシア政府によって積極的に普及が促進された。特別開発地域「マルチメディアスーパーコリドー（= MSC）」の設定などをみても，IT 産業の育成に力を注いできたことがわかる。ただし既存メディアと異なりネットの情報統制については，それほど強化されず，独自にネットメディアが発展していくことになった（Liu, 2011）。それを象徴するのが『Malaysiakini』をはじめとしたネットで記事を配信するニュースサイトである。ネット上のニュースサイトは，既存のメディアとは独立性を保ち（Gomez et al., 2010），さらに統制を嫌って新聞社を退社した熟練したジャーナリストなどが記事を書くことによって，センセーショナリズムからも距離をとることに成功したという（Steele, 2009）。こういった経緯の上に現在のマレーシアの情報環境が成立しているからであろう，筆者による聞き取りでも，新聞が政府にコントロールされていることから，国内外のネットニュースと比較対照させる必要があるという指摘が少なからずあった（FN 2013）。

　このネットジャーナリズムの影響を象徴するのが，2008 年の総選挙である。この選挙で与党連合はかろうじて過半数を維持したものの，長期政権の歴史においては記録的敗北を喫した。選挙期間中，既存メディアが与党連合を支持する記事を伝え続ける一方，ネットでは政権を非難し，中には野党候補を支持する記事も自由に配信されていた。ネットの普及率の高い州ほど野党の得票率が高かった（中村, 2011）ほどである [11]。

11）2008 年総選挙は政権が変わることはなく，5 年後の 2013 年の選挙でも政権はかわらなかった。ただし与党連合が盛り返したというよりは，さらに野党に追い詰められている状況であり，ここ数年同じ状況が続いている（山本, 2013）。比較的長きにわたって継続している傾向であると考えられる。

178 第Ⅲ部 メディア・コンテンツと社会の関係性

　ただしネットというメディアの技術的特性のみによって自由な世論形成の場が成立したのではない。もちろん，ネットは既存の印刷メディアや放送メディアとは違った技術的特性がある。既存のメディアの技術では，脱中心化され，開放的なコミュニケーションの場を確保することは困難である。その点では，ネットの技術的特性は無視できない要素である。特に今日のグローバル化した自由な情報流通が，「国境を越える経済活動」という需要に裏打ちされており，資本主義的経済システムの作動が国家の枠組みから相対的に自律している以上，ネットという技術が普及する力学は無視できない。言い換えれば，ネットによる自由な情報流通が自由な商取引による利潤の追求と結びつくとき，国家による統制を困難なものにする，ということである。コラレスとヴェストホフは，世界の国々の政治体制と経済状態，他国との貿易レベルなどがメディアの普及にどのように影響するのか統計的手法をもちいて検討している。その結果から，グローバルな経済環境のなかで成長を続ける必要がある国家にとって，成長にネットの普及は不可欠であり権威主義的体制の維持とトレードオフの関係にあると示唆している（Corrales & Westhoff, 2006）。

　コラレスらの議論は一定程度マレーシアにも当てはまる。実際マレーシアのネットユーザーは経済成長の中核を担う人々でもあった。しかし，たとえそうであるとしても，経済成長という「政府にとっての至上命題」の存在だけがネットを「自由」にしたのではない。たとえば，かつてマレーシアから分離独立したシンガポールは一定の経済成長を遂げ，他国との貿易レベルも高いが，ネットに対しては厳しい統制を実施している。では，マレーシアのネットにおける自由な情報流通は，なぜ成立したのだろうか。

7 ネットを「自由」にした社会的条件

　この点について考えるとき参考になるのは，権威主義体制下における「民主的飛び地（democratic enclave）」に関する議論である。民主的飛び地とは情報統制がなされる状況下で，例外的に民主的な言論が許容される場のことである。ギリによれば，民主的な飛び地が成立するかどうかは，政府とそれを支えるエリート層がその存在を許容するかどうかに依存するという（Gilley, 2010）。

　マレーシアにおけるネットは先述のMSC計画とセットとなって普及が進められたが，MSC計画で重視されたのは，外国資本の積極的受け入れであった。当時シンガポールが世界的に先駆となるネット検閲を実施しはじめたとき，外国資本の受け入れで有利となるようマレーシアでは首相みずからマルチメディア保証章典を宣言し，そこにネットに対する非検閲の方針が明示された（George, 2006）。いわば国家によって民主的飛び地の下地が保障されたのである。

　またリウによれば，民主的飛び地の成立には，エリート層の対立や政治的混乱もかかわるという（Liu, 2011）。実はマレーシアのネットジャーナリズム成立の背景には政治指導者間の対立があった。90代年末，アジア通貨危機への対応（IMFによる融資受けれの可否）に関して，当時首相であったマハティールと副首相アンワルが対立し，アンワルがマハティール批判を開始した。後にアンワルが逮捕されると，アンワル支持者が抗議行動を展開しはじめた。この政治的混乱のなかでネット上の反政府的な言論が行き過ぎた誹謗にまで発展する事態となった。このとき，政府から独立で，なおかつ良質なジャーナリズムを目指すべく『Malaysiakini』は立ち上げられた（Nain, 2002）。現在でも影響のあるネットニュースサイトの中には，Malaysiakiniの立ち上げをモデルとしつつ，アンワル支持を明確に打ち出していたものもある（Gomez et al., 2010）[12]。

180　第Ⅲ部　メディア・コンテンツと社会の関係性

　このように，既存メディアと比較してネットにおいて政治的自由が成立する背景には，権力をもたない無数の人々の不満のみでは不十分である。それを吸い上げるジャーナリストがネットで活躍するかどうかに加え，政治指導者やエリート層がそのことを（意図する／せざるかは別にして結果的に）許容するかどうかも重要な条件なのである。

❽ 社会的に規定されるネット上のコンテンツ ─────

　以上みてきたように，マレーシアのネットユーザーたちは，経済活動の面でも政治的活動の面でも，日本のユーザーよりも活発であった。その理由は，成長途上の経済（とおそらくそれに伴う社会状況の変化のスピード）に対応し，生き残るため，必要に迫られているからであろう。また政治的にも活動的であったのは，既存メディアに対する不満や，政治体制が新たな局面をむかえたとき，人々が各々の未来を選択するため，情報収集／発信する必要に迫られているからであろう。変動する社会，成長途上の社会特有のネットユーザーの動態性であって，日本にその傾向がないことはごく自然にも思える。

　しかし，実はネットが普及する途上の日本にも活動的なネットユーザーは存在した。遠藤は各種マクロデータをもとに，社会に対するさまざまな不満を抱きながら，自ら状況を変革すべく活動的なネットユーザーの存在を指摘している [13]。と同時に，5-8 年程度の期

---

12) ニュースサイト以外でも，政治指導者の対立が市民のネットでの活動を後押ししている。たとえば，その後首相の座を退き，前首相となっていたマハティールは，当時の政権を批判する際にネットを味方につけようとした。現政権と関係の深い新聞社がマハティールの主張を記事にしなかったのをみて，マハティールはかわりにネットを通じた情報発信を強め，ブロガーがそれに追従した。すると現首相はブロガーを批判したり，副大臣がブロガーに登録制を導入して規制することを示唆するなど，牽制する動きをみせた（伊賀, 2012）。

間のうちにネットの普及が進み大衆化すると，ネットユーザーの不満は減少し，動態性も低下したという（遠藤, 2010）。遠藤も指摘するように新たに登場したメディア，特にネットのような従来とは異なる情報流通を可能にするものは，その使い手に新たな何かを実現する手段として期待されるのかもしれない。そして大衆化とともに新奇性は失われ，ありふれたものとなる。おそらく今後マレーシアのネットユーザーも，大衆化によってある程度はそうなるであろう。とはいえネットの利用実態が社会的に規定される以上，流動的な社会情勢が続くならば，ネットユーザーの動態性は保持され続ける可能性が高い。実際マレーシアの場合，10年近くたっても（無作為抽出のデータでは 2003-12），ネットユーザーの動態性は高いままである。したがって，ネット利用が社会的に規定されるというのは，ネット利用の意味がどのようなもので，それがまたどの程度の期間継続するのかも社会的に規定されるということなのだろう。

　ネットというメディアは，社会が異なるとその利用実態が異なる。社会によってどのような人がネットを利用するのかが異なり，「利用すること」そのものの意味も異なる。もちろんどのようなメディアもその利用は社会的に規定される。その意味で，メディアのコンテンツとは多かれ少なかれ「われわれ自身」であろう。ただ既存のメディアと異なり，ネットは良くも悪くも多くの人々にコンテンツの受発信の権能をもたらした。その反面，自ら意図的に情報を発信し

---

13) ネットユーザーの定義や各種質問項目が本章のものとかなり異なるため，ネットユーザーでありかつ不満を抱く活動的な人々が，日本とマレーシアで「同じ」「異なる」と即断することはできない。ただし遠藤の分析結果にみられる，競争にさらされながら存在不安を感じ，周囲に自分の意見が受け入れられないことを不満に感じ，にもかかわらず状況を打開するため活動的であるという点は，本章で析出したマレーシアのネットユーザーと似通っていると考えられる。

なければ，他者には存在しないかのように扱われるメディアでもある。言い換えれば，ネット上の「存在」は相当程度積極的な意思が前提となる。この性質は，本章で取り上げたような，社会の変動に機敏に反応する人々の様子を特に可視化する役割を果たす。したがって，ネットというメディアの興味深いコンテンツの一つは，変動する社会における「意思」の先鋭化された部分なのかもしれない。

●ディスカッションのために

1 クアラルンプールの位置をグーグルマップで調べてみよう。スマートフォンをもっていない人はもっている人に見せてもらおう。またマレーシアという国の特徴を本章の記述に基づいて整理してみよう。
2 マレーシアの歴史を本章の記述に基づいて年表に整理してみよう。また間メディア性という言葉を本章の記述に基づいて確認してみよう。そしてマレーシアではインターネットはどのようなメディアかについて間メディア性という言葉を用いて説明してみよう。
3 日本ではインターネットはどのようなメディアか。間メディア性という言葉を用いて説明してみよう。

【引用・参考文献】

伊賀　司（2012）．「マレーシアにおける与党政治とメディア─NSTP の企業再編とグループ編集長人事に注目して」『国際協力論集』**19**(2), 39–57.

遠藤　薫（2010）．『三層モラルコンフリクトとオルトエリート』勁草書房

カステル, M.／矢澤修次郎・小山花子［訳］（2009）．『インターネットの銀河系─ネット時代のビジネスと社会』東信堂（Castells, M. (2001). *The internet galaxy: Reflections on the internet, business, and society*. Oxford: Oxford University Press.）

金子芳樹（2001）．『マレーシアの政治とエスニシティ─華人政治と国民統合』晃洋書房

厚生労働省［編］（2013）．『世界の厚生労働─海外情勢白書』TKC 出版

鈴木絢女（2010）．『「民主政治」の自由と秩序─マレーシア政治体制論の再構築』京都大学学術出版会

鳥居　高［編］（2006）．『マハティール政権下のマレーシア─「イスラーム先進国」をめざした 22 年』日本貿易振興機構アジア経済研究所

中村正志（2011）．「言論統制は政権維持にいかに寄与するか—マレーシアにおける競争的権威主義の持続と不安定化のメカニズム」『アジア経済』**52**(9), 2–32.

日本総合研究所（2012）．「アジア主要都市コンシューマインサイト比較調査」〈http://www.jri.co.jp/MediaLibrary/file/pdf/company/release/2012/120528/jri_120528.pdf（2013 年 12 月 10 日確認）〉

山本博之（2013）．「民族・宗教・言語混成社会マレーシアのゆくえ—2013 年総選挙結果から展望する」『JAMS ディスカッションペーパー』**3**, 3–9.

Corrales, J., & Westhoff, F. (2006). Information technology adoption and political regimes. *International Studies Quarterly*, **50**(4), 911–933.

George, C. (2006). *Contentious journalism and the internet: Towards democratic discourse in Malaysia and Singapore*. Singapore: Singapore University Press in association with University of Washington Press.

Gilley, B. (2010). Democratic enclaves in authoritarian regimes. *Democratization*, **17**(3), 389–415.

GlobalWebIndex (2014). *Question: How important are the reasons below for you using the Internet?* 〈http://www.globalwebindex.net/（2014 年 12 月 30 日確認）〉

Gomez, J. & Chang H. L. (2010). New Media and General Elections: Online Citizen Journalism in Malaysia and Singapore. Malaysia and Singapore Workshop: Media, Law, Social Commentary, Politics.

Inoguchi, T. & Sonoda, S. (2003, 2007–8). AsiaBarometer Integrated Dataset, [computer file]. AsiaBarometer Project (http://www.asiabarometer.org/) [producer and distributor], date of download. AsiaBarometer is a registered trademark of Professor Takashi Inoguchi, President of University of Niigata Prefecture, Japan, Director of the AsiaBarometer Project.

Liu, Y. (2011). Crafting a democratic enclave on the cyberspace: Case studies of Malaysia, Indonesia, and Singapore. *Journal of Current Southeast Asian Affairs*, **30**(4), 33–55.

Mustafa, K. A. (2002). Defining democratic discourses: The mainstream press. In F. Kok-Wah and K. Loh, Boo Teik (eds.), *Democracy in Malaysia : Discourses and practices*. Richmond: Curzon Press, pp.138–64.

Nain, Z. (2002). The Media and Malaysia's Reformasi Movement. In R. H. K. Heng (eds.), *Media fortunes, changing times: ASEAN states in transition*. Singapore: Institute of Southeast Asian Studies, pp.119–38.

Rodan, G. (2004). *Transparency and authoritarian rule in Southeast Asia:*

Singapore and Malaysia. RoutledgeCurzon.

Sakurada, R. (2010). Connecting places: Women's circular networks and child-rearing practices among Chinese Malaysians. The 3rd Next-Generation Global Workshop, Kyoto University Global COE "Migration: Global Reconstruction of Intimate and Public Spheres".

Steele, J. (2009). Professionalism online: How Malaysiakini challenges authoritarianism. *The International Journal of Press/Politics,* **14**(1), 91–111.

WVS (2014). *World value survey 1981–2014 longitudinal aggregate v.201401125,* World Values Survey Association (www.worldvaluessurvey.org). Aggregate File Producer: JDSystems Data Archive, Madrid, Spain.

第11章

コンテンツの国際的・地域的展開

スーパー戦隊シリーズのフォーマットとナラティブの関係

平　侑子

秘密戦隊ゴレンジャー
DVD Vol.1（東映ビデオ, 2002年）

　5人の人間がカラフルなスーツの戦士に変身し，怪人をやっつける——左の写真のようなヒーローを見たことはあるだろうか。彼らは，スーパー戦隊，いわゆる「戦隊物」と呼ばれるヒーローたちである。もう40年以上放送しているヒーロー番組なので，小さいころにテレビで見ていたという人もいるだろう。
　スーパー戦隊シリーズは，子ども用の玩具販売はもちろんのこと，巷のディスカウントストアに行けば大人向けのパーティー用変身グッズが売られるなど，幅広い世代に認知されている。さらに，海外でもテレビで放送され，ヒーローショーも行われている。意外にも国内外で幅広く展開されているのだ。
　しかし，よく見てみると，中には本家本元の「スーパー戦隊シリーズ」とは似ているけれども異なるヒーローたちの姿がある。ご当地ヒーローやパロディ作品など，いかにも戦隊ヒーロー風のキャラクターが登場しているのである。この章では，コンテンツのコンテンツらしさを規定する「型」に着目しながら，作品がいかに改変され，幅広く展開していくのかをみていく。

1 はじめに：コンテンツとしての「スーパー戦隊シリーズ」

　本章では，コンテンツが海外へいかに伝えられるのか，そして国内にどのような形で波及しているのかを，「スーパー戦隊シリーズ」を題材に考察する。

　スーパー戦隊シリーズとは，1975年の『秘密戦隊ゴレンジャー』にはじまり，今日まで放送が続いているテレビ朝日・東映制作の児童用特撮ヒーロー番組である。特撮ヒーロー番組というと，他に仮面ライダーやウルトラマンなどが挙げられるが，スーパー戦隊シリーズは，赤色の変身スーツを着た戦士を中心に配置した5人前後で構成されるヒーローたちが主役の作品である。仮面ライダーやウルトラマンは時代ごとに社会における「正義」と「悪」の関係を如実に表しているとして分析の対象となっているが（宇野，2011：156-362），長い歴史を誇るスーパー戦隊シリーズを分析した研究は意外にも少ない。当シリーズは，2016年現在で40作品あり，1980年代以降は吹き替えやリメイクをされながら世界中で放送されている。また，映画化，漫画化，ヒーローショーとして舞台化されたほか，主題歌やキャラクターソングも発売され，テレビだけでなく映画・書籍・舞台・CDなど多様なメディアを通じて受容されている。スーパー戦隊シリーズは，異文化間，メディア間の越境に適応してきた柔軟なコンテンツであるといえるだろう。

　本章で特に注目したいのは，当シリーズが海外，あるいは日本の各地域へと波及するときに，テレビで放送されたオリジナルのコンテンツがそのまま使用されるわけではないという点である。当シリーズがアメリカへ渡った際も，現地での一部撮り直しを経て*Mighty Morphin Power Rangers*という題名で放送された。一方日本でも，ご当地ヒーローとしてスーパー戦隊らしきキャラクターが多数存在しているが，どれも本家のキャラクターをそのまま採用し

ているわけではない。本章ではこのように，オリジナルのコンテンツそのものの波及というよりも，コンテンツを部分的に利用したより広範な意味でのコンテンツの展開について述べる。

② コンテンツの構成要素：フォーマットとナラティブ

　コンテンツの一部をやみくもに切り取って利用しても，それは元のコンテンツの波及とはいえないだろう。パワーレンジャーにせよ，ご当地ヒーローにせよ，視聴者や消費者が一目で「戦隊物の一種である」と認識できる特徴をもっている。つまり，コンテンツが改変・展開される際に，戦隊物らしさを感じさせる部分は残存し，それ以外の部分が変更されているのである。コンテンツの中には，その作品「らしさ」を感じさせる部分とそうでない部分が含まれていると考えられる。

　モーランは，テレビ番組を輸出入する際に使われる番組の構成要素に着目し，「フォーマット」という概念を提示している。「フォーマット」とは，番組の「個々のエピソードにおける可変的要素を除いた不変的要素の集合」と定義されている（Moran, 2004）。また，日本貿易推進機構によると，「テレビ番組の基本的なアイデアと構成，具体的な制作内容と手順をパッケージ化して番組を再制作（リメイク）する権利を売ること」を「フォーマット販売」と呼ぶ（日本貿易推進機構, 2011：30）。つまり，フォーマットとは，番組のコンセプトやノウハウ，撮影技術などの作品の骨組みの部分を指しているといえるだろう。しかし，そもそもモーランの議論で前提とされている「番組」とは，クイズ番組やバラエティ番組，あるいはリアリティ番組と呼ばれる類のものであり，テレビドラマなど物語性の強い番組は考慮に入れられていない。そのため，作品そのものがいかに改変・受容されうるのかという点についてはさらなる考察が必要

である。物語性のある番組がいかに波及しているのかを議論するには，従来番組の構成要素として考えられてきた「フォーマット」と共に，「ナラティブ」，すなわちキャラクターやストーリー，世界観，挿入される楽曲などの部分を含めて考察する必要があるだろう。

作品の骨組みとなるフォーマットと，物語や世界観を指すナラティブの関係は図11-1のように示すことができるだろう。コンテンツには，国家間・異文化間の越境やリメイクの際に守られる不変的要素としての「型」＝フォーマットがある。このフォーマットが守られ続けることで，作品群を同一シリーズとして認識することができる。一方で，ナラティブは物語や登場人物等の設定，世界観などコンテンツを構成する，より流動的で柔軟な部分を指している。同一フォーマットに全く別のナラティブが挿入されることで（図11-1），シリーズ内の別作品が生まれると捉えることができる。

具体的にスーパー戦隊シリーズを用いてフォーマットとナラティブの関係を考えてみよう。平・張（2015：78-81）では，文化人類学者アリスン（2006）や文芸評論家の斎藤（1998：11-12）の議論をもと

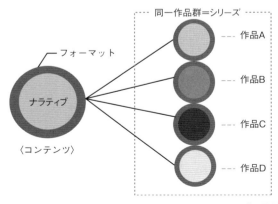

図11-1　シリーズ作品におけるフォーマットとナラティブの関係

に，スーパー戦隊シリーズのフォーマットを以下の4点に整理した。

- 「武勇と祖国の救済」という物語上の様式が一貫して備わっていること
- 色鮮やかな変身スーツを着るチームであること
- 変身スーツとロボットによる戦闘があること[1]
- チームに女性のメンバーが含まれていること

スーパー戦隊シリーズでは，ほぼ全ての作品でこれら4点の設定が用いられている。これらをスーパー戦隊シリーズのフォーマットとし，例えばこれに「国際的平和組織「イーグル」の日本支部の生き残りが，世界征服をたくらむ「黒十字軍」と戦う」というナラティブを付与すればシリーズ第一作目『秘密戦隊ゴレンジャー』になり，「幼馴染5人組がレインボーラインを走る「烈車」に乗って旅をしながら，悪の帝国「シャドーライン」と戦う」というナラティブを付与すれば，シリーズ第38作目『烈車戦隊トッキュウジャー』になるというわけである。

この概念は，スーパー戦隊シリーズのみに該当するものではない。例えば，アメリカの子ども番組『セサミストリート』も同様に，「フォーマット」の概念で捉えることができる。『セサミストリート』にも定められた基本的な番組フォーマットがあり，そこに各国の文化に適合した内容や設定を入れて世界で約30種類のバージョンが

---

1) 特撮ヒーロー番組における巨大ロボットの戦闘は，1978–1979年放送の東映版『スパイダーマン』から取り入れられ，スーパー戦隊シリーズ第3作『バトルフィーバーJ』へと引き継がれた。スパイダーマンはアメリカの出版社マーベルコミックスのヒーローであるため，東映版の作品であってもスーパー戦隊シリーズには含まれないが，戦隊シリーズのフォーマット形成に一役買っているといえる。

制作されている（小平, 2009：84-85）。これら 30 種はいずれも『セサミストリート』という同一シリーズではあるが，個々の作品の設定や物語，登場するキャラクターを見ると，それぞれ似ているけれども少しずつ異なる作品であるとみなすこともできる。

　以上のように，コンテンツを構成する要素としてフォーマットとナラティブに着目しながら，次節からコンテンツがいかに海外と日本の各地域へ応用・展開されているのかを分析する。

③ コンテンツの海外展開：スーパー戦隊シリーズからパワーレンジャー・シリーズへ————

　スーパー戦隊シリーズは，1980 年代にはすでにシリーズ中のいくつかの作品がフランスやブラジルなどへ渡っており，さらに 90 年代にはアメリカ版のシリーズ「パワーレンジャー」が制作されて現地で大ヒットしている。現在，当シリーズはこのパワーレンジャーの放送を中心に世界 100 カ国以上で放送されている（東映監修, 2012）。リメイク第一作目 *Mighty Morphin Power Rangers*（シリーズ第 16 作目『恐竜戦隊ジュウレンジャー』のアメリカ版）は，アメリカで「日本製のテレビ番組としては恐らく空前の大反響」であった一方，「改変の度合いから見ても空前のすさまじさだった」と指摘されている（草薙, 1998）。豊永（2010）も，商業的には成功事例といえるにもかかわらずパワーレンジャーが日本政府の考えるコンテンツ振興策の中で取り上げられることはなかったと指摘し，その理由の一つに「パワーレンジャーがオリジナルからあまりにもかけ離れた作品であった」点を挙げている（豊永, 2010：45）。

　だからといって，パワーレンジャーとスーパー戦隊シリーズが，全く関係のない別作品になってしまったというわけではない。例えば，シリーズ第 28 作『特捜戦隊デカレンジャー』のリメイク版

Power Rangers S. P. D. が日本に逆輸入された際，その吹き替えが本家の『デカレンジャー』に出演した日本人キャストによって行われたことなどからもわかるように，あくまでも両者は相対する同一のシリーズとして捉えられている。

　では，アメリカで作品が改変される際，スーパー戦隊シリーズのフォーマットとナラティブのどちらがどのように変更されたのであろうか。草薙によれば，撮り直しが行われる際，作品の中でヒーローの変身後の戦闘場面は日本で放送されたものをそのまま採用し，変身以前の生身の役者によるドラマ部分は現地の役者で撮り直しがなされた（草薙, 1998：102）。また，基本的には日本の『ジュウレンジャー』のエピソードをそのまま用いるが，話の内容を変えることもあった（日之出出版, 2012）。設定における具体的な変更部分として，例えば，「ジュウレンジャー」では男4人女1人で構成されていた戦隊が，*Mighty Morphin Power Rangers* になると男3人女2人になり，それぞれ登場人物の名前も日本版とは異なっている。一方で，変身スーツ着用以降のシーンは日本のものをそのまま流用しているため，色鮮やかな変身スーツを着たヒーローチームが戦うという基本的なフォーマットは日本と同じである。つまり，現地化のために変更されている部分は，あくまでも登場人物の設定や世界観，すなわちナラティブの一部である。スーパー戦隊シリーズがパワーレンジャーとして現地化される際，フォーマットは守られながらも，ナラティブの方を現地の視聴者に馴染みやすいように改変していることがわかる。

4　日本における展開

❖戦隊フォーマットを応用した日本の作品

　スーパー戦隊シリーズが，ナラティブが一部改変されながらパワーレンジャーとして海外で展開される一方，国内ではまた別な形で

コンテンツが改変される興味深い事例がみられる。日本においては，当シリーズが40年以上放送され続けていることもあり，シリーズ内の一つひとつの作品は詳しく覚えていなくとも，スーパー戦隊シリーズとはどのようなものであるのかを認識している人も少なくないだろう。日本における当コンテンツの展開事例をみると，この認識を前提にして改変を行っているものがみられる。

例えば，2014年に公開された映画『女子―ズ』は，戦隊のメンバーが全員女子であったら悪の組織との戦いや戦隊の団結はどうなるのかを描いたコメディである。5人揃った姿を見ればわかる通り（図11-2），この映画の設定にはスーパー戦隊シリーズのフォーマットが用いられている。脚本・監督の福田雄一が「みんながコスチュームを着たまま人力車や電車を乗り継いで移動するなんて最高です。本来戦隊がタクシーに乗るって絶対ダメですもんね（笑）」と述べている通り，戦隊なのに格好いい乗り物を使わずにゆっくり移動する，戦隊なのに自分の用事を優先してなかなか全員が揃わないなど，我々がすでに共有している「戦隊像」から逸脱したシーンで笑いが

図 11-2 『女子―ズ』
（キングレコード, 2014年）

図 11-3 『乾杯戦士アフターV』
（『乾杯戦士アフターV』製作委員会, 2014年）

生まれる作品である（エンターブレイン，2014：79）。

　また，2014年および2015年に放送された「乾杯戦士アフターファイブ」も同様に，スーパー戦隊シリーズのフォーマットを用いて制作されたテレビドラマである（図11-3）。この作品は，悪の組織との戦いのあと，毎晩のように居酒屋で打ち上げをするヒーローたちの姿を描いている。戦士たちは，赤・青・黄・桃・緑のコスチュームに身を包み，その日その日の悪の組織との戦いを，愚痴をこぼしながら振り返る。作品には戦闘シーンはほとんど登場せず，主に居酒屋とカラオケが舞台となっているが，「戦闘中にブルーが敵をかばったのではないか」「最近巨大ロボの出動機会が少ない」など，戦闘の様子やロボットの存在を伝える会話内容からも，スーパー戦隊シリーズの設定を忠実に踏襲している。

　上記の2作品は当然，テレビ朝日・東映制作の本家スーパー戦隊シリーズの作品群には含まれない。しかし，戦隊物のフォーマットを用いることで，視聴者は物語の背景の部分で登場人物たちが本家の戦隊と同様の活動をしていることを想像し，あるいは同様の活躍をすることを期待するのである。これらの作品では，当シリーズが海外展開する際に現地に受け入れられるためにナラティブの一部改変を行っているのとは異なり，ナラティブを一から作り上げている。それどころか，戦隊物のフォーマットを戦略的に利用することで，映像には直接描かれていない部分まで視聴者に想像させるのである。

✤ご当地ヒーロー「軌道星隊シゴセンジャー」の活動

　フォーマットを戦略的に利用しているものは，映画やテレビドラマだけではない。日本各地には，「超神ネイガー」（秋田県）や「琉神マブヤー」（沖縄県）に代表されるように，地域振興を図るご当地ヒーローが多数存在する。その一種に，スーパー戦隊シリーズのフォーマットが用いられている。ご当地ヒーローの役目は，地域

図 11-4　軌道星隊シゴセンジャー

PR だけでなく，地域住民の健康推進や環境問題の啓発などさまざまである（ブルー・オレンジ・スタジアム，2006；ローカルヒーロー研究会，2013）。本節では，ご当地ヒーローに戦隊フォーマットを用いた一例として，明石市立天文科学館の「軌道星隊シゴセンジャー」を取り上げる。以下，シゴセンジャーの活動において，どのように戦隊のフォーマットが利用されているのかをみてみよう[2]。

　軌道星隊シゴセンジャーは，2005 年に明石市立天文科学館のキャラクターとして職員たちによって結成された（図 11-4）。兵庫県明石市が日本の標準時子午線が通るまちであることから，子午線という言葉を子どもたちにわかりやすく伝えることや子午線が通る明石市を市民にさらに好きになってもらうことを目的に発案された。発案者の一人鈴木氏（シゴセンジャーレッド役）は，「ちょうど企画した人たちが 40 歳より少し上くらいの世代であり，ゴレンジャーから繋がる戦隊物を見ていた世代だったのも（シゴセンジャーを考

---

[2] 本節のシゴセンジャーに関する記述は，筆者が 2014 年 9 月 10 日に行った明石市天文科学館職員鈴木康史氏・井上毅氏へのインタビューと，井上（2010）によるものである。

第 11 章　コンテンツの国際的・地域的展開　*195*

案した理由として）大きいかもしれない」と当時を振り返る。鈴木氏自身子ども時代に見たゴレンジャーはよく覚えており，加えてシゴセンジャーの企画時には自分の子どもがシリーズ第 29 作「魔法戦隊マジレンジャー」を見ていたという点も，シゴセンジャーの設定を考えるにあたり影響を与えていたと述べる。

　活動を開始した当初は，シゴセンジャーレッドとブルーの二人のみで戦隊を組んでおり，スーパー戦隊シリーズに見られる 3 人から 5 人という形態ではなかった。「ヒーローといえば 5 色」という考えは企画当初からあったものの，天文科学館の他の職員はシゴセンジャーショーの裏方や他の業務もあり，これ以上のメンバーを職員から召集するのは難しい状態であった。そこで，2012 年にイエローとピンクを市民から公募し，翌年にはグリーンと悪役ブラック星博士の子分役も市民から採用した[3]。加えて，2014 年には，4-5 才の子どもを対象に，シゴセンジャーと共に戦う「シゴセンジャーキッズ」が募集されている。当初天文科学館側はシゴセンジャーのお面とマントのみを提供していたが，子どもの母親たちの中には自主的に戦隊らしいベルトを作ってあげる人もいた。さらには，ファンから主題歌が持ち込まれ，CD 化も実現した。2013 年度末の時点でファンクラブの会員数が 250 名を超え，現在も活発な活動を見せている。

　このシゴセンジャーの事例からは，単に企画者による一方的なコンテンツの提供ではなく，市民が積極的に参加してコンテンツを展開させていく様子が見られる。戦隊のメンバーが最初二人だったのが 5 人になり，ファンから自主的に主題歌が提供されるなど，展

3）市民から公募したイエロー・ピンク・グリーン・ブラック星博士の子分の活動任期は 1 年間の契約である。よって厳密にいえば，戦隊が 5 人揃うのはシゴセンジャーの場合わずかな期間であった。

開の方向性は自然とオリジナルのスーパー戦隊シリーズへと近づく
ものとなっている。シゴセンジャーキッズの母親たちによる工夫
も，より「戦隊らしさ」を追求していると捉えることができるだろ
う。多くの市民が関わり合いながらも，混迷することなく一つの方
向性をもってコンテンツが活性化したのは，科学館職員の努力はも
ちろんのこと，コンテンツを形作る「フォーマット」の部分，すな
わち戦隊物とはどういうものなのかという点が前もって市民に浸透
していたからではないだろうか。それは，企画者の一人井上氏（ブ
ラック星博士役）による次の言葉からもわかる。

> 当館では対象を明確にする事業を行っています。現在は戦隊物
> が親子二代をターゲットにしている時代ですから，このシゴセン
> ジャーは，自然と，親と子どもをターゲットにしていることを
> 明確に PR できています。フォーマットもしっかりしていますし，
> 前提として皆が無意識下に「戦隊物とはどういうものか」を共有
> している部分があるので，私たちもフォーマットに則って工夫
> ができます。話の展開がやりやすいですし，フォーマットがあ
> ることで，我々の伝えたいことに専念できる利点があります。

　以上のように，映画やテレビだけでなく，ご当地ヒーローの企画
においても，スーパー戦隊シリーズのフォーマットが用いられてい
る。また，活動の方向性や盛り上がる方法がおおまかに共有されて
いるために市民が参加しやすい点，企画者側もフォーマットに則り
効果的な工夫をすることができる点，活動のターゲットが明確にな
る点など，フォーマットがすでに浸透しているがゆえのさまざまな
利点が示された。
　シゴセンジャーの場合，星に関する物語や時刻に関する話題など
科学館が伝えたい情報としてのコンテンツを，また別の文脈で存在

第 11 章　コンテンツの国際的・地域的展開　*197*

するスーパー戦隊シリーズというコンテンツのフォーマット部分に
嵌め込んでいる。本来，科学館が伝えたいコンテンツは，戦隊物の
ナラティブにしなくとも，それ単独で子どもたちに伝えることがで
きるものであろう。一つのコンテンツを戦略的に別のフォーマット
の枠に嵌め込むことで，コンテンツの入れ子構造ともいうべき形態
が認められるのである。国内におけるスーパー戦隊シリーズの展開
からは，海外への展開とは異なり，すでに広く浸透していることを
前提に，フォーマットのみが独立してナラティブを嵌め込む「型」
として利用されているという特徴がみられた。

⑤　まとめ：より大胆なコンテンツの展開へ

　本章では，児童用特撮ヒーロー番組スーパー戦隊シリーズを題材
に，コンテンツが海外へ，そして日本の地域へといかに波及してい
るのかを考察した。スーパー戦隊というコンテンツそのものも，テ
レビ放送だけでなく映画や舞台など幅広く展開されているが，本章
では，コンテンツを構成する「フォーマット」と「ナラティブ」と
いう要素に着目することで，より広い意味でのコンテンツの展開を
確認した。

　スーパー戦隊シリーズがアメリカに渡りパワーレンジャーとなっ
た際には，コンテンツを現地になじませるためにナラティブを一部
変更していた。一方，日本での展開の仕方をみると，同じ改変とは
いってもさらに大胆に，オリジナル版のナラティブは一切使用せず，
フォーマットのみが独立して展開されている。今や日本では，ナラ
ティブは独自のものを用いて，戦隊のフォーマットを戦略的に利用
する形で，多様な「スーパー戦隊的」ヒーロー像が制作されている。
この場合，フォーマットがすでに周知されているからこそナラティ
ブが効果的に活かされているのであり，フォーマットはナラティブ

を伝える媒体としての役割も果たしていると考えられる。

このように，コンテンツそのものの流通だけでなく，その構成要素であるフォーマットの利用の仕方を探ることが，コンテンツが我々の社会にいかに活用されうるのかを幅広い視点から捉えるきっかけになるだろう。

●ディスカッションのために

1　「フォーマット」という言葉の定義を本章の記述にしたがって整理してみよう。またスーパー戦隊シリーズのフォーマットとは何か，要約してみよう。

2　「スーパー戦隊シリーズ」のほかに，「フォーマット」を有効に利用し展開している作品や活動を挙げてみよう。

3　スーパー戦隊シリーズの「フォーマット」を用いたプロジェクトを「コンテンツ」と「ナラティブ」を意識して考え，お互いにシェアしてみよう。おもしろいプロジェクトは，思いつけただろうか。またそのプロジェクトのどこがおもしろいと思うのか，5，6人のチームを作って具体的に検討してみよう。

【引用・参考文献】

アリスン，A. ／実川元子［訳］（2010）．『菊とポケモン―グローバル化する日本の文化力』新潮社（Allison, A. (2006). *Millennial monsters: Japanese toys and the global imagination.* Berkeley, CA: University of California Press.）

井上　毅（2010）．「軌道星隊シゴセンジャーの活躍と連携について」〈http://jcsm.jp/wp-content/uploads/presentation/case17_6.pdf（2016年4月16日確認）〉

宇野常寛（2011）．『リトル・ピープルの時代』幻冬舎

エンターブレイン［編］（2014）．『映画「女子―ズ」オフィシャル・ビジュアルブック』エンターブレイン

草薙聡志（1998）．「米国に食い込む「戦隊」番組―ライブアクションという文化輸出」『朝日総研リポート』**134**, 95-111.

小平さち子（2009）．「子ども向け教育メディアの研究意義―NHK Broadcasting Studies（2009）寄稿論文から」『放送研究と調査』**59**（5）NHK放送文化研究所, 82–101.

斎藤美奈子（1998）．『紅一点論』筑摩書房

平　侑子・張　慶在（2015）．「「禁止」と「改変」―韓国におけるスーパー戦隊シリーズの越境から」玄　武岩［編］『越境するメディアと東アジア―リージョナル放送の構築に向けて』勉誠出版, pp.69–101.

東映［監修］（2012）．『スーパー戦隊の常識―ド派手に行くぜ！ レジェンド戦隊篇』二葉社

豊永真美（2010）．「パワーレンジャーをヒットさせた男―ハイム・サバンと日本のコンテンツ」『一橋ビジネスレビュー』2010WIN, 東洋経済新報社

日本貿易振興機構（2011）．「米国におけるコンテンツ市場の実態（2010-2011）」〈http://www.jetro.go.jp/jfile/report/07000590/america_contents.pdf（2016年4月16日確認）〉

日之出出版［編］（2012）．『スーパー戦隊36LEGENDS』

ブルー・オレンジ・スタジアム（2006）．『ローカルヒーロー大図鑑』水曜社

ローカルヒーロー研究会（2013）．『超ローカルヒーロー大図鑑』水曜社

Charlotte, C.（2009）. What difference does it make?: Insights from research on the impact of international co-productions of Sesame Street, *NHK Broadcasting Studies*, **7**

Moran, A.（2005）. Configurations of the new television landscape. In J. Wasko（ed.）, *A companion to television*. Chichester, UK: Wiley-Blackwell.

第12章

コンテンツビジネスの新たなあり方

アニメ番組の制作と二次利用を中心に

増本貴士

こう思ったことはないだろうか？

- アニメ番組で,「製作委員会」って表示されるけど,あれは何？
- アニメ番組の再放送的なウェブ配信（二次利用）があるけど,著作権法ではどうなの？

本章では,その疑問にお答えしながら,本書『メディア・コンテンツ論』の中で,コンテンツビジネスでの経営面について,アニメ番組制作の代表的な資金調達方法である「制作委員会方式」と「SPC方式」,および,著作権法での二次利用について論じる。

1 はじめに

　2004（平成16）年6月4日に「コンテンツの創造，保護及び活用の促進に関する法律」が制定され，2005（平成17）年7月12日に，小泉純一郎首相（当時）の私的懇談会である「文化外交の推進に関する懇談会」が「「文化交流の平和国家」日本の創造を」と題する報告書を首相に提出するなど，近年では，コンテンツ（本章では，アニメ作品に注目する）の制作・流通・保護が国策として推進されている。また「クールジャパン戦略」が推進され，日本のアニメ等の放送番組（ソフトもしくはコンテンツともいう）で，日本の魅力を発信し，日本のイメージアップやグッドウィルの確立に用いて，強力に推進する，国際的な広報が行われており，ビジネス面では，コンテンツの消費（視聴，有料サービスの購入）だけでなく，観光の促進（たとえば，アニメ聖地巡礼，コンテンツツーリズム）にも活用されている。

　放送番組をはじめとするコンテンツを制作するには多額の資金が必要だが，制作者側には1社だけで制作できる程の現金や担保はなく，金銭面の問題がネックとなっている（土井, 2006：7）。例えば，深夜放送時間帯のアニメ番組は1クール30分番組が基本で，その1話の制作費は約1000万円から約1500万円かかり[1]，単純計算で

---

1) 金額に幅があるのは，番組の内容によるカット数や動画枚数等に違いがあり，制作費が変動するためである。約1000万円は早稲田大学国際部寄附講座報告書（2002）「マンガとアニメ：日本文化・社会の表現」〈http://nippon.zaidan.info/seikabutsu/2002/00105/contents/016.htm（2016年4月26日確認）〉に，約1300万円は読売新聞記事〈http://www.yomiuri.co.jp/net/news/20031014ij21.htm（2003年10月16日閲覧）〉に，約1500万円は文化庁月報平成25年12月号〈http://prmagazine.bunka.go.jp/pr/publish/bunkachou_geppou/2013_12/special_02/special_02.htm（2016年4月26日閲覧）〉に，それぞれ金額の記載がある。

1クール（12–13話）だと約1億2000万円から約1億9500万円かかるが，この金額には広告・宣伝費等は入っていない。それらを入れれば約2億円から約2億5000万円[2]が必要になる。

　そのため，コンテンツの二次利用によるビジネスモデルを確立し，コンテンツビジネスを推進することで，放送以外の分野で売り上げ・営業利益・純利益を少しでも多く得ることが必須となろう。例えば，「パッケージ化」が二次利用の代表例で，監査法人トーマツ編によると「企画当初からテレビ局とビデオなどの販売会社が共同で参加し，共同制作を行います。そして，放映権をテレビ局がとり，ビデオ化権をビデオなどの販売会社がとることとなります」（監査法人トーマツ編，2003：22）といい，「制作費を回収する手段」（監査法人トーマツ編，2003：22）ともいう。

　すなわち，後述する制作委員会方式やSPC方式にはパッケージ化（ビデオ化権）する企業が入り，初回の放送と同時もしくは少し遅れてDVDが販売されるというTVCMが流れて購入を促すことは，二次利用を進める上でも自然かつ重要なこととなる。

　また，「ウェブでの動画配信」「声優や歌手によるトークショーやミニライブ」「2.5次元ミュージカル」「パチンコ・パチスロ化」等が考えられるが，このような1作品から派生するビジネスとそこでの権利で副次的に利益を上げていくことも重要である。これは，監査法人トーマツ編（2007）によると，映画でも同じことがいえ，一次利用（映画興行）や二次利用（ビデオ化やテレビ放映）だけでは制作費や広告宣伝費等の回収が十分進まず，「一つの映画から派生する権利やビジネスでいわば副次的に稼ぐことによって制作出資の

2）CGクリエイター榊正宗氏のtwitterでのツイート集〈http://togetter.com/li/588161（2016年5月18日確認）〉，アニメ番組での3DCGを手掛けるStudioGXのwebサイト〈http://www.studiogx.com/ja/anime_budget（2016年5月18日確認）〉からまとめた。

未回収分を補い，リスクを最小限に抑えようとする意図がある」（監査法人トーマツ編, 2007：257-258）という。

本章では，一般読者にも興味がわきやすい「アニメ番組」を題材に採り上げ，アニメ番組で多く見受けられる「制作[3]（製作）委員会」と「SPC 方式」の現状と，ウェブ配信での二次利用における著作権に焦点を当てる。それにより，コンテンツビジネスの新たなあり方をアニメ番組の制作と二次利用の観点から，平易に論じる。

❷ アニメ番組の制作資金

❖制作委員会方式

アニメ番組は，「当たり」「外れ」というリスクが非常に大きく，莫大な資金を制作にかけたからといって，人気が出るものではない。そのため，制作に賛同・出資してくれる企業を募り，制作資金の一部ずつを負担し合うことで，お互いが出資する金額をできるだけ最小限にしつつも，制作に必要な資金を確保し，リスク回避を行う。主として放送局（キー局，準キー局），広告会社，出版社の大手 3 社が集い，資金を出し合い（出資），その資金や著作権等でアニメ番組をマネジメントする「制作委員会」が組織・運営されている。この手法が「制作委員会方式」である。

まず，図 12-1 に，制作委員会方式のスキームを用いたビジネスと権利の相関関係を示す。

次に，制作委員会方式は，アニメ番組の制作・流通・販売の事業（プロジェクト）自体が資金調達の主体であり，その事業評価から収

3）映画やアニメなどのクレジット（著作権表示）では，制作委員会の制作を「製作」とする。しかし，広辞苑（第五版）では，「製作」は「ものをつくること」とし，「制作」は「映画・放送番組・レコードなどをつくること」と具体的に説明している。よって，本章では，「制作」と記述する。

第 12 章 コンテンツビジネスの新たなあり方

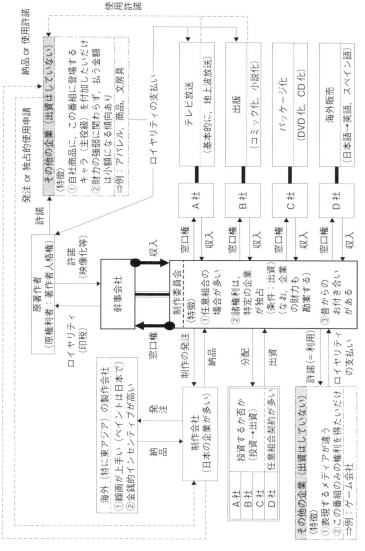

図 12-1 制作委員会方式でのビジネス・権利相関図 (増木, 2006 : 28)

益性が判断される。そのため，制作するアニメ番組が有する著作権を担保にした資金調達が可能であるといえる。

制作委員会方式では，幹事会社と制作委員会の間に契約を交わす。その契約は，制作委員会と原著作者を仲介し，独占的に著作権処理業務（主として，映像化許諾に関する業務）を行い，放送（放映）や出版等の各メディアへの露出を設定して，任意組合契約を締結した各組合員に，排他的・独占的な権利である「窓口権」を与える。

窓口権とは，「制作委員会と各出資社が互いに結んだ契約で，そのメディアで使うのに独占的な権利」と定義できる。たとえば，放送局ならばテレビ放送権（いわゆる放映権）で，競合他社を排除して独占的に権利が得られる。すなわち，地上波テレビ放送ならば，日本テレビ放送網だけで地上波放送され，NHKやTBS等では放送されない。もちろん，その放送局の系列各局に全国ネット[4]を認めて放送する旨の契約内容になっていれば，その系列各局でも放送ができる。放送局にとっては，「とある番組（アニメ番組）の放送局である」ということは，好視聴率によるテレビ広告収入を多く得たい場合には非常に重要である。なぜならば，各放送局の編成局は大勢の人々が視聴可能な曜日・時間を計算し，可能な限り視聴率を上げようとするからで，このことがテレビ広告のタイムランク表での曜日時間帯区分（A・特B・B・C）のテレビ広告料金となる。

そして，出資はせず（任意組合契約での組合員ではない），制作委員会から許諾をもらう企業（たとえば，ゲーム会社やアパレル会社）

---

4) 放送番組のネット方式には「白ネット」と「黒ネット」があり，前者はセミネットともいい，番組本編のみネットされるが，TVCM枠はネットする各放送局が埋めて（TVCM枠を販売し，広告主に購入してもらい，枠を満たすこと）放送をすることをいう。後者は，ネット番組の発局が番組本編だけでなく，TVCM枠も埋める。その状態で，ネットする各放送局はそのまま放送をすることをいう。

は，窓口権をもつ組合員が制作委員会に支払う収入（ロイヤリティ）よりも高額になるが，自社の本業でビジネスを行うことに必要と判断すれば支払うことになる。たとえば，アパレルや文房具は，アニメ制作会社のスタッフが描いた絵を自社製品に付加するために，その絵の著作権者と，原著作者[5]，放送局，出版社にそれぞれロイヤリティを支払う。ただ，製造する品数が多くて廉価で販売するため，市販する数（ロット）を設定し，ロイヤリティの額を決める。

　このように，窓口権は各ビジネス展開で独占的・排他的な権利を有するため，競合他社の参入を防ぐことができ，各社の専門でのビジネスがしやすい。さらに，利益の一部を制作委員会に支払うが，制作委員会に入る利益は出資数に応じて分配されるため，支払った金額の一部が戻ってくるメリットもある。

　なお，法的な位置づけとして，制作委員会は，民法第 667 条から第 688 条までに規定される任意組合（法人格なし）と解釈されている。そのため，今後の制作委員会内の金銭での出資を考えれば，民法第 667 条で"労務出資"が認められているので，図 12-1 中の制作会社が現金でなくとも出資は可能である。なぜならば，その労務をお金で計算（労務の内容を金銭的な価値があるものとして算定する）し，他の組合員からその価値が認められれば金銭で出資したことになる。ゆえに，財政的に厳しい制作会社でも大手メディア企業のような金銭での出資者に成れる。

　また，「資産計上しコストを先に落とそうという場合には都合がよい」こともある（土井, 2006：58）。

---

5) アニメ制作会社のスタッフ（チーフか監督クラス）が描いた絵は，原著作者のキャラクターの二次的著作物と解されるため，原著作物の著作権を持つ原著作者と，著作隣接権を持つ放送局，出版社から使用許諾を求める代わりに，ロイヤリティを支払うことになる。

208 第Ⅲ部　メディア・コンテンツと社会の関係性

　しかし，契約の書面上では必ずしも明確に記載されておらず，お互いが制作に関する契約を締結する形となっている。そのため，投資組合ではなく，共同事業体と考えられる。

✥ SPC 方式とは

　現状では，制作委員会方式は資金調達やリスク分散などで，大いにメリットがある。これまでのアニメ番組の事業で多く採用され，今後も，既存のパートナーシップや経験の面から判断して，有効な資金調達手段の一つとして活用されるであろう。

　しかし，友好関係にある既存の大企業同士だけでは，その企業が別企業や投資ファンド（主として，転売目的）等によるM&A（Mergers and Acquisitions：合併と買収），倒産等の危機的事態に陥った際，制作委員会全体に与えるインパクトは大きく，「窓口権の再設定」や「出資形態の見直し」等が求められる。ゆえに，このような危機的事態を回避し，たとえ企業が倒産したとしても，他に影響を及ぼさないようにする「隔離効果」を求める必要性が生じた。それが，次頁の図 12-2 に示す「SPC 方式」であり，そのスキームを用いたビジネスと権利の相関関係を示す。

　SPC 方式は，SPC（Special Purpose Company：特別目的会社）を活用していることに，制作委員会方式との違いがある。それは，プロジェクトごとにSPC を 1 社設立し，そこで著作権処理やビジネスプランニングを行うため，事業収支の透明性を向上させることができる。さらに，制作されるアニメ番組の著作権とライセンス事業を行う窓口権をすべてライセンス事業としてSPC に集中し，SPC と契約を結んだ企業が「結んだ契約内容によって確定している事業」でビジネスを行うことができる。つまり，自社が行いたいビジネス内容と支払い可能な金額に応じて，契約で取得する権利を調整できるので，経営資源（とくに，カネ）の選択と集中がしやすくなる。

第12章　コンテンツビジネスの新たなあり方

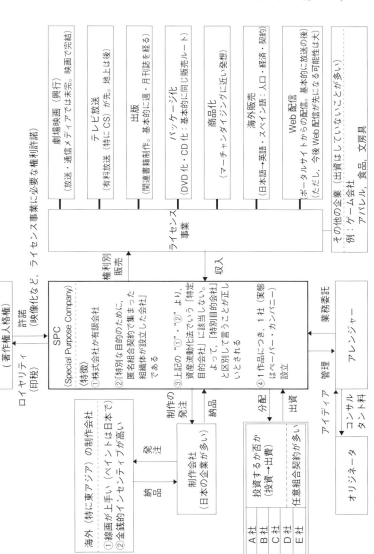

図12-2　SPC方式でのビジネス・権利相関図（増木、2006：29）

210　第Ⅲ部　メディア・コンテンツと社会の関係性

　すなわち，SPC と企業の間で，個々に匿名組合契約を締結して投資を受け，その資金を元手にアニメ番組を制作する。匿名組合は，商法第535条から第542条に規定され，各ライセンシーに対してライセンスを販売し，ロイヤリティビジネスを展開する。そこから得るロイヤリティ収入を基に，権利者への分配処理をした後の収益を各投資家に還元する。

　いっぽう，SPC は法人格をもつため，倒産隔離効果[6]を期待できる。制作委員会方式の場合は，幹事会社が倒産もしくはプロジェクトから撤退すれば，プロジェクト自体が中止になる可能性がある。だが，SPC は，当該プロジェクトの推進のみを行う会社であるため，プロジェクトそのものが立ち行かない限り，ご破算になることはあり得ない[7]。さらに，SPC の運営代行会社や出資各社が倒産したとしても，SPC は別会社であるため，SPC の資産に影響は及ばない[8]。

　このように，SPC は投資家から集めた資金を元手にプロジェクトを展開でき，連鎖倒産のリスクもなく，完全に独立した存在であるので，投資家の資産を保護する機能は高いといえる。

❖制作委員会方式と SPC 方式との比較

　制作委員会方式とSPC 方式を，表で比較する。
　表 12-1 で重要な項目は，「事務負担」と「組成コスト」である。

---

6) 倒産隔離には，オリジネータの倒産が SPC に影響を及ぼさないことや，SPC 自体が倒産しないことの二つの意味がある。
7) SPC の株主や債権者による SPC の倒産の申し立てがなされた場合には，SPC が倒産するリスクがある。その回避のために，SPC の倒産申立権を放棄することを申し合わせることが一般的である。
8) SPC が当該プロジェクトに係る著作権者（ライセンサー）から著作権の利用許諾を受けることが通常である。ライセンサーが倒産した場合，当該ライセンス契約は双方の未履行とされるため，ライセンサーの管財人によって解除される可能性がある。

表 12-1　制作委員会方式と SPC 方式の比較（増本，2006：31）

	制作委員会方式	SPC 方式
組織形態	任意組合	株式会社
契約の種類	任意組合	匿名組合
権利の帰属先	組合員の共有	SPC
責任の範囲	無限責任	有限責任
窓口権保持者	組合員各自	SPC
資金の透明性	低い	高い
倒産隔離効果	低い	高い
組成コスト	安い	高い
幹事会社 or 運営会社の事務負担	比較的安い	高い

　まず，表中の制作委員会方式の「事務負担は比較的安い」理由は，
①資金の流れの透明性が低い，②倒産隔離効果が低い，③組成コス
トが安い――が考えられ，それらの合計コストが比較的安くなるか
らである。いっぽう，SPC 方式の「事務負担は高い」理由は，①
資金の流れの透明性が高い，②隔離効果（とくに倒産隔離効果）が
高い，③組成コストが高い――が考えられ，それらの合計コストに
よって高くなるからである。

　次に，組成コストは，制作委員会の方が安くなるので有利といえ
る。また，SPC の実態はペーパー・カンパニーであり，利益を上
げる必要がない。ただ，通常の会社設立と同様に，登記の手続きや
必要最低限の運営コストがかかる。したがって，それらのコストを
補うには，ある程度以上の規模（約 5 億円以上）のプロジェクト規
模と，それに見合う資金調達額で，長期間のビジネス展開が見込ま
れることが必要要件となろう。

　そして，SPC 方式は，窓口権を SPC に集中させることで，プロ
ジェクトに関わるすべての資金が必ず SPC を経由することになり，

キャッシュ・フローを明確にできる。さらに，匿名組合契約なので，投資家への営業報告書の提出を義務づけることも可能で，投資家への情報公開がなされる。これにより，SPC がすべての窓口権を握ることは，キャッシュ・フロー事業収支の透明性の向上に直結すると考えられる。

このように，SPC と企業との契約によるライセンス管理で一元化がされるのはSPC 方式のメリットではあるが，運営を行う側の事務的な負担は大きくなる。また，契約関係などの法務や，資金管理などの会計業務等，ライセンスビジネスに関するビジネス手法を把握できる能力も必要である。

3 アニメ番組の著作権

❖アニメ番組は「権利の束」

アニメ番組に限らず，TV ドラマやクイズ番組等の放送番組は「権利の束」と呼ばれるほど，大勢の人々の著作物が使用・利用され，一つの放送番組として成り立っている。たとえば，アニメ番組は「原作」（コミック，ライトノベル等）や「絵」（アニメ制作会社が描く絵等），「音楽」（OP やED，挿入歌，BGM 等），「キャラクターの声」（声優の実演の声）等，多種多様な著作物が総合的に編集され，1 話が形成される。当然のことながら，声優だけでなく，監督や脚本家，原画や動画の担当者等のスタッフも関わっている。

現在では，ウェブや衛星放送等で再放送的にアニメ番組が視聴できるようになったが，ブロードバンドやデジタル放送，衛星放送等が一般的になる以前は「一度きりの地上波放送」[9] が当時の放送産業の通例であった。そのため，放送に必要な著作権者全員の了解は口約束等で取るものの，再放送やビデオ販売（現在のDVD 販売）等の二次利用は想定しておらず，権利情報をまとめた一覧表（絵コン

テを基に，部分的な著作物の簡単なイラストや写真の添付，権利者情報の記載等を行うシート）を作成し，保存することはほとんどなかった。また，当時の放送局の著作権管理部署では「口約束といえども，民法上の契約の効果を発揮する」や「一回限りの放送は，著作権者全員の了解を示す同意書や，了解した範囲を明確に記載した契約書等を作成・保存する手間と比較すれば，そこまですることに見合うものか」等の考えがあり，かつ，少人数のスタッフで日々制作される放送番組の著作権処理の業務を行っていたこともあり，二次利用を見据えての整備はなされていなかったのが実情である。

いっぽう，映画制作会社（東映や松竹等）では，当時から，俳優に「録画の了解を得た上での撮影」を行い，二次利用での「俳優」の権利を消滅させている。

また，当時の米国でのウォルト・ディズニー社のアニメ映画のように，二次利用までも想定した文面で，権利関係や契約関係をきわめて詳細に記載・整理した契約書を作成し，すべてのコンテンツの著作権者が署名後，その権利情報を徹底的に纏め上げ・管理する書類を準備していれば，二次利用は容易になる。とくに，契約書で明文化されている「できること」と「できないこと」は最重要となる。

このようなことから，放送番組の二次利用（DVD 化，再放送，ウェブ配信等）について，「過去の放送番組」を使用してビジネスを行うべく，日本でも二次利用を契約（著作権法や相場での対価金額を基盤にした内容）で対応するようになった。すなわち，「放送番組を制作する時点で，二次利用も想定した契約を最初から確実に行う」こ

---

9) 当時の再放送といえば，NHK 大河ドラマ（本放送は日曜の夜，再放送は土曜の昼）が代表的な放送番組である。現在では，視聴率は過去の作品と比べて低迷しているが，「コンテンツツーリズムの経済効果」という学術的な研究対象に採り上げられている。詳しくは近・小倉（2009：166–170）を参照のこと。

ととなった。

❖アニメ番組の二次利用に必要な著作権処理

第1に，アニメ番組の大半は，コミックやライトノベルが「原作」としてあり，原作者の了解を得て「アニメ化」する。この行為は，「二次的著作物」の創作に該当する。この場合，「二次的著作物」（アニメ映像全体）の著作権は，「その映像を作った人」（アニメ制作会社）がもつことになる。さらに，原作者は「自分の作品が原作となり，アニメ制作会社が制作した二次的著作物を無断で利用されない権利」を「著作権」の一部としてもつ。このアニメ番組の二次的利用（ウェブ配信やDVD化等）を行う場合は，「そのアニメ番組全体の著作権者」「原作の著作権者」の双方の了解を得る必要がある。

第2に，とくに，原作が小説・ライトノベルで顕著だが，これをアニメ化する場合は「脚本」を準備し，「原作の脚色を行う」という作業を行う。これは，「二次的著作物の創作」を行ったこととなり，「脚本」と「アニメ化」という二次的著作物が2段階で存在するため，脚本家も「原作者としての権利」をもつ。

第3に，アニメ番組は，原画等が「部品コンテンツ」として必ず含まれる。原画はキャラクター等の基本となる絵であり，立ち姿や顔の表情等が描かれる。それらをベースとして，動画が描かれ，背景やアイテム等も描かれて，キャラクターのスムーズな動きを表現する。このプロセスにおいて，多くの部品コンテンツが作られ，それらを総合的に編集して表現されている。これらの作業はアニメ制作会社で行われ，いわゆる「原画描き」や「動画マン」と呼ばれるスタッフが大勢で制作される。もちろん，監督や制作進行管理者等も制作全般に関わっている。二次利用を行う場合，これらの部品コンテツが同時に使用されることになり，部品コンテンツの権利者や監督等の了解も必要になる。

❖ウェブ配信でのアニメ番組の二次利用

　昨今では，GyaO! やニコニコ動画等でのアニメ番組の再放送的な
ウェブ配信が注目され，1992-7（平成 4-9）年に地上波放送されて
一世を風靡したテレビアニメ『美少女戦士セーラームーン』の新作
『美少女戦士セーラームーンCrystal』が 2014（平成 26）年 7 月 5 日
に，ニコニコ動画で配信され，世界中からアクセスされて「2 日間
で約 100 万試聴を記録した」という事実が公表された [10]。

　では，テレビで放送され，再放送的にウェブ配信で視聴できるア
ニメ番組の二次利用は，著作権法でどのような法的保護を受けるの
か。

　日本の著作権法は，ウェブ送信のような新たな利用形態について
著作権や著作隣接権の効力を及ばすために，法改正を行ってきた。
大きな契機は，2009（平成 21）年の改正法である。この改正法では，
同法を所管する文化庁が，①web 等を活用した著作物等の利用の
円滑化を図るための措置，②違法な著作物等の流通抑止のための措
置，③障害者の情報利用の機会の確保のための措置——といういず
れもウェブに密接に関わる観点から，大規模な改正措置が行われた。

　著作権者は，コンテンツの公衆送信を行う権利（公衆送信権）を
専有する（著作権法第 23 条第 1 項）。ここで，「公衆送信」とは，「公
衆によって直接受信されることを目的として無線通信又は有線電気
通信の送信……を行うこと」をいい（同法第 2 条第 1 項第 7 号の 2），
ウェブに密接に関係するものは「自動公衆送信」である。これは，
「公衆送信のうち，公衆からの求めに応じ自動的に行うもの」をい
い，放送や有線放送に該当するものは除かれる（同法第 2 条第 1 項
第 9 号の 4）が，ウェブ配信ではその前段階の行為である「送信可

10）詳しくは http://www.oricon.co.jp/news/2039660/full/ を参照のこと
　　（2014 年 9 月 30 日閲覧）。

能化」が含まれる（同法第23条1項括弧書）。これが意味することは，同法第2条第9項第9号の5が規定する「公衆の用に供されるwebに接続中のサーバ（自動公衆送信装置）に情報を記録・入力すること」（同号イ），「情報が記録・入力されているサーバを公衆の用に供するweb（電気通信回路）に接続すること」（同号ロ）をいう。

　上記のとおり，自動公衆送信は送信可能化を含むことから，たとえば，アニメ番組を動画ファイル化して，ウェブ（主として，サーバ）にアップロードしたり，ファイル交換ソフト（WinnyやWinMX等）を使ってウェブに流通させたりすることは，いずれも送信可能化であり，自動公衆送信に該当することになるから，これらを著作権者に無断で行うことは，公衆送信権侵害となる。

❖契約による買い取り

　上述のように，アニメ番組は「権利の束」であり，著作権処理が複雑で二次利用で得られるメリットが権利処理コストに見合うかという問題を抱えている。そのため，永続的な大手企業が制作委員会方式での幹事会社やSPC方式での実質的な運営企業であれば，①許可なく複製されない権利（著作権法第21条），②許可なく公衆に伝達されない権利（同法第22-26条），③許可なく二次的著作物の創作・利用をさせない権利（同法第27-28条）——の三つの権利を契約（譲渡契約）で買い取り，著作者人格権の不行使を契約で認めさせる（著作者人格権は一身専属の権利とされる）ようにした。

　これにより，二次利用が非常にしやすくなった。それは，「各著作者の権利の買い取り」によって著作権者となり，「不行使の契約」によって新たな了解は不要となるからである。一方で，著作者側は，自分・自社が制作したものであっても無断で複製等ができなくなる。これに関し，契約によって得られる対価（金額）が今後得られるであろう利益に見合うものか否かの判断は難しい。この場合は，著作

者側が著作者の権利（著作者人格権を含む）を有しつつ，自分・自社による利用も可能とすることが望ましい。その場合，二次的利用の範囲（使うメディア，使用期間）を契約内容で判断し，どう利用されてビジネスを二次利用で行うのかを確認する必要がある。

4 おわりに

　上述したように，昨今のブロードバンド環境下でのウェブの発達など二次利用をめぐる環境が変化し，PC でなくとも，スマートフォンやタブレットで十分に動画を視聴できるようになった。また，制作委員会方式やSPC 方式は，アニメ番組を制作する資金の調達だけでなく，ビジネス展開を考える企業の継続もしくは新規参入を可能とした。著作権処理・権利情報管理は非常に複雑であるが，著作権法や業界慣行などに基づいた契約で対応可能である。

　今後のコンテンツビジネスは，これまでアニメ番組を題材に論じてきた「制作委員会やSPC による資金調達でのリスク回避」と「契約内容を明文化した契約書を使っての権利処理を的確に行い，その情報を管理・保存する」ことで，クールジャパン戦略のコンテンツ制作と流通がより強力に推進されることになる。

●ディスカッションのために

1　「制作委員会方式」とは何か，何のために必要なのか，本章の記述にしたがって整理してみよう。

2　「SPC 方式」とは何か，何のために必要なのか，本章の記述にしたがって整理してみよう。また「制作委員会方式」と比較してみよう。

3　二次利用とは何かを具体的に説明してみよう。また「制作委員会方式」と「SPC 方式」は二次利用の際に，誰にとって，どのようなメリットがあるのか。本章の記述を整理し議論してみよう。

【引用・参考文献】

加戸守行（2013）.『著作権法逐条講義〈六訂新版〉』著作権情報センター

監査法人トーマツ［編］（2003）.『コンテンツビジネス マネジメント』日本経済新聞社

監査法人トーマツ［編］（2007）.『コンテンツビジネス マネジメント Ver.2.0』日本経済新聞社

近 勝彦・小倉哲也（2009）.「コンテンツの多面的な地域経済効果の分析―NHK 大河ドラマの地域経済波及効果を中心として」『デジタルコンテンツ白書 2009』一般財団法人デジタルコンテンツ協会

土井宏文［編著］（2006）.『コンテンツビジネス法務・財務／実務論―デジタルハリウッド大学院講義録』九天社

増本貴士（2006）.「日本におけるコンテンツ産業の現状と発展可能性―制作委員会方式・SPC 方式を中心に」『情報通信学会年報誌（平成 17 年度）』, 27-36.

第13章

コンテンツの「消費」の仕方と地域との出会い

「コスプレ」というコンテンツ文化

鎗水孝太

　コンテンツの消費の仕方,「遊び方」にはさまざまなかたちがあるが,特にアニメ・ゲームなどのメディア・コンテンツの消費形態に特徴的な点に「二次創作」ということが挙げられる。すなわち,原点となる一次創作物のストーリーやキャラクターを利用しながらその派生的な作品を一次創作物の消費者が生み出していくという,消費をしながらも創造が行われるプロシューマー的な特徴である。そこで生み出されるものも「同人誌」やアレンジされた「同人音楽」,マンガ・アニメなどのキャラクター,登場人物に扮する「コスプレ」という行為などさまざまである。

　また,いっぽうで現在メディア・コンテンツを活用した観光振興が「コンテンツツーリズム」と称され,さまざまな地域で展開されている。そこにはもちろんこの「二次創作」という消費形態の特徴を見逃すことはできない。

　本章では,いわゆるサブカルチャー・オタク文化の文脈における「コスプレ」という文化を例に挙げ,そのような消費の形とそれがいかに社会と出会うのか,あるいは出会い損ねているのかを考えてみたい。

はじめに

❖**コスプレの定義**

現代のポップカルチャーやクールジャパンの文脈において,「コスプレ」という行為が注目を集めている。また,それはアニメ・マンガによる地域振興が大きく注目を集める地域振興・観光振興の現場においても同様である。

そもそも本章で扱う「コスプレ」という言葉は社会一般において非常に多義的に用いられている。

例えば,『imidas2007』(2006) では,コスプレという語は,

(1) 職業制服などによる仮装
(2) 風俗業等による性的意味合いを含んだもの
(3) 漫画やアニメの登場人物などの衣装を真似て変装・変身する

という三つの意味が記載されている。

本章での「コスプレ」とは,このうち (3) のような,日本のサブカルチャー,オタク文化の文脈におけるものを指す。すなわち,ただ単に職業制服などを身に着ける仮装ではなく,オタク文化のさまざまな局面に現れるアニメ,マンガ,ゲームなどのキャラクターの仮装をすることであり,「既存のキャラクターに似た衣装や化粧や装具を身につけ,そのキャラになりきって決めのポーズを取ったり,踊ったり,写真のモデルになったりする仮装遊び」(小泉,2003:211),「アニメ,マンガ,ゲーム,音楽,映画などに登場するキャラクターの扮装をして楽しむ若者たちの遊び」(成実,2009:9) のことである。

❖社会の中の「コスプレ」

　ではなぜ今「観光」という側面でそのような「遊び」に注目するのか。その社会的背景には特に大きく二つの方向から，「コスプレ」が注目を集めていることが挙げられる。

　まず1点目は，外務省，国土交通省，日本政府観光局などによるポップカルチャー外交政策，サブカルチャーによるインバウンド政策の中で「コスプレ」にも大きな脚光が当たっている点である。

　例えば，2003年テレビ愛知の主催により始まった「世界コスプレサミット[1]」は，2007年国土交通省が所管するビジット・ジャパン・キャンペーンの一環として認められ，さらに2009年以降は外務省が主催者である実行委員会の構成員となり，「アニメ文化大使」「カワイイ大使」などと並ぶポップカルチャー外交政策の大きな柱の一つとなっている。また2011年に日本政府観光局（JNTO：Japan National Tourism Organization）によって，海外のアニメファンの訪日意欲の促進を目的として制作された「JAPAN ANIME MAP[2]」では，コミックマーケット，ワンダーフェスティバルに並ぶ国内の大きなサブカルチャーイベントの一つとして先述の世界コスプレサミットを挙げるとともに，「Otaku Culture」の中心として「Cosplay」を紹介している。

　そして2点目は，地域振興の現場における「コスプレ」への注目である。近年，アニメ作品のファンがそのアニメの舞台・モデルとなった地域や作品に関連する土地に訪れる「アニメ聖地巡礼」といった観光行動，そしてそこから展開されたまちおこしが数多く報

1）http://www.worldcosplaysummit.jp/（2016年4月18日確認）
　　また，公式フォトブックとして『世界コスプレサミット公式PHOTOブック』（2013）なども出版されている。

2）「Japan National Tourism Organization: Japan Anime Tourism」〈http://www.jnto.go.jp/eng/animemap/index.html（2016年4月18日確認）〉

図13-1 JAPAN ANIME MAP(「OTAKU CULTURE」「EVENT」部分)

告され,非常に注目を集めている(山村,2011;岡本,2013など)。そしてアニメ・マンガによる地域振興が盛んに行われるようになるなかで,実際にアニメの舞台となった場所でコスプレをするといった人々が現れたり,「富山こすぷれフェスタ[3]」(富山県富山市),「TOYAKOマンガ・アニメフェスタ[4]」(北海道洞爺湖町),「刈谷アニメcollection[5]」(愛知県刈谷市),「とまこまいコスプレフェスタ[6]」(北海道苫小牧市)など,地域の側もその地域や地域の建築コンテンツを主会場としたコスプレイベントを開催したりと,「コスプレ」という文化は一般的な地域社会の中でも現出,表出するようになってきている。また,地域の産業と「コスプレ」を結びつけて地域振興を図るところもあり,繊維産業を主産業としていた愛知県一宮市

---

3) http://www.toyamacosfes.com/ (2016年4月18日確認)
4) http://www.toyako-prj.net/tmaf/ (2016年4月18日確認)
5) 2010〜2012年は「コスプレフェスタ in KARIYA」の名称で開催。
   http://kariya-anicolle.com/ (2016年4月18日確認)
6) http://tomakomai-cos-fes.com/ (2016年4月18日確認)
7)「COSUTUME TOWN PROJECT IN ICHINOMIYA」〈http://www.ichinomiya-cci.or.jp/costumetown/index.html (2016年4月18日確認)〉

では，近年の繊維産業の衰退の中で，一宮コスチュームタウン構想を掲げ，「コスプレ」による地域の活性化を目指している[7]。

2 「コスプレ」という文化的実践

❖創造的行為としての「コスプレ」

では，そもそも「コスプレ」とはどのような営みなのだろうか。特にその重要な部分として位置づけたいのが，その創造的行為としての側面とコミュニケーションとしての側面の2点である。

「コスプレ」を行う「コスプレイヤー」はもちろん自宅などにおいても衣装を着て「コスプレ」をすることもあるが，基本的にコスプレイヤーが「コスプレ」を行うのは「コスプレイベント」の場である。現在「コスプレ」を楽しむために，コスプレイベントが，各地方の都市圏を中心として全国各地で，大都市圏では毎週末のように，地方都市でも月に1，2回ほど開催されている。会場となるのは市民ホール，市役所の会議室といった公営施設の1室からコンベンションセンターのような巨大施設や遊園地・テーマパークなどの大規模なものまであり，参加人数や開催主体なども含めてさまざまな形で開催されている。

実際に現在このようなコスプレイベントの中で行われているその「コスプレ」文化的実践については田中（2009），宮本（2012），岡部（2014）などによくまとめられている。

その基本的なイベントへの参加目的は，ただ単にキャラクターの衣装を着るだけでなく，衣装を着，ポーズをとって写真を撮ることである。田中（2009：48）が「ただ着て楽しむだけがコスではない。衣装を着て写真を撮ることで，ネタ元になっている作品世界を独自の視点と解釈に基づいて再現する」と指摘するように，写真を撮って，自身のコスプレを固定化し，作品化することが，「コスプレ」

図13-2 写真を撮りあうコスプレイヤーたち

の最も中心的な活動であるといえる。このためコスプレイヤーは非常に写真技術に関しても興味をもっている。レフ板などの用意もさることながら、カメラそのものもデジタル一眼レフカメラといった、高級なカメラを持っていることも少なくない。

そのような中でより自分の作品化を目指すコスプレイヤーは、各自でよりよいロケーションを求めてロケハンをし撮影に出たり、スタジオを借り切って撮影会を行ったりといったことも行われている。これらによって制作された写真を写真集的な同人誌として発行するものや、CD-ROM などの形で同人誌即売会などで頒布するものも少なからずいる。このためコスプレイヤー向けの書籍や MOOK、雑誌として写真撮影のテクニックを解説するものも多数出版されている[8]。もちろんそこまでの創作性を求めないコスプレイヤーも数多い。

---

8) 『プロが教えるコスプレ写真テクニック』（無双舎、2011年）、『コス PHOTO（ホビージャパン MOOK 550）』（ホビージャパン、2014年）など。また 2002 年創刊の雑誌『COS MODE』（英知出版、インフォレスト）や、その継続誌『COSPLAY MODE』（ファミマ・ドット・コム）でも、コスプレイヤーの写真だけでなく、ヘアスタイル、ポージング、カメラの扱い方などの方法が掲載されている。

図13-3　コスプレイヤーが制作した写真集(同人誌)

　上記のようにコスプレイヤーは大別して次のように二つに分けられるとみてよいだろう。すなわちイベントなどの場におけるコミュニケーションとそれに続くインターネット上のコミュニケーションから仲間を作り出す「交流志向のコスプレイヤー」と，より「表現・創作志向のコスプレイヤー」である。これらはもちろん一様ではないし，どちらかに一辺倒になるわけでもない。また，従来主流を占めていた交流志向のコスプレイヤーが現在においても変わらず大多数を占めているように思われる。

❖コミュニケーションとしての「コスプレ」

　写真を撮り作品化することが基本的な活動のため，コスプレイベントに参加するほとんどのコスプレイヤーは，複数名で参加することが基本となる。独りでの参加は写真を撮影することができず，また，作品世界の再現性に乏しいからである。すなわち，同一作品でのキャラクターを複数そろえることで，写真撮影の手と，より高い再現性が得られるのである。このように同一作品の複数のキャラクターによるコスプレを「合わせ」と呼び，もとからの仲間内での「合わせ」を行ったり，インターネット上で呼びかけメンバーを募った

りすることもしばしば見られる。またもちろん，同じ作品のキャラクターのコスプレをするものが偶然同じイベントに参加していることも多く，そこから突発的な「合わせ」へと発展することも往々にしてある。

　また，コスプレイベントでは何も自分たちの写真を撮るばかりではない。その場に集ったコスプレイヤーの中に，自分のほかに好きな作品のコスプレをするコスプレイヤーや製作技術や再現性のレベルの高いコスプレイヤーを見つけては，本人の許可を取った上で，写真に撮らせてもらう，といった行動もしばしば見受けられる。この時の写真も一つの作品であり，被撮影者であるコスプレイヤーや撮影のお願いに応じた時点で，みずからポーズを取る者も非常に多い。

　このような突発的な「合わせ」や見知らぬコスプレイヤー同士の写真の撮り合いなどといった交流の中に，「コスプレ」文化の中でも一つ特徴的な行動が見られる。それが「名刺」の交換である。もちろん名刺の交換自体は，何ら特殊ではなく一般的な行動である。しかし，コスプレイヤーの持つ「名刺」には，基本的にそのコスプレする姿の写真を背景として，「コスネーム」と呼ばれるコスプレイヤーとしてのハンドルネームと，「Cure[9]」，「コスプレイヤーズアーカイブ[10]」といったコスプレ専門のコミュニティサイト・SNSのIDが記載されているのみである。近年では，TwitterやFacebookなど一般的なSNSのIDやブログのURLなどが書かれることも多い。また，コスプレイヤーは基本的に数種類の名刺を常備し，交換する際には相手にその中から気に入ったものを選んでもら

9）http://ja.curecos.com/（2014年10月16日確認）。2016年3月31日にサービスを終了し，姉妹サイトWorldCosplayと統合されてCure WorldCosplay〈https://worldcosplay.net/（2016年4月18日確認）〉となった。

10）http://www.cosp.jp/（2016年4月18日確認）

うということも行われる。ここでその「名刺」は、そのコスプレイヤーの作品録としても機能している。

コスプレイベントにおいて撮られた写真は、上記のようなコスプレ専門その他のコミュニティサイト・SNS に投稿される。ここでは、その写真についてコメントをしたり、評価したりと、投稿された写真を中心として、多くの交流と情報交換が行われている。コスプレを写真として固定化、作品化する大きな意義の一つは、このように写真をインターネット上に投稿、公開して交流を図ることにあるといえる。「名刺」の情報がインターネット上でのコミュニケーションを図るものに特化したものであることもこの証左であろう。

以上のように、現在の「コスプレ」文化は、イベントの場において「写真を撮り合う」ことと、その撮影された「写真」を基にした諸交流という二つのコミュニケーションを軸としたものといえるだろう。

このような「コスプレ」という行為は、ジャパン・コンテンツの伝播とともに諸外国にも伝播している[11]。西田（2013）では、日本同様イベント等の場で「コスプレ」を楽しむロシアの様子が報告され、喜（2012）、顧（2012）や陳（2012）は中国、台湾におけるコスプレの広がりを指摘している。特に化（2012）が克明に描き出す中国における舞台化・パフォーマンス化し、またコンテスト化した「コスプレ」は、日本から受容しつつも独自に進化した姿をみせている。

3 コスプレ・ツーリズム

さて、冒頭に述べたように、上記のような「コスプレ」の文化的実践が現在地域社会の中で表出し、地域振興の中で用いられている。

---

11) 前記『世界コスプレサミット公式 PHOTO ブック』（2013）　や　『OTACOOL2 WORLDWIDE COSPLAYERS』（壽屋、2010）には、世界各国のコスプレイヤーが掲載されている。

228　第Ⅲ部　メディア・コンテンツと社会の関係性

そのような現象について考えるために，まずここで一度「コンテンツツーリズム」の概念について触れたい。

　コンテンツツーリズムの現況や政策的な展開については本書14章にも詳しく述べられているが，そのもっとも基本的に用いられている定義であり，そもそもの嚆矢となった定義がなされたのが，2005年に国土交通省，経済産業省，文化庁によってまとめられた『映像等コンテンツの制作・活用による地域振興のあり方に関する調査報告書』においてである。ここでは，「地域に関わるコンテンツ（映画，テレビドラマ，小説，マンガ，ゲームなど）を活用して，観光と関連産業の振興を図ることを意図したツーリズム」「根幹は，地域に「コンテンツを通して醸成された地域固有の雰囲気・イメージ」としての「物語性」「テーマ性」を付加し，その物語性を観光資源として活用すること」と定義されている。

　また，アニメの舞台となった場所，背景として描かれた場所を訪れる「アニメ聖地巡礼」と呼ばれる観光行動，中でも特に2007年からのアニメ『らき☆すた』聖地巡礼を中心として詳細に分析した山村（2011）は，特にアニメ・マンガによるツーリズムを「アニメツーリズム」と呼び，「アニメやマンガ等が地域にコンテンツを付与すること——こうした作品と地域が共有すること——で生み出される観光」と定義している（山村, 2011：5）。なお，ここでの「コンテンツ」とは，アニメ・マンガ等の「作品」そのものではなく，観光コンテンツとしての「その地域に付与されている物語性」のことである（山村, 2011：1）。すなわちアニメと地域・場所とがコンテンツを共有しているのである。

　この「アニメ聖地巡礼」の行動的特徴の一つとして岡本（2013：55）は巡礼地での「コスプレ」を挙げているが，実際にこのような活動はさまざまな「アニメ聖地」において見ることができる。また，ここにおいてもその行動の目的として，同じく「聖地」に集まるほ

かのファンたちとのコミュニケーションを意図したものと自己の創作的な活動のために写真撮影のロケーションとして「本物」を背景として用いるという二つのパターンがあるように思われる。実際にコミックマーケットなどの同人誌即売会では，そのような「本物」の中で撮影された写真集などを見かけることができる。

　このような「アニメ聖地巡礼」が多くの地域で注目，脚光を浴びる一方で，現在ではそのようなアニメ・マンガ作品と直接的な結びつきをもたない地域においても，アニメ・マンガなどを活用した地域振興がはかられるようになった。その一形態として，冒頭に挙げたようなアニメ・マンガフェスティバルといったようなイベント型のまちおこしが日本全国において開催されるようになっている。

　このようなイベントのコンテンツとなるのは，声優やアニメソングを歌う歌手，あるいはローカル・アイドルなどのライブやトークショーなどによるステージや，自動車をアニメ・マンガなどのキャラクターなどでラッピング，塗装を行った「痛車」の展示などであるが，多くのイベントで行われているのが「コスプレ」の開放である。すなわち，イベントが行われている市街地，商店街や神社，洋館，工場といった建築物内などの領域で自由に「コスプレ」可能にする，というものである。

　上記のように，写真という作品づくりのためによりよいロケーションを追い求めるコスプレイヤーは数多く，普段のイベントやスタジオでの撮影ではできないようなロケーションを求めてこのようなイベントに参加する。また，そのように集まったコスプレイヤーを一般の来場者が見る，自身がイベントのコンテンツとなるという多重構造となる。

　このようなイベントが地域にもたらすインパクトは思いのほか大きい。たとえば，「温泉街がまるごとコスプレ会場に！」を謳い2010年に始まった「TOYAKOマンガ・アニメフェスタ」（北海道

**図 13-4　TOYAKO マンガ・アニメフェスタにて洞爺湖温泉街に集う
　　　　コスプレイヤーたち**（2014 年 6 月 21 日）

洞爺湖町洞爺湖温泉街）では，初年度 3000 人であった来場者が 5 回目となる 2014 年には 57000 人となり，5 年で 20 倍近い伸び率をみせている。特に温泉街での開催という立地を考えれば，地域への影響の大きさは想像に難くない。

しかしこのようなイベントでは，通常，漫画家・作家の出身地であるとか，アニメ産業が集積しているといったコンテクストに依存して地域とアニメ・マンガとを結びつけているが，基本的にアニメ・マンガの情報内容としてのコンテンツがその地域・場所と共有されているわけではない。すなわちコンテンツツーリズム，アニメツーリズムの定義の中で述べられているような，「コンテンツを通して醸成された地域固有の雰囲気・イメージ」「地域に付与されている物語性」といったものが存在しないのである。

「コスプレ」の文脈においても，そこにはロケーションとしての価値づけはあるが，その中で場所性・地域性といった要素は極めて希薄なものとなる。

4 おわりに

　実際のところ「コスプレ」という行為が地域の中で，特に地域振興の文脈において表れてくる必然性はないだろう。また，そのようなイベントが地域振興に役立つのかという疑問は少なからず出てくるだろう。「地域」という空間，地域資源を用いていても単にそれがロケーションとして消費されるのみならば，それは地域振興の資源とはなり得ない。そこで消費されるのは記号であって，ゆえにオルタナティブなものである。

　岡本（2014）は，「アニメやそれに関連する行動様式」を「コンテンツ文化」とし，アニメ聖地巡礼の現場では，「コンテンツ文化と地域文化がさまざまな関係性で混交し，それが旅行者のみならず地域住民にも見られ楽しまれる観光文化になっている」ことを指摘してるが，「コスプレ」といったコンテンツ文化は，現状見世物的な観光文化にはなり得ているが，地域社会・地域文化とうまく出会えてはいないように思われる。

　しかしながら山村（2011：172-173）は，上記アニメツーリズムの議論をさらに発展させて，コンテンツツーリズムを「地域やある場所がメディアとなり，そこに付与されたコンテンツ（物語性）を，人々が現地で五感を通して感じること。そして人と人との間，人とある対象の間でコンテンツを共有することで，感情的繋がりを創り出すこと」と定義したように，コンテンツーリズムは単なるメディア・コンテンツを活用した観光振興にとどまるような狭隘なものではないだろう。元来コンテンツを身体的に表現し，コミュニケーションを指向する「コスプレ」という文化は大きな可能性をもっているだろう。またそれは，同人文化などその他コンテンツ文化についても同様である。

●ディスカッションのために

1 「コスプレ」とはどのような営みなのか，2つの類型にわけて，本章の記述にしたがって整理してみよう。また「合わせ」というコミュニケーションのスタイルを説明してみよう。

2 「コスプレ」という行為と地域の「まちおこし」の関係の現状を本章の記述に即して整理してみよう。

3 「コスプレ」が地域社会・地域文化と出会うためには何が必要なのだろうか。本章をよく読みこんで，考えてみよう。

【引用・参考文献】

岡部大介 (2014).「コスプレイヤーの学び―文化的実践としてのコスプレはいかに達成されるか」宮台真司［監修］『オタク的想像力のリミット―〈歴史・空間・交流〉から問う』筑摩書房，pp.371-404.

岡本　健 (2013).『n次創作観光―アニメ聖地巡礼／コンテンツツーリズム／観光社会学の可能性』北海道冒険芸術出版

岡本　健 (2014).「メディア・コンテンツ・観光―アニメ聖地巡礼とコンテンツツーリズム」遠藤英樹・寺岡伸悟・堀野正人［編著］『観光メディア論』ナカニシヤ出版，pp.159-182

化　濱 (2012).『コスプレでつながる中国と日本―越境するサブカルチャー』学術出版会

喜　喜 (2012).「中国におけるコスプレーキャラクター扮装の心と形について」岩田和子［訳］千野拓政［編］『東アジアのサブカルチャーと若者のこころ』勉誠出版，pp.127-142.

小泉恭子 (2003).「異性を装う少女たち」井上貴子ほか［編］『ヴィジュアル系の時代―ロック・化粧・ジェンダー』青弓社，pp.208-240.

国土交通省・経済産業省・文化庁 (2005).「映像等コンテンツの制作・活用による地域振興のあり方に関する調査報告書」

顧　錚 (2012).「魂の中の自分にCOSしている―上海のCOSPLAY」池田智恵［訳］，千野拓政［編］『東アジアのサブカルチャーと若者のこころ』勉誠出版，pp.143-159.

田中東子 (2009).「コスプレという文化」成実弘至［編］『コスプレする社会―サブカルチャーの身体文化』せりか書房，pp.24-55.

陳　明秀 (2012).「悪魔の遊び―台湾のコスプレ」谷川建司［編著］『コン

テンツ化する東アジア―大衆文化／メディア／アイデンティティ』青弓社, pp.217–250.

成美弘至 (2009).『コスプレする社会―サブカルチャーの身体文化』せりか書房

西田裕希 (2013).『美しすぎるロシア人コスプレイヤー―モスクワアニメ文化事情』東洋書店

宮本　聡 (2012).「若者たちのコスプレ・コミュニティについて―参与観察事例を中心に」『国際教育文化研究』**12**, 61–72.

山村高淑 (2011).『アニメ・マンガで地域振興―まちのファンを生むコンテンツツーリズム開発法』東京法令出版

鑓水孝太 (2015)「「TOYAYKO マンガ・アニメフェスタ」―観光とサブカルチャーイベント」岡本健［編著］『コンテンツツーリズム研究―情報社会の観光行動と地域振興』福村出版, pp.162–165.

第14章

コンテンツツーリズム というアプローチ

アニメコンテンツと地域社会をめぐる 新たな潮流とその特性から

山村高淑

長野県木崎湖。何気ない風景が，アニメ作品を通してファンに とってのかけがえのない風景となった典型例（筆者撮影）

　本章では，近年，地方自治体の観光振興戦略として注目を集めているアニメ・コンテンツツーリズムを取り上げ，大きく二つの点から整理を行う。まず第一節において，国のポップカルチャー関連政策の系譜を踏まえ，国家政策におけるコンテンツツーリズムの位置づけを明らかにする。さらに第二，三節において，アニメ・コンテンツツーリズムの事例を整理することで，各地における展開経緯と特性を示す。そして以上を踏まえ今後の課題を提示する。

コンテンツツーリズムの政策論：国家政策におけるコンテンツツーリズムの位置づけ

❖ポップカルチャーと日本の外交・経済・観光政策

日本では，2000年代に入って以降，国の政策にポップカルチャーが本格的に登場するようになる（表14-1）。もちろんその背景は複合的ではあるが，もっとも重要なポイントの一つとして，バブル経済崩壊後，製造業における輸出が振るわない中，アニメやマンガ，ゲームといったコンテンツがさまざまな経路で海外に伝播し受容されていったという事実，そしてそうした事実が関係者に真剣に受け止められ，日本のポップカルチャーに対する再評価が進んだ点は押えておくべきであろう。さらに，ジョセフ・ナイ米国ハーバード大学教授による「ソフト・パワー（Soft Power）」という概念の提起（Nye, 1990）や，ダグラス・マクグレイによる*Foreign Policy*誌上での論文「Japan's gross national cool」の発表（McGray, 2009）といった海外の識者による議論が，そうした再評価を大きく後押ししたことも重要であった。

さて，こうした近年のポップカルチャーに関する国の政策であるが，表14-1からもわかるように，大きく三つの流れに大別できる。すなわち，文化外交（外務省），輸出政策（経産省），観光政策（観光庁）の三つである。そして特に2012年以降は，経産省と観光庁とが連携して輸出産業としての観光振興政策，すなわちインバウンド誘致に関する政策を立案していることがわかる。つまり，外交・経済・観光政策は相互不可分の関係にあり，ポップカルチャーがそれら一連の政策において非常に重要な位置を占めているのである。

そしてこうした流れの中で，メディア・コンテンツと地域社会との関係性を考えていくうえで極めて重要な概念が二つ登場する。それが，「ポップカルチャー」（外務省，2006）と「コンテンツツーリ

ズム」（国土交通省・経済産業省・文化庁，2005）である。

表 14-1　日本国政府によるポップカルチャーを活用した文化外交・経済振興政策の
流れ（政府発表ならびに各計画等を基に筆者作成）

1990	米国ハーバード大学教授のである Joseph S. Nye, Jr.（ジョセフ・ナイ）が著書 Bound to Lead において "Soft Power" という概念を提示。
1990 年代	当時の英国を表現する語として "Cool Britannia" が広く使われるように。
2002	Douglas McGray が Foreign Policy（May/June）で論文 "JAPAN'S GROSS NATIONAL COOL" を発表。
2003	1 月，小泉総理が施政方針演説で「2010 年までに訪日外国人旅行者数を 1000 万人に増やす」ことを目標に掲げる。小泉総理が「観光立国懇談会」を主宰。小泉政権（2001 年 4 月 -2006 年 9 月）。
2003	韓国のテレビドラマ『冬のソナタ』，日本でテレビ放送（NHK BS2）。
2005	3 月，国土交通省・経済産業省・文化庁『「映像等コンテンツの制作・活用による地域振興のあり方に関する調査」報告書』。
2006	外務省「「ポップカルチャーの文化外交における活用」に関する報告」
2007	1 月，「観光立国推進基本法」施行（議員立法）。
2007	5 月，外務省「国際漫画賞」。
2007	6 月，「観光立国推進基本計画」閣議決定
2008	3 月，外務省初代「アニメ文化大使」としてドラえもんが就任。
2008	10 月，国土交通省の外局として「観光庁」新設。
2009	2 月，外務省，「ポップカルチャー発信使（通称「カワイイ大使」）」を任命。2010 年 3 月任期満了。
2010	経済産業省製造産業局「クール・ジャパン室」設置。
2010	観光庁『JAPAN ANIME TOURISM GUIDE』。
2011	JNTO『JAPAN ANIME MAP』。
2012	3 月，『観光立国推進基本計画』改定→ニューツーリズムの欄に，観光コンテンツの一つとしてアニメが記載される。
2012	経済産業省が『コンテンツ産業の現状と今後の発展の方向性』の中でコンテンツの「聖地」という表現を用い，そうした地へのインバウンド観光客増を戦略として掲げる。
2013	観光庁・日本政府観光局（JNTO）・経済産業省・JETRO が『訪日外国人増加に向けた共同行動計画』を発表。「クール・ジャパンコンテンツから想起される観光地（総本山，聖地）への訪日を促す」と明記。
2013	訪日外国人旅行者数年間 1000 万人を史上初めて達成。
2014	6 月，観光立国推進閣僚会議が『観光立国実現に向けたアクション・プログラム 2014 －「訪日外国人 2000 万人時代」に向けて』を発表。「2020 年に向けて，訪日外国人旅行者数 2000 万人の高みを目指す」と明記。

❖外務省によるポップカルチャーの定義

　2006 年に外務省のポップカルチャー専門部会が発表した『「ポップカルチャーの文化外交における活用」に関する報告』は，「我が国の「ポップカルチャー」が，海外において若者を中心に圧倒的な浸透力を示していることを踏まえ」「諸外国における対日イメージの改善等，わが国の発信力強化」（外務省，2006）を目指して，ポップカルチャーを文化外交の手段として積極的に活用していこうという趣旨でなされたものである。そしてその中で，「ポップカルチャー」の定義が明快になされている。この定義はメディア・コンテンツの扱い方を考えていく上でも示唆に富むため，ここにポイントを抜粋しておく。

> ポップカルチャーとは「一般市民による日常の活動で成立している文化」であり，「庶民が購い，生活の中で使いながら磨くことで成立した文化であって，これを通して日本人の感性や精神性など，等身大の日本を伝えることができる文化」。「この考え方によれば，浮世絵，焼物，茶道などは，其々の時代における当時の「ポップカルチャー」であったと言うことができる」（外務省，2006）。
> またこうしたポップカルチャーの中でも，文化外交手段として活用していく上では，「特に新たな時代の流れを切り開く最先端の分野で，広く国民に受け入れられ，強い浸透性と等身大の日本を表す思想性を有するものを対象にすべき」であり，具体的には「アニメ，マンガ，ゲーム，J-POP のほか，ファッションや食文化等の分野が対象になる」（外務省，2006）。

　つまり，アニメ，マンガといったコンテンツは，日本の一般大衆の「今」を等身大で体験できる，活きている文化なのである。この

点は，コンテンツツーリズムにおいても，特にインバウンド誘致を
考える際，非常に重要なポイントとなる。

　また，浮世絵，焼物，茶道など現在に伝わる文化遺産も，その成
立当初はポップカルチャーであったという考え方も非常に重要であ
る。というのも，メディア・コンテンツを扱う際に多くの当事者が
直面するのが，そうした現在のコンテンツに対する頭ごなしの否定
的論調だからである。しかしながら，こうした考えに基づけば，論
点は「否定すること」にあるのではないことがわかる。否定ではなく，
そうした新しい文化を未来の文化遺産に育てるためにはどうすれば
よいのか，なのである。そして，現在生きる大人にはその責務があ
るのだ。この意味では，ポップカルチャーに関する政策や取り組みは，
未来の文化遺産を育てる取組みとしても理解すべきものなのである。

❖政府による「コンテンツツーリズム」の定義

　2005 年，国土交通省・経済産業省・文化庁は共同で『映像等コ
ンテンツの制作・活用による地域振興のあり方に関する調査報告
書』をまとめる（国土交通省・経済産業省・文化庁，2005）。この報告
書は，地方自治体に対し，観光振興の核は「モノ」ではなく「コン
テンツ」＝「物語」であるというメッセージを送り，映画やドラマ
等を観光資源として，地域側がそれらを戦略的に「活用していくこ
と」の重要性を全国的に広めたという意味で画期的なものであった。
そして，この報告書の中で初めて公に使用されたのが「コンテンツ
ツーリズム（contents tourism）」という語であり，具体的に以下の
ように定義された。すなわち「地域に関わるコンテンツ（映画，テ
レビドラマ，小説，マンガ，ゲームなど）を活用して，観光と関連産
業の振興を図ることを意図したツーリズム」（国土交通省・経済産業
省・文化庁，2005：49）。そして，その「根幹は，地域に「コンテン
ツを通して醸成された地域固有の雰囲気・イメージ」としての「物

語性」「テーマ性」を付加し，その物語性を観光資源として活用することと記された（国土交通省・経済産業省・文化庁，2005：49）。

なお，コンテンツツーリズムは和製英語である。その考え方には日本的な特性があると考えられる。紙幅の都合上，本章では触れないが，筆者らは，従来のフィルム・ツーリズム等との概念との違い等も含め，国際的な研究の流れを踏まえたうえでのコンテンツツーリズムの位置づけを試みている。ご関心のある向きはビートンら（Beeton et al., 2013）を参照されたい。

ところで，こうした報告書が刊行された背景には，大きく三つの背景があったことが，同報告書の「はじめに」からうかがえる。

すなわち，第一に，映画，ドラマ等の舞台になることが観光客の来訪促進につながることが地域の行政・経済団体に認識されるようになったことがある。特にこの点で大きな影響を与えたのが，2003年4月から9月にかけてNHK BS2で放映された韓国のテレビドラマ『冬のソナタ（Winter Sonata）』である。同ドラマは，中高年女性の間で一大ブームとなり，韓国のロケ地に大量の日本人観光客が訪れる現象を巻き起こした。この現象については，同報告書の中でも経済波及効果を含めて具体的に紹介されており（国土交通省・経済産業省・文化庁，2005：52），中央省庁でも高い注目を集めていたことがわかる。

第二に，「2003年7月，政府の観光立国関係閣僚会議において「観光立国行動計画」が策定され，日本の魅力・地域の魅力の確立や日本ブランドの海外への発信に関連して，日本映画の製作・上映支援（文部科学省），フィルムコミッションの活動支援・ロケの誘致（文部科学省，国土交通省），コンテンツ産業振興（経済産業省）が位置づけられた」ことがある。

そして第三に，2004年5月，政府の知的財産戦略本部が「知的財産推進計画2004」を策定し，「地域等の魅力あるコンテンツの保

存や発信強化を図ること」が「コンテンツビジネスの飛躍的拡大」につながることが明記されたこと，である。

2 アニメ・コンテンツツーリズムの展開経緯

❖アニメ・コンテンツツーリズムの展開経緯

前節では，国のポップカルチャー関連政策の系譜を踏まえ，国家政策におけるコンテンツツーリズムの位置づけを整理した。では実際の現場では，具体的にどのようなコンテンツツーリズムが展開しているのであろうか。本節では，この10年ほどで急速な展開を遂げ，全国の自治体で高い注目を集めるようになった，アニメコンテンツをきっかけ・資源としたツーリズム，いわゆる「アニメ・コンテンツツーリズム」[1] を事例として取り上げ，その展開経緯についてまとめる。またその特性については次節でまとめる。

コンテンツツーリズムの中でも，アニメ・コンテンツツーリズムは高い注目度を誇る。とりわけ，2007年4-9月まで放映されたTVアニメ『らき☆すた』がきっかけとなった埼玉県鷲宮町（現・久喜市）の事例は，内外で広く注目を集めた。というのも，時期的にも，前節でみてきたような議論を国が積極的に行っている中で，鷲宮町では，それとは全く関係しない形で，ファンと地域が主体となって，

---

1) 「マチ★アソビ」（2009年から徳島市で開催されている ufotable 徳島スタジオプロデュースのイベント）や「京まふ」（2012年から京都市で開催されているアニメ・マンガ関連のイベント。京都国際マンガ・アニメフェア）といったイベントへ参加するための旅行も，アニメ・コンテンツが旅行動機・消費される資源となっているという意味において，アニメ・コンテンツツーリズムである。しかしここでは，こうしたイベントは除き，アニメ・コンテンツツーリズムを狭義（特定作品の舞台地やロケ地としての特定地域への旅＝いわゆる「舞台探訪」や「アニメ聖地巡礼」という意）で捉えることで，その系譜をより具体的に浮かび上がらせてみたい。

ボトムアップ型でコンテンツツーリズムを実現させていったからである[2]。すなわち，作品を視聴したうえで舞台地・ロケ地を探し出し，そこを実際に訪れて確認を行うという旅行形態が，ファンによって自主的に生み出されたのだ。そして作品を媒介とした交流を通してファンと地域社会，製作会社と地域社会が相互理解を深め，協働したまちおこし活動にまで発展していったのである。

　実際，鷲宮町の事例以降，コンテンツツーリズムの典型例として，アニメ・コンテンツツーリズムに広く注目が集まるようになった。もちろん鷲宮の例以前にも，ファンがアニメ作品の舞台地やロケ地を訪問する事例は見られたが，鷲宮以降は，地域社会とアニメ製作会社とが協力関係を築き，地域PRと作品PRの双方を兼ねた，共同プロモーションとしてのアニメ・コンテンツツーリズム振興の試みが全国で行われるようになっていった。

　表14-2は，こうしたアニメ・コンテンツツーリズムの系譜を，特にその後のタイアップの流れに大きな影響を与えた事例に着目することでまとめたものである。本表に示すように，製作者と地域，そしてファンという三者の関係性に着目すると，こうした流れを大きく四つの時期に区分することができる。以下，それぞれの時期区分について，きっかけとなった出来事や作品に着目しつつ，特徴をまとめておく。

✣①ファン主導期（聖地巡礼ブーム前夜）：–2006年頃

　この時期は，アニメ聖地巡礼行為がファンの間で一般化する基礎ができ上がった時期である。その大きな契機となったのが1980年代における家庭用ビデオデッキの普及と，セル用・レンタル用ビデ

2）このあたりの経緯については，山村（2008, 2011）で詳細に報告しているので参照されたい。

オとしてのOVA（Original Video Animation）の登場である。家庭において個人がアニメ作品をいつでも鑑賞でき，好きな場面で一時停止を行い背景等の画像の確認を行うことができるようになったことで，舞台の同定が個人レベルで格段に容易になったのだ[3]。

なお，この時期は，製作側が舞台のモデルとなった地域やロケ地を積極的に公表することは多くなく（製作側も単にロケ地として地域を活用するのが普通で，具体的に製作者と地域がタイアップを行うことも少なかった），ファンが自発的にそうした場所を同定し，ひそかに旅をして楽しむ，という傾向にあった。

❖②タイアップ施行期：2007-2009年頃

この時期は，製作者と積極的に関わろうとする地域や，地域と積極的に関わろうとする製作者が登場し始め，タイアップ方式の試行錯誤が行われるようになった時期である。製作者が作品を通してまちおこしに貢献することの意義や，聖地巡礼の経済効果に広く注目が集まるようになった。前述の『らき☆すた』（2007年TV放送）の事例がこの時期の典型例である。

『らき☆すた』の事例では，当時の他の地域を舞台とした作品と同様，放送前に製作者と地域のコンタクトはなく，放送後聖地巡礼者の来訪があって初めて地域側が作品の存在に気づき，地域側（埼

---

3) OVAの登場が聖地巡礼につながった初期の典型例に，1991年リリースのOVA『究極超人あ～る』がある。舞台となった飯田線田切駅には，OVA発売後ファンが訪れるようになり，同駅の清掃活動を行うファン団体も現れた。この団体は創立後20年も同駅の清掃を年三回継続している。そこには，2000年代に入り『おねがい☆ティーチャー』や『らき☆すた』の事例で注目を集めた，「ファン主導・まちおこし型聖地巡礼」（作品へのオマージュを捧げるために，ファンが自発的に作品の舞台となった地域へ訪れると同時に，地域に貢献するために何らかのボランティア活動を行うというスタイル）の原形を見て取ることができる。

玉県鷲宮町商工会。現・久喜市商工会）が製作者（株式会社角川書店）にコンタクトを取ったという例である。しかしその後この事例は，地域と製作者が相互に高い信頼で結ばれ，タイアップを長期にわたり成功させることができたという意味で画期的なものとなる。その最大のポイントは，まちおこしが軌道に乗るまでは製作側の「販売促進」担当が窓口となり，企業による地域貢献の意味も含めて著作権等を柔軟に運用することで，単なるライセンスビジネスではなく，「まちおこし＋販売促進」というモデルを構築した点にあった。

❖③タイアップ方式確立期：2009–2011 年頃

　この時期は，それまでの各地での取り組みの蓄積を踏まえつつ，汎用性の高いタイアップ方式が確立されていった時期である。代表例として，埼玉県秩父市を舞台にした『あの日見た花の名前を僕達はまだ知らない。（あの花）』（2011 年 TV 放送）の事例を挙げておこう。

　この事例では，「秩父アニメツーリズム実行委員会」という地域側の組織が，製作側と協力関係を構築し，イベントや商品開発など，さまざまなタイアップを成功させている。同実行委員会は，秩父市（観光課・商工課）や秩父商工会議所，西武鉄道（株）など地域の 10 団体で構成される組織[4]である。本事例では，ロケハンへの地域側の協力はなかったが，制作段階において，製作側から実行委員会メンバーの企業に対し，放送に際してのプロモーション協力依頼があったことがきっかけとなり，放送前に製作者と地域との協力関係が構築されている。その後，TV 放送開始とともに実行委員会との

---

4) 2010 年に 8 団体で設立。事務局は秩父市観光課。実は『あの花』との協力関係を構築する以前に，既に「銀河鉄道 999in 秩父」というイベント（2010 年 8 月）を開催するという実績を有していた。そこに『あの花』の製作側から実行委員会メンバーの企業に放送に際してのプロモーション協力の依頼があり，実行委員会と製作側との協力関係が構築されていったという経緯がある。

間で共同プロモーションが進められていった。本事例において特筆すべきなのは，地域側のさまざまな主体が実行委員会方式で組織化されることで，情報共有が容易となり，イベント，商品化，共同プロモーションなど，案件に応じて地域側の担当窓口を実行委員会メンバーの中で分担することに成功した点である。これによって地域全体として組織的に製作者と連携することができるようになり，地域も製作者も，プロモーション効果やタイアップによる経済効果をより広い範囲に波及させることが可能となった。

❖④地域重視・多角展開期：2011 年頃 –

2011 年以降，製作側に地域貢献への意識が高まり，地域の事情を配慮したタイアップ事例が数多く登場するようになる。その大きな契機となったのは 2011 年 3 月 11 日に発生した東日本大震災である。とりわけ『ガールズ＆パンツァー』（2012 年 TV 放送）や『Wake Up, Girls!』（2014 年 TV 放送）といった例では，作品の企画段階から，被災地復興にアニメで貢献できないかという製作側の明確な意向があり，それぞれ茨城県大洗町，宮城県仙台市とのタイアップが行われている。

また，厳密にいえばタイアップ事例ではなく，自治体によるアニメ作品制作委託事例であるが，『恋旅』（2013 年富山県南砺市限定で公開）[5] のように，あえてコンテンツを地域限定公開にすることで旅客誘致を図っていこうという，従来のコンテンツの広い流通によ

---

5)『恋旅』は，富山県南砺市が『true tears』を制作した株式会社ピーエーワークスに制作委託を行った作品であり，スマートフォンやエリア放送等を利用し，実際に市内に来訪しなければ視聴できないという画期的モデルを提示した。さらに 2013 年 9 月から翌年 3 月まで，南砺市内の温泉13 施設にて，恋旅アプリを起動することでキャラクターによる温泉案内ボイスを聞くことができる等，地域の観光振興に向け，作品の多角的な活用が図られている。

246　第Ⅲ部　メディア・コンテンツと社会の関係性

表14-2　アニメ・コンテンツツーリズムの系譜（山村（2014：28）をもとに筆者作成）

時期区分	年次	『作品名』×地域名または出来事	備考
ファン主導期（聖地巡礼ブーム前夜）	1980年代	家庭用ビデオデッキの普及、OVA（Original Video Animation）の登場	
	1991	OVA『究極超人あ〜る』×JR東海飯田線田切駅など	ファンによる聖地巡礼。ファン団体が田切駅の清掃活動を行うなど、"ファン主導・まちおこし型聖地巡礼"の萌芽。
	1993	鳥取県境港市で「水木しげるロード」オープン	自治体主導の都市整備の一環として水木しげるロードの整備が行われる。
	2002	『おねがい☆ティーチャー』×長野県大町市（木崎湖）	当初はファンによる聖地巡礼。2006年の「原画展」を経て、地域×製作者×ファンの協力関係構築。
	2006	『涼宮ハルヒの憂鬱』×兵庫県西宮市	ファンによる聖地巡礼。聖地巡礼が広く注目されるきっかけになった作品。
タイアップ試行期	2000年代中葉	Web2.0時代。誰もが情報発信者に。	2005年「YouTube」サービスを開始。2006年末「ニコニコ動画」実験サービス開始。2008年、日本でiPhone発売。
	2007	『らき☆すた』×埼玉県鷲宮町（現久喜市）	当初ファン主動、後に地元商工会×製作者×ファンのコラボレーションモデルを確立。お祭りなど、地域活動にファンが積極的に参加。
	2008	『true tears』×富山県東砺波郡城端町（現南砺市）	制作会社が城端町に立地。地域の風景や伝統文化の緻密な描写が話題に。製作者と地域とのタイアップがさまざまな形で試みられる。
	2009	『けいおん！』×滋賀県豊郷町（注2）	製作者と地域とのタイアップは行われていない。一方で、作品をきっかけにファンと地域の交流が続いている。
タイアップ方式確立期	2009	『戦国BASARA』×宮城県・仙台市・白石市	地場産業×製作者のタイアップ方式の確立。アニメキャラクタービジネスの地域展開の成功例。
	2009	劇場アニメ『サマーウォーズ』×長野県上田市	フィルムコミッション・市観光課×製作者による共同プロモーションモデルの確立。ロケハンから上映後のイベント開催やグッズ展開まで、一連の協力関係を構築。
	2010	OVA『たまゆら』×広島県竹原市	地域のさまざまな事業者と製作者とのタイアップが長期にわたり展開。
	2011	3月11日、東日本大震災	
	2011	『あの日見た花の名前を僕達はまだ知らない。』×埼玉県秩父市	地域の10団体からなる「秩父アニメツーリズム実行委員会」が地域側の窓口に。製作者との広範なタイアップに成功。

る地域PR効果とは逆の戦略をとる事例も現れ始めており、アニメコンテンツと地域社会との関係性はより多様化した段階に入ったといえよう。

表14-2　アニメ・コンテンツツーリズムの系譜（山村（2014：28）をもとに筆者作成）

時期区分	年次	『作品名』×地域名または出来事	備考
地域重視・多角展開期（地域の事情を配慮したタイアップへ。製作側に地域貢献意識が高まる）	2011	『花咲くいろは』×石川県金沢市湯涌温泉	地域と製作者のタイアップにより、新たな地域行事「湯涌ぼんぼり祭り」が誕生。
	2012	『輪廻のラグランジェ』×千葉県鴨川市	地域と製作者のタイアップがNHK『クローズアップ現代』で取り上げられ話題に。
	2012	『あの夏で待ってる』×長野県小諸市	市商工観光課が事務局となり、商工会議所や観光協会、小諸フィルムコミッションなどからメンバーが集まり、「なつまちおもてなしプロジェクト」を組成。ファンと地域の交流を促進。
	2012	『ガールズ＆パンツァー』×茨城県大洗町	企画段階から被災地にアニメで何かできないかという製作側の意向あり。
	2013	『恋旅〜True Tours Nanto〜』×富山県南砺市	富山県南砺市が株式会社ピーエーワークスに委託して製作。南砺市を訪れなければ見られない仕組み。
	2013	『有頂天家族』×京都府京都市	京都四條南座にて、同劇場史上発のアニメイベントを開催。
	2014	『Wake Up, Girls!』×宮城県仙台市	東日本大震災が企画のきっかけに。ライブや握手会等の関連イベントの実施や"聖地巡礼"による観光振興で復興に貢献したいという意向が製作側にあり。
	2014	『フランチェスカ』×北海道石狩振興局	制作会社が札幌市に立地。アニメ放送に先立ち、フランチェスカが北海道石狩振興局PRキャラクターとして任命される。石狩振興局管内の複数の事業者とのコラボ商品も開発。

（注1）年次は当該作品の放送・上映年。ただし、出来事（太字）については、当該事項の発生日あるいは開始日。

（注2）製作側は舞台のモデルがどこであるかを公表していない。

3　アニメ・コンテンツツーリズムの特性

　以上を踏まえると、コンテンツツーリズムを成立させる重要な二つの要件として、「ファン文化」と「コンテンツ製作者と地域とのタイアップ・コラボレーション」の二点を指摘することができる。以下、これら二点について、その特性をまとめておく。

❖①ファン文化

　例えば鷲宮町の事例では、アニメ放送直後に現地を訪れていたフ

ァンの多くは，コミケ（コミックマーケット）[6] の参加経験者であった。こうしたファンは，同人誌の製作や購読を通してパロディ作品，すなわち二次創作物（場合によってはn次創作物）の楽しみ方を身に着けていた人々である。そしてまた，コミケの運営がボランティアによって成り立っていることを身に染みてわかっている人々である（コミックマーケット準備会のスタッフはボランティアとして各種作業にあたっている）。さらにいえば，コミケにおいては，各参加者は対等であるとされ，「売り手」「買い手」ではなく，全員が「対等な参加者」であると認識する文化を参加者は共有している。こうしたコミケ文化を共有している層が中心的に活躍したことが，鷲宮町におけるファン参加型の創作活動の展開を生む大きな背景となった点は重要である。例えば商工会がイベントを行う際には，ファンがボランティアとして会場整理等を行うのが常となっている。こうした特性は，飯田線田切駅や木崎湖，城端町など，ファン主導期からタイアップ試行期にかけての事例を中心に，多くの事例で共通して見られる特性である。

　また，アニメファンの多くは，お気に入りの作品に対するブランド・ロイヤルティ（brand loyalty）が極めて高い。つまり好きな作品を末永く支持する傾向にある，ということだ。こうした特性は，近年のDVDやBlu-ray市場が全体的には縮小傾向にあるのに対し，アニメ作品のDVD・Blu-rayに限って見れば売上がほぼ横ばいであることからも理解できる。ブランド・ロイヤルティの高い顧客は製作者にとって極めて重要であり，また地域にとっても，こうしたファンが地域のファンになってくれれば，地域（というブランド）に対するロイヤルティの高い顧客となる。

---

6) 2012年現在，夏と冬の年二回，東京国際展示場（東京ビッグサイト）で開催されている世界最大規模の同人誌即売会。コミックマーケット準備会が主催。

第 14 章　コンテンツツーリズムというアプローチ　*249*

❖②コンテンツ製作者と地域とのタイアップ・コラボレーション

　表14-2で見てきたように，2000年代後半からさまざまな作品で地域とのタイアップやコラボレーションが試みられ，コンテンツ製作者にも地域にも方法論の蓄積がなされてきた。こうした試行錯誤を通して，製作者と地域とのタイアップは，ブランド戦略上，双方に利点があるということが明らかになっていく。すなわち，製作者にとって地域の風景や歴史・文化を作品に取り込むことは，アニメ作品のリアリティを強化し，その後コンテンツ市場で消費されるイメージの本物性（オーセンティシティ）を担保することにつながる。一方の地域にとっては，地域資源が作中で魅力的に描かれるで，そうした資源がイメージとストーリーで他者に印象的にアピールされ，地域ブランドの強化につながる。

　こうした考え方は，アニメ産業界の思い（アニメコンテンツの収益構造改善を目的として，新たなプロモーション手法やライセンスビジネス手法を開発する必要性）と地域社会の思い（アニメコンテンツの収益構造改善を目的として，新たなプロモーション手法やライセンスビジネス手法を開発する必要性）が，双方で共有されていく中でたどりついたものである。

④ コンテンツツーリズムのステイクホルダー論：まとめにかえて

　以上の議論からもわかるように，アニメ・コンテンツツーリズムには，「観光・地域振興政策」「ファン文化」「企業活動」といった，少なくとも三つの側面がある。言い換えれば，「国あるいは地域」「ファン」「コンテンツ製作者」という三者を利害関係者（stakeholder）として捉える必要がある。

　ところが，自治体における昨今のアニメ・コンテンツツーリズム

に関する取り組みでは，「国あるいは地域」の利益が優先され，「ファン」や「コンテンツ製作者」の利益に対する認識が不足している事例が非常に多い。また，緒に就いたばかりではあるが，コンテンツツーリズムに関する学術研究も，自治体の観点に立った地域振興に関する研究か，旅行者行動を分析したいわゆる「巡礼者」論的研究のいずれかであることが多い。

　こうした現状を踏まえれば，今後，アニメ・コンテンツツーリズムにおけるステイクホルダー論をしっかりと確立していくことが重要となろう。もちろんこの点は，アニメ・コンテンツツーリズムのみならず，他のコンテンツツーリズムに関しても同様である。

　とかくヘリテージ・ツーリズムやエコツーリズムといった観光分野に比べ，一段も二段も低い，軽い存在としてみられているのが現状のコンテンツツーリズムである。しかしそこに秘められた可能性は大きい。例えば，広く海外では日本のポップカルチャー・コンテンツが支持されており，作品の舞台となった場所等，コンテンツとゆかりのある日本の土地を訪れる外国人旅行者も増加傾向にある。とりわけ，東アジア地域からのこうした旅行者が増えていることは，近隣諸国とさまざまな政治的懸案を抱える日本にとって，文化的安全保障を構築していくうえで極めて重要な意味をもつ。こうした点はもっと真剣に研究されてよい。

　よくよく考えてみれば，既存の多くの観光分野は20世紀に成立したものである。それと比べ，コンテンツツーリズムは，まさに今，生まれようとしている21世紀型のツーリズムなのだ。これを育てるのも殺すのも，現世代しだいである。単なるブームとして捉えるのではなく，ツーリズムのもつ本質と社会の大きなうねりをしっかり踏まえたうえで，今後のコンテンツツーリズムのあり方を考え，その可能性を最大限に育てていかなければならない。

●ディスカッションのために

1 アニメ・コンテンツツーリズムの展開経緯について本章の記述を踏まえて整理してみよう。

2 アニメ・コンテンツツーリズムの二つの特性を本章の記述を踏まえて整理してみよう。

3 ステイクホルダーという言葉を辞書で調べ，本書をよく読んでアニメ・コンテンツツーリズムのステイクホルダーを三つ挙げてみよう。また本章で指摘されている観点からコンテンツツーリズムの具体的な事例を調べ，その事例のステイクホルダーを具体的に書き出してみよう。そして，その事例の特徴も調べてみよう。

【引用・参考文献】

外務省ポップカルチャー専門部会（2006）．『「ポップカルチャーの文化外交における活用」に関する報告』

国土交通省・経済産業省・文化庁（2005）．『「映像等コンテンツの制作・活用による地域振興のあり方に関する調査」報告書』

山村高淑（2008）．「アニメ聖地の成立とその展開に関する研究 ―アニメ作品『らき☆すた』による埼玉県鷲宮町の旅客誘致に関する一考察」『国際広報メディア・観光学ジャーナル』**7**, 145-164〈http://hdl.handle.net/2115/35084〉

山村高淑（2011）．『アニメ・マンガで地域振興―まちのファンを生むコンテンツツーリズム開発法』東京法令出版

山村高淑（2014）．「アニメと地域がタイアップする意義と可能性―系譜からその "本質" を探る」『CharaBiz DATA 2014』株式会社キャラクター・データバンク, pp.26-31.

Beeton, S., Yamamura, T., & Seaton, P. (2013). The mediatization of culture: Japanese contents tourism and pop culture. In L. Jo-Anne & C. Scarles (eds)., *Mediating the tourist experience: From brochures to virtual encounters*, Farnham, UK: Ashgate. pp.139-154.

McGray, D. (2002). Japan's gross national cool. *Foreign Policy*, **130**, 44-54.

Nye, J. S. (1990). *Bound to lead: The changing nature of American power.* New York: Basic Books.

おわりに
コンテンツ論を越境するコンテンツ論へ

　現在，「コンテンツ」概念が大きく変わりつつある。かつて「コンテンツ」はその内容や内実を意味しており，メディア・コンテンツ分析はメディア作品の内容分析を行うことに限定されていた。

　たとえばメディア作品の内容が社会的に，いかなるものを表象（表現）しているのかを明らかにする記号論的分析が展開されてきた。記号論は，スイスの言語学者であるフェルディナン・ド＝ソシュールによって提唱されたものだが，ロラン・バルトをはじめとするさまざまな研究者は記号論を用いてメディア文化のコンテンツを読み解きながら，そこに内在するイデオロギー性を剔抉しようとしてきた。

　もちろん，そうした議論は今も重要であり続けている。しかしながら，現在わたしたちは，これまでになくデジタル・メディア技術が発達したグローバルな時代を生きるようになっている。そうした時代にあって，内容や内実の考察にとどまるだけでは，メディア・コンテンツは十分に分析することができなくなっているのではないだろうか。

　これについて，「ミクパ」と呼ばれる，初音ミクのコンサートを例に挙げて考えてみよう。初音ミクは，コンピュータによって合成された音声によってさまざまな曲を歌う，日本における美少女アニメキャラクターのボーカロイド・アイドルである。彼女はどこにも存在していない「虚構の」存在であり，コンサートにおいては美少女アニメの動画が投影され，その動画が歌っているかのように合成された音声が流されるにすぎない。にもかかわらず，初音ミクのコンサートにおいては，非常に多くの彼女のファンたちが，歌っているかのように造られたアニメの動画に向かって熱い声援を送る。

おわりに　*253*

　この現象を解明するには，初音ミクの楽曲のコンテンツについて記号論的に分析し，そのイデオロギー性を剔出しても十分ではない。そういった視点だけでは，なぜファンたちが「虚構の」アイドルのコンサートを見にいくために，わざわざコンサート会場まで出向くのかは決して説明できないのである。もし，アイドルが歌っているすがたを見たいというだけなら，そもそも初音ミクは日本の動画共有サイト「ニコニコ動画」等における「虚構」の存在であるのだから，自宅のパソコンで閲覧するだけでもよいはずである。初音ミクをはじめとした現代のメディア・コンテンツは，グローバルなデジタル技術のもと，「虚構」と「現実」の境界線が再編され融解していく際のさまざまな社会的背景を考慮しなくては分析できないのである。

　コンテンツは内容，内実を示すものでありながら，それのみでは明らかにできない。この問題意識を共有しつつ，本書は書かれた。ここに掲載されている各章は，単なるコンテンツ（内容・内実）論を越境するコンテンツ論の試みであり挑戦である。本書をきっかけにして，多様な議論が新たにまきおこってくれるとするなら，これにまさる喜びはない。

2016 年 5 月

遠藤英樹

事項索引

A-Z

AR *15*

〈Bad Apple!!〉 *59*

CGM *6, 31*

DIWO *42*

GNU 一般公衆ライセンス *39*

J ホラー *124*

MAD 動画 *38*

MaUi *169*

MaUiN *171*

OVA *243*

『popeye』 *79*

SNS *3, 11*

SPC *208*

SPC 方式 *208, 211*

『Tarzan』 *72*

TPP *46*

Twitter *9*

YouTube *31*

UGC ユーザー作成コンテンツ *35, 37*

ア行

アーキテクチャ *11*

アイデンティティ *71, 158, 159*

アジアバロメーター調査 *169*

『亜人』 *101*

アニメ・コンテンツツーリズム *241*

アニメ・コンテンツツーリズムの系譜 *246*

アニメ・マンガによる地域振興 *222*

アニメ制作 *25*

アニメ聖地巡礼 *228*

アニメツーリズム *228*

アニメ番組の二次利用に必要な著作権処理 *214*

合わせ *225*

痛車 *229*

イメージ *7, 14*

インターネット *166*

インターネット空間 *14*

インティメイト・ストレンジャー *14*

ヴァーチャルリアリティ *15*

ウイルス *96*

映画 *7*

映像圏 *7*

エコーチェンバー *70*

「お題」 *61*

オタク *75*

男らしさ *74*

オリジナル *22*

カ行

『ガールズ＆パンツァー』 *22, 245*

ガールパワー *117*

『回路』 *132, 135*

かかわり主義 *47*

仮装 *88*

家族 *127*

価値形態論 *149, 150*

カルチュラル・スタディーズ *69*

索　引　255

観光振興政策　236
間コンテンツ性　62
環太平洋経済連携協定　46
監督　26

軌道星隊シゴセンジャー　194
脚本家　26
「協議・相互主義的」体制　175
狭義のコンテンツ　5
虚構空間　14
虚構内存在　12

クリエイター　26, 33
クリエイティブ・コモンズ・ライセ
　ンス　39

原作あり　22
現実空間　13

〈恋するフォーチュンクッキー〉　51
広義のコンテンツ　5
交流志向のコスプレイヤー　225
国民戦線　176
コスプレ　220, 221
コスプレイヤー　223
ご当地ヒーロー　193
子どもの幽霊　126
コンテンツ　3-5, 9, 50, 142, 166, 188
　狭義の――　5
　――・リテラシー　10
　――の定義　6
コンテンツツーリズム　228, 236,
　239

　サ行
再帰性　155
『叫』　130

貞子　133
雑誌　71

ジェンダー　106
字コンテ　60
私的利用のための複製　36
自動公衆送信　216
事務負担　210
シャーロック・ホームズ　143
社員プロデューサー　24
写真　225
商業アニメ　22
情報空間　14
情報統制　175
女性解放運動　114
シングルマザー　131
『進撃の巨人』　54, 100
新本格派　144

推理小説　157, 159
　――のチャート　148
　――のフォルム　153
スーパー戦隊　185
スーパー戦隊シリーズ　186
　――のフォーマット　189, 196
『スリラー』　94

製作（制作）委員会方式　28, 204,
　206
制作進行　33
制作費　23
世界価値観調査　169
世界観エンタメ　14

想像力の基盤　58
組成コスト　210
ソフト・パワー　236

ゾンビ　90
『ゾンビ』　94
ゾンビ映画　87
ゾンビ映画放映数　91

タ行

ターゲットメディア　71
タイアップ・コラボレーション
　　249
タイアップ施行期　243
タイアップ方式確立期　244
第一次テクスト　12
第三次テクスト　12
第二次テクスト　12
第二波フェミニズム運動　112
他者　101
脱埋め込み化　158
脱構築　120
男性身体　73
『茶目子の一日』　107

地域　229, 231
地域重視・多角展開期　245
著作権
　　──のインセンティブ論　40
　　──の自然権論　41
　　──ムラ　45

通信　8

テクスト　10, 69
　　第一次──　12
　　第三次──　12
　　第二次──　12
デジタルネイティブ　10

『東京喰種トーキョーグール』　100

倒産隔離効果　210
同人　54
同人マーク・ライセンス　40
トーキー　7
都市　134
都市家族　135

ナ行

『ナイト・オブ・ザ・リビングデッ
　ド』　92
ナラティヴ　188

ニコニコ動画　31, 253
二次創作　54
日本のアニメーション映画　107

ノックスの10戒　146

ハ行

『バイオハザード』　89, 95
派生動画　53
パッケージ型メディア（CD，ビデオ，
　DVD，Bru-lay）　36
初音ミク　38
パワーレンジャー　190
ハロウィン　88

ひきこもり　135
『美少女戦士セーラームーン』　117
ビデオ（家庭用ビデオデッキ）　242
ヒット作　32
批判的言説分析　69
『ひみつのアッコちゃん』　113
表象される男性身体のイメージ　80
表現・創作志向のコスプレイヤー
　225

索　引　257

ファン主導期　242
ファン文化　247
フェアー・カルチャー　42
フェル博士の密室講義　154
フォーマット　83, 187, 188
フォルム　142, 149
フォルム論　142, 159
複数の男性性　74
ブミプトラ政策　175
ブランド・ロイヤルティ　248
文化コモンズ論　43, 44
文化多元主義　72
文化帝国主義　72

編集者　31

放送　8
放送番組の二次利用　213
『仄暗い水の底から』　131
母性　130
ポップカルチャー　236, 238
ポップカルチャー外交政策　221
ホラー映画　129
本物性　249

　マ行
マイクロコンテンツ化　70
魔女　109
『魔女っ子メグちゃん』　115
魔法少女　105, 106

『魔法少女まどか☆マギカ』　119
『魔法使いサリー』　108
『魔法の天使クリィミーマミ』　116
窓口権　206
マレーシア　167
マレーシアのネットユーザー　168

民主的飛び地　179
名刺　226
メディア　3, 4
メディア規制　176
メディア・コンテンツ分析　68
メディア・コンテンツ論　9
メディア・リテラシー　9

『モルグ街の殺人』　142

幽霊　126

妖怪　110
よき人生　41

　ラ行
『らき☆すた』　241
『らせん』　125

利害関係者　249
『リング』　125, 132

人名索引

A-Z

Carroll, N. *126*
Dendle, P. *91*
Eerolainen, L. *130, 132*
George, C. *179*
Gomez, J. *177, 179*
Horiguchi, S. *136*
Imamura, A. *128*
Kingston, C. *128*
Kinoshita, C. *125*
Mustafa, K. A. *176*
Nain, Z. *179*
Nakatani, A. *132*
Ochiai, E. *130*
Rodan, G. *176*
Sakurada, R. *171*
Sand, J. *127*
Steele, J. *177*
Uno, K. *127*
Wee, V. *129–131*

ア行

アーサー・コナン・ドイル *143*
アガサ・クリスティ *143*
赤松 健 *40*
東 浩紀 *55*
アダム・スミス *151*
我孫子武丸 *145*
綾辻行人 *145, 149, 154*
鮎川哲也 *144*
荒木飛呂彦 *95*
有栖川有栖 *145, 154*
アリスン，A. *188*
アルセイド（Altheide, D.） *83, 84*
アンワル・イブラヒム *179*

飯田 豊 *7*
イーデン・フィルポッツ *143*
伊賀 司 *176, 180*
諫山 創 *54, 56*
石川良子 *135*
石原裕次郎 *74*
伊地知晋一 *6*
井出草平 *135*
井手口彰典 *54*
伊藤明己 *7*
伊藤公雄 *74*
伊東美和 *91*
井上 真 *47*
井上 毅 *194*
井上輝子 *72*
岩崎達也 *16*

ヴァン・リーウェン（Van Leeuwen, T.） *83*
ヴァン・ダイン，S. S. *143, 147*
宇井 洋 *73*
ウィリアムズ（Williams, T.） *123*
ウィリス，P. *76*
ウィル・スミス *93*
ヴィンセント・ブライス *95*
ヴェストホフ（Westhoff, F.） *178*
歌野晶午 *145*
宇野常寛 *186*

エドガー・アラン・ポー *142*
エドガー・ライト *97*
江戸川乱歩 *144, 145, 148*
エラリー・クイーン *143, 156*
遠藤 薫 *180*
遠藤英樹 *142, 150*

索引 259

大島清明　126, 133, 134
大山昌彦　76
岡井崇之　16, 69
岡田章子　77
岡部大介　223
岡本　健　91, 92, 222, 228, 231
荻野達史　135
小倉哲也　213
小栗虫太郎　148

　カ行

カー, J. D.　143, 154, 155
笠井　潔　146, 157
カステル, M.　166
加藤幹朗　7
金子芳樹　176
化　濱　227
加山雄三　74
川北　稔　135

喜　喜　227
木々高太郎　147
北野圭介　8
ギデンズ, A.　158, 159
木村忠正　10
京極夏彦　145
ギリ（Gilley, B.）　179

草薙聡志　190, 191
黒沢　清　126, 130
クロフツ, F. W.　143

小泉恭子　220
小泉純一郎　202
甲賀三郎　147, 148
郷原　宏　147
顧　錚　227

小平さち子　190
小林啓倫　15
小松和彦　126
小山昌宏　14
コラレス（Corrales, J.）　178
コンドリー, I.　75
近　勝彦　213
コンネル（Connell, R. W.）　74

　サ行

斎藤美奈子　188
坂口安吾　146
ザック・スナイダー　96
沢田研二　74
サンダー（Sunder, M.）　35, 41-44

シーブルック, W. B.　90, 91
柴　那典　39
島田荘司　145, 146, 148, 149, 154
ジョージ・A・ロメロ　92, 94
城所岩生　37

須川亜紀子　117
鈴木　潤　125
鈴木絢女　175
鈴木康史　194, 195
住田昌二　128

清涼院流水　145
関谷五十二　107

　タ行

平　侑子　188
高倉　健　74
高田明典　10, 11
高橋光輝　10
竹内瑞穂　147

立山徳子　135
田中辰雄　5, 7
田中俊之　75
田中東子　223
ダニー・ボイル　95
谷口基　148
玉川博章　54

張慶在　188
陳明秀　227

津堅信之　107
辻泉　79, 84
土屋隆夫　147
筒井康隆　12
都留泰作　14

デイヴィス, W　91
出口丈人　7
出口弘　5

土井たか子　116
土井宏文　207
土橋臣吾　70
富田英典　14
トムリンソン, J.　72
豊永真美　190
鳥居高　176
ドロシー・L・セイヤーズ　143

ナ行
ナイ（Nye, J.）　236
中野泰　125
中村正志　177
中村朗　94
浪田陽子　9, 16
成実弘至　220

難波功士　71, 76, 77

二階堂黎人　145
西田裕希　227

ノイバウアー, H-J.　96

ハ行
橋元良明　10
長谷川公一　158
バトラー, J.　106
濱野智史　11

ビートン（Beeton, S.）　240

フィスク, J.　12
フェアクラフ, N.　69
福田雄一　192
福富忠和　7
福間良明　16
藤岡真之　79
藤子・F・不二雄　93
藤竹暁　7
藤田直哉　12
藤田真文　16
藤本由香里　73
ブラッド・ピット　89
フレデリック・ダネイ　143
プレンスキー, M.　10

ベントリー, E. C.　143

法月綸太郎　145, 157
堀啓子　145
ボルドー（Bordo, S.）　73

マ行

マイケル・ジャクソン　88
マクウェール, D.　68
マクグレイ（McGray, D.）　236
増本貴士　205, 209, 211
マッキン（Machin, D.）　83
松田美佐　97
松本清張　144
マハティール・ビン・モハマド
　179, 180
麻耶雄嵩　145
マルクス, K.　142, 149–153
丸子かおり　15
マルテル, F.　73
マンフレッド・ベニントン・リー
　143

水鳥川和夫　5
宮嶋亮太　88
宮本　聡　223
ミル, J. S.　151

村田安司　107

モートン, L.　88
モーラン（Moran, A.）　187
モラン, E.　97
森　博嗣　145
森岡　毅　88
諸岡卓真　157
諸橋泰樹　72

ヤ行

安井俊夫　154
山口雅也　145
山田奨治　43–45
山村高淑　222, 228, 231, 242, 246, 247
山本博之　177

夢野久作　148

横溝正史　144, 148
横山光輝　108
横山隆一　107
吉川英治　74
吉田　満　74

ラ行

リウ（Liu, Y.）　177, 179
リカード, D.　151
リチャード・マシスン　93

れいのるず秋葉かつえ　72
レッシグ（Lessig, L.）　43

ロナルド・ノックス　146

ワ行

鷲谷　花　132
ワダ・マルシアーノ（Wada-
　Marciano, M.）　124, 125
渡邉大輔　7, 8

執筆者紹介（執筆順，＊は編者）

岡本　健＊（おかもと・たけし）
奈良県立大学准教授
担当章：はじめに，第1章，第6章，
　　　　　第8章翻訳

柿崎俊道（かきざき・しゅんどう）
ライター，聖地巡礼プロデューサー
担当章：第2章

山田奨治（やまだ・しょうじ）
国際日本文化研究センター教授
担当章：第3章

井手口彰典（いでぐち・あきのり）
立教大学准教授
担当章：第4章

岡井崇之（おかい・たかゆき）
奈良県立大学准教授
担当章：第5章

須川亜紀子（すがわ・あきこ）
横浜国立大学准教授
担当章：第7章

レーナ・エーロライネン
ヘルシンキ大学博士後期課程
担当章：第8章

遠藤英樹＊（えんどう・ひでき）
立命館大学教授
担当章：第9章，おわりに

前田至剛（まえだ・のりたか）
流通科学大学准教授
担当：第10章

平　侑子（たいら・ゆうこ）
奈良県立大学特任講師
担当章：第11章

増本貴士（ますもと・たかし）
奈良県立大学特任准教授
担当章：第12章

山村高淑（やまむら・たかよし）
北海道大学教授
担当章：第14章

鑓水孝太（やりみず・こうた）
北海道大学大学院博士後期課程
担当章：第13章

［シリーズ］メディアの未来❽
メディア・コンテンツ論

2016年6月30日　　初版第1刷発行

編　者　岡本　健
　　　　遠藤英樹
発行者　中西健夫
発行所　株式会社ナカニシヤ出版
☏606-8161　京都市左京区一乗寺木ノ本町15番地
　　　　　　　　Telephone　075-723-0111
　　　　　　　　Facsimile　075-723-0095
　　　Website　http://www.nakanishiya.co.jp/
　　　Email　iihon-ippai@nakanishiya.co.jp
　　　　　　　郵便振替　01030-0-13128

印刷・製本＝ファインワークス／装幀＝白沢　正
Copyright © 2016 by T. Okamoto, & H. Endo
Printed in Japan.
ISBN978-4-7795-0972-8

本書のコピー、スキャン、デジタル化等の無断複製は著作権法上の例外を除き禁じられています。本書を代行業者の第三者に依頼してスキャンやデジタル化することはたとえ個人や家庭内の利用であっても著作権法上認められていません。

ナカニシヤ出版◆書籍のご案内
表示の価格は本体価格です。

◉[シリーズ] メディアの未来

❶メディア・コミュニケーション論
池田理知子・松本健太郎 [編著]

想像する力が意味を創造する──メディアが大きく変容している今，コミュニケーションとメディアの捉え方を根底から問い，対話の中から読者を揺り動かす。　2200 円＋税

❷メディア文化論
遠藤英樹・松本健太郎・江藤茂博 [編著]

文化という意味の網を読み解く──メディアが多様な形態で発達を遂げた今日，私たちをとりまく文化はどのような変容を遂げつつあるのか？　2400 円＋税

❸メディア・リテラシーの現在（いま）　公害／環境問題から読み解く
池田理知子 [編著]

螺旋状に広がる沈黙の輪を絶つ──3.11 以後，根底から揺らぐメディアと私たちの関係を，公害／環境問題を軸に問い直し，新たな対話の地平を拓く。　2400 円＋税

❹観光メディア論
遠藤英樹・寺岡伸悟・堀野正人 [編著]

観光とメディアの未来を探る──モバイルメディアの発展や文化の変容に伴い，揺れ動くメディアと観光の不思議な関係を，やさしく読み解き，未来を探る。　2500 円＋税

❺音響メディア史
谷口文和・中川克志・福田裕大 [著]

音の技術と音の文化が交差する──19 世紀から現代に至るまで，音のメディアは，どう変容したのか？　その歴史を詳らかにし，技術変化と文化の相互作用を論じる。
2300 円＋税

❻空間とメディア　場所の記憶・移動・リアリティ
遠藤英樹・松本健太郎 [編著]

空間の意味と可能性を問い直す──テーマパーク，サイバースペース，境界，風景，デジタル地図，震災，祭，観光，鉄道，……多様な切り口から現代の「空間」を読みほぐす。　2700 円＋税

❼日常から考えるコミュニケーション学　メディアを通して学ぶ
池田理知子 [著]

立ち止まり，考えて，振り返る──私たちと他者とをつなぐ「メディア」の分析を通して，コミュニケーション学とは何かを学ぶ。　2000 円＋税

世界の手触り フィールド哲学入門
佐藤知久・比嘉夏子・梶丸　岳 [編]
多様なフィールドで，「他者」とともに考える，フィールド哲学への誘い。菅原和孝と池澤夏樹，鷲田清一との熱気溢れる対談も収録。 2600 円 + 税

認知資本主義 21 世紀のポリティカル・エコノミー
山本泰三 [編]
フレキシブル化，金融化，労働として動員される「生」――非物質的なものをめぐる現代のグローバルな傾向である「認知資本主義」を分析。 2600 円 + 税

観光化する社会 観光社会学の理論と応用
須藤　廣 [著]
フィールドワークをもとに観光地住民の意識やバックパッカー・ツーリズムの二面性などを論考し，現代観光の可能性を探る。 2500 円 + 税

グローバル化とアジアの観光 他者理解の旅へ
藤巻正己・江口信清 [編著]
グローバル化の急展開によって，今やなじみ深い観光地となったアジア。私たちはそこで何を「見」，そして何を「見ていない」のか？ 2500 円 + 税

レジャーの空間 諸相とアプローチ
神田孝治 [編著]
「レジャー」がわかる。「空間」に着目し，レジャーという身近でありながら複雑な現象を読み解く，24 章の知的レッスン。 2900 円 + 税

観光研究レファレンスデータベース　日本編
江口信清・藤巻正己 [編著]
経済，社会，文化，あらゆる側面で重要性を増しつつある観光。日本における観光研究の文献を初めて整理，集成した貴重な大著。 5700 円 + 税

観光空間の生産と地理的想像力 宗教の観光資源化
神田孝治 [著]
ツーリズムとイメージの関係を探る。南国，聖性，自由…。戦前から現代まで，わたしたちは「観光地」に何をみたのか。 2600 円 + 税

統計データで読み解く移動する人々と日本社会
ライフサイクルの視点から情報分析を学ぶ　　　　　　　　　　川村千鶴子 [編著]
グラフと数値を読み解く力を養い，ディスカッションを重ね，日本の多文化社会化をともに生きる人々の人生から理解しよう！ 2200 円 + 税

グローバリズムと北海道経済
穴沢　眞・江頭　進［編著］
グローバル化の波に翻弄される北海道経済の現状を概観し，浮上の鍵となる重要産業の可能性と課題を探る，共同研究の成果。　　　　　　　　　　　　　　　　　　2800 円 + 税

観光学ガイドブック　新しい知的領野への旅立ち
大橋昭一・橋本和也・遠藤英樹・神田孝治［編］
観光学ってどんな学問？　どう研究するの？　そんな疑問を解決すべく，方法論や観光事象をわかりやすくまとめた絶好の入門書。　　　　　　　　　　　　　　　　　2800 円 + 税

京都　まちかど遺産めぐり　なにげない風景から歴史を読み取る
千田　稔・本多健一・飯塚隆藤・鈴木耕太郎［編著］
古都・京都。普段なら見過ごしてしまう風景にミクロな文化遺産を秘めるこの街で，道端に隠れた歴史を発見。一味違う京都案内！　　　　　　　　　　　　　　　　　1800 円 + 税

地域調査ことはじめ　あるく・みる・かく
梶田　真・仁平尊明・加藤政洋［編］
テーマ決定から論文完成までのプロセスを，分野も手法も多岐にわたる気鋭の研究者たちが自身の試行錯誤をもとにアドバイスする。　　　　　　　　　　　　　　　　2800 円 + 税

京の筏　コモンズとしての保津川
手塚恵子・大西信弘・原田禎夫［編］
大堰川の産業・歴史・文化をつなぐ象徴として「ほんまもんの筏」を復活させる―心揺さぶるプロジェクトの軌跡。　　　　　　　　　　　　　　　　　　　　　　　2600 円 + 税

イスラミック・ツーリズムの勃興　宗教の観光資源化
安田　慎［著］
相反する価値観を持つ「宗教」と「観光」はいかに結びつくのか。イスラミック・ツーリズムを巡る思想的系譜と市場形成を明らかに。　　　　　　　　　　　　　　　3000 円 + 税

インターネットと地域
荒井良雄・箸本健二・和田　崇［編］
ブロードバンド，電子自治体，葉っぱビジネス，近年のさまざまな地域情報化プロジェクトについて調査，考察する最新テキスト。　　　　　　　　　　　　　　　　2700 円 + 税

コンテンツと地域　映画・テレビ・アニメ
原　真志・山本健太・和田　崇［編］
映画・テレビ・アニメ――コンテンツ産業と地域振興の取組みの現在を捉えコンテンツ産業のあり方と地域振興方策を展望する。　　　　　　　　　　　　　　　　　2600 円 + 税